Warum hieß Zar Iwan «der Schreckliche»? Was hat das $-Zeichen mit Kaiser Karl V. zu tun? Und warum verdankt Heidi Klum ihre Karriere dem 18. Jahrhundert? Christoph Schulte-Richtering erzählt die große Geschichte der Welt – mit ihren bedeutenden Männern und meist noch bedeutenderen Schurken, mit ihren epochalen Ereignissen und kulturellen Sternstunden. Und er zeigt mit Witz, was all dies für uns heute bedeutet: von der Erfindung der Demokratie und dem Fall der Mauer bis hin zu den leichteren Seiten des Lebens. Denn was wäre Hollywood ohne Troja, ohne das alte Rom oder Robin Hood?

Christoph Schulte-Richtering, geboren 1968 in Osnabrück, unterhält regelmäßig ein Millionenpublikum. Er schreibt Moderationen u.a. für Thomas Gottschalk, Frank Plasberg und Hugo Egon Balder; er macht Scherze für Stefan Raab, Harald Schmidt und Ralf Schmitz. Sein reiches Wissen erwarb sich Christoph Schulte-Richtering im Studium der Germanistik, Anglistik, Mediävistik und Linguistik. Er lebt mit seiner Familie in Köln.

Christoph Schulte-Richtering

KAISER, KRIEGE UND KOKOTTEN

Die gesamte Weltgeschichte in einem Band

Rowohlt Taschenbuch Verlag

Veröffentlicht im Rowohlt Taschenbuch Verlag,
Reinbek bei Hamburg, Mai 2012

Karten Peter Palm, Berlin
Umschlaggestaltung ZERO Werbeagentur, München
(Illustration: Martin Haake/2 agenten)
Satz Minion PostScript (InDesign)
bei KCS GmbH, Buchholz bei Hamburg
Druck und Bindung CPI – Clausen & Bosse, Leck
Printed in Germany
ISBN 978 3 499 62604 3

Für Joseph und Ulrike

Wir sind alle nur Zwerge auf den Schultern von Riesen.
Nach Bernhard von Chartres

Inhalt

Nero
Das Trojanische Schwein

Herzlich willkommen zu «Gute Zeiten, schlechte Zeiten – die Rom-Edition»! Heute die Folge «Kaiser Nero».

Was bisher geschah: Kaiser Claudius war mal mit einer gewissen Messalina verheiratet und hat mit ihr einen Sohn und eine Tochter, Britannicus und Octavia. Jetzt verliebt sich Claudius aber in seine Nichte Agrippina (Neros Mutter), heiratet sie und lässt seine Ex hinrichten. Nero wiederum heiratet seine Stiefschwester Octavia, und weil Agrippina netterweise seinen Stiefbruder Britannicus kaltgestellt hat, gelangt Nero auf den Thron. Damit Kaiser Claudius gegen die Sache nichts einzuwenden hat, vergiftete Agrippina ihn beizeiten mit einem Pilzgericht. Nero bedankt sich bei seiner Mutter für die Krone, indem er sie, schwupps, umbringen lässt, genau wie auch Britannicus und Octavia.

«Das kann man unmöglich so senden», sagt der GZSZ-Produzent – zu unrealistisch! Und doch sieht sie so aus, die Realität im ersten Jahrhundert nach Christus.

Dieser Nero – was für eine verrückte Type! Erzogen wird er von einem syrischen Tänzer und einem griechischen Friseur. Nero stinkt ganz eklig, sein Körper ist voller Flecken, und er stakst mit fettem Leib auf dürren Beinchen barfuß durch seinen Palast. Er trägt kein Kleidungsstück zweimal, geht angeln mit Netzen aus Gold – und wenn er das Haus verlässt, hat er 500 Kutschen dabei. Damit ist Nero allerdings schon fast ein Langweiler – einer seiner Nachfolger, der Transen-Kaiser Elagabal, machte es nicht unter 1000 Kutschen – und die, in der Elagabal saß, wurde von nackten Frauen gezogen. Sicher hübsch anzuschauen – aber weit kommt man auf diese Weise nicht.

Als Kaiser ist Nero ein Versager. Das ist ihm aber egal – er selbst versteht sich ohnehin mehr als Künstler denn als Politiker. Dabei dilettiert er gleich in mehreren Disziplinen: Gesang, Schauspiel, Dichtung – aber auch Wagenlenken und Ringen gehören zu den kaiser-

Kaiser Nero (Serviervorschlag)

lichen Hobbys. Und er macht sich einen Spaß daraus, nachts inkognito um die Häuser zu ziehen, sich zu betrinken und mit dem gemeinen Volk Streit anzufangen. Hier und da bekommt der Kaiser dabei sogar eins aufs Maul, so zum Beispiel vom Senator Iulius Montanus, dessen Frau er eines Nachts zwischen die Beine fasst. Als Montanus ihn dafür vermöbelt, erkennt er den Kaiser und fällt vor ihm auf die Knie. Hätte er Nero nicht erkannt, wäre nichts passiert. So kostet die Sache ihn das Leben – wie so viele andere nach ihm, die ein falsches Wort sagen oder falsch gucken.

Nero trinkt in Wasser aufgelösten Wildschweinmist (macht stark!) und lässt den Tag, an dem er sich das erste Mal rasiert, zum Feiertag erklären. Der Typ ist ein amtlich zertifizierter Vollbekloppter auf dem Kaiserthron. Mit der Meinung steht man nicht alleine da, für Plinius den Älteren ist Nero die «Pestilenz des Erdkreises», und für den Nobelpreisträger Theodor Mommsen ist er der «nichtswürdigste Kaiser, der je auf dem römischen Thron gesessen hat».

Vielleicht sollte man erwähnen, dass Sport und Schauspiel im alten Rom ungefähr so angesehen sind wie heute Zuhälterei oder Drogenhandel. Schauspieler sind wie Gladiatoren und Prostituierte unterste Schublade. Dass sich Nero mit solchen Leuten einlässt, kommt bei den Senatoren gar nicht gut an. Aber das ist dem Kaiser egal, er kann Senatoren fördern oder auch hinrichten, wie es ihm beliebt – noch. Mehr und mehr widmet er sich der Kunst und immer weniger seinem Staatsamt: Er spielt im Theater die Rolle einer Frau, die gerade ein Kind bekommt, und wälzt sich dafür mit spitzen Schreien auf dem Bühnenboden. Er läuft öffentlich in einer griechischen Mini-Tunika mit Blümchenmuster herum und kann beim Ringkampf in der Sporthalle beobachtet werden: eingeölt und nackt.

Auch das Spiel mit der Kithara (einem Saiteninstrument, von dem das Wort «Gitarre» abstammt) liebt er, und noch mehr liebt er es, überraschend im Theater aufzutauchen und die Zuschauer stundenlang mit seinen Gesängen zu malträtieren. Natürlich ist es streng verboten, während seiner Darbietung das Theater zu verlassen. Überall sitzen Spione: Wer nicht genügend applaudiert, wer gähnt oder gar ironisch den Mund verzieht, riskiert sein Leben. Es soll Zuschauer gegeben haben, die sich tot stellten, um aus dem Theater getragen zu werden.

Nero liebt ausschweifende Gelage und ausgefallene Speisen, Flamingozungen lässt er servieren und Straußenhirn. Das «Trojanische Schwein» ist besonders beliebt: Hierbei wird ein Spanferkel geöffnet, und aus der Bauchhöhle fliegen lebendige Drosseln. Außerdem ist es gefüllt mit Eiern, Austern und Fleischklößchen. Lecker! Nach dem Gelage übergibt Nero sich häufig und verschafft sich auch hintenrum mit einem Einlauf Erleichterung.

Manchmal lässt sich Nero in ein Tierfell einnähen und in einen Käfig sperren. Dann hat man ihn freizulassen, worauf er sich auf an Pfähle gefesselte nackte Männer und Frauen stürzt und sich an ihnen vergeht. Anschließend ist er seinem Mundschenk sexuell gefügig. Seinen Lustknaben Sporus heiratet er. Von Nero entmannt und vorsintflutlichen Versuchen einer Geschlechtsumwandlung ausgesetzt, ist dieser Sporus so eine Art Lorielle London der Antike. Das alles klingt gar nicht gut – aber entgegen der landläufigen Meinung hat Nero als Künstler durchaus Talent. Als er einmal den Herakles spielt, wirkt er in einem Moment der Not so glaubwürdig, dass ein Mitglied seiner Leibwache auf die Bühne stürzt, um den Chef zu retten. Wer so was hinkriegt, ist keine Knallcharge. Trotzdem bringt Nero sicherheitshalber zu seinem ersten öffentlichen Konzert in Neapel 5000 bezahlte Claqueure und Jubelrömer mit (zum Begriff «Jubelperser» siehe das Kapitel → 1968). So belegt er 64 n. Chr. den ersten Platz in diesem Vorläufer des Eurovision Song Contest – dass es während seines Auftritts zu einem Erdbeben kommt, hat wohl nichts mit seinem Gesang zu tun.

Nero liebt Griechenland und alles Griechische. Deshalb ist es nur konsequent, dass er seinen großen Traum verfolgt, Olympiasieger zu werden! Eigentlich plant er, nach seinem Triumph in Neapel weiter nach Griechenland zu fahren und die Sache in Angriff zu nehmen, da ereilt ihn eine schreckliche Nachricht: Rom brennt! Eine solche Lappalie soll ihn eigentlich nicht von seinem Griechenland-Trip abhalten, als aber das Inferno nach sechs Tagen immer noch nicht gelöscht ist und vor allem einen seiner nagelneuen Paläste bedroht, macht er sich auf die Socken, organisiert Notunterkünfte in den kaiserlichen Gärten und gewährt ein umfassendes Hilfsprogramm.

Schon bald geht das Gerücht, Nero habe Rom absichtlich anzünden lassen, um seine gewaltigen Bauvorhaben realisieren zu können. Außerdem soll er angeblich in den Hügeln über der Stadt den Brand mit seiner Kithara besungen haben. In «Quo Vadis» spielt Peter Ustinov als Nero diese Szene unvergleichlich, er war 1952 dafür oscarnominiert – den Oscar staubte gemeinerweise jedoch Karl Malden für «Endstation Sehnsucht» ab – Karl Malden, das ist sonst der kartoffelnasige Mike Stone aus den «Straßen von San Francisco».

Historisch belegen lässt sich Neros Ständchen an die brennende Stadt nicht. Das Gerücht wird von seinen Gegnern gestreut, in der Hoffnung, das Volk werde sich gegen den Kaiser erheben. Dass Nero den Brand aber durchaus als Kunstwerk sah, davon kann man ausgehen – er unterschied halt zwischen Ethik und Ästhetik. Gut, sagt er sich, es kommen Menschen um – aber hübsch aussehen tut's trotzdem! Als Ethiker war er eine Null; als Ästhet aber ein raffinierter Genießer. Ein wenig erinnert das an die Haltung des Komponisten Karlheinz Stockhausen, der die Anschläge vom → 11. September «das größte Kunstwerk, das es je gegeben hat» nannte. Diese Aussage ist natürlich problematisch, weil sie das Schicksal von Tausenden Menschen zugunsten des ästhetischen Aspekts ausblendet. Das Gegenteil aber, nämlich Ethik und Ästhetik in einen Topf zu werfen, ist genauso falsch: nämlich die Idee, dass ein schlechter Mensch gar kein guter Künstler sein könne – oder umgekehrt, dass man einem mittelmäßigen Künstler mit aufrechter politischer Gesinnung (vielleicht sogar mit Engagement für die Armen und Entrechteten) noch den größten Mist verzeiht. Die Akademie in Stockholm vergibt manchmal so ihre Literaturnobelpreise, aber das nur nebenbei.

Ob die Geschichte nun stimmt oder nicht, die Römer haben Nero seine Haltung jedenfalls übelgenommen – also braucht Nero Schuldige. Die findet er in den Christen: Sie werden den Löwen zum Fraß vorgeworfen oder als lebende Fackeln verbrannt.

Nero hat durch die christlich geprägte Geschichtsschreibung seinen schlechten Ruf weg, nicht weil er ein gefährlicher Spinner war, sondern weil er den Christen an den Kragen ging. Zweifellos zu Recht gilt er als schlechter Kaiser. Kaiser Konstantin hingegen, der ebenfalls Sohn, Frau, Schwager und Neffen ermorden ließ und auch sonst einiges auf dem Kerbholz hat, gilt als guter Kaiser – weil er auf dem Totenbett Christ wurde. Aber so ist das eben – Siegerjustiz.

Sein großes Ziel, in Griechenland Olympiasieger zu werden, hat Nero unterdessen nicht aus den Augen verloren: Ihm zuliebe werden die Spiele um zwei Jahre verlegt und neue Disziplinen geschaffen – man will dem Kaiser das Siegen so einfach wie möglich machen. Im Jahr 67 n. Chr. ist es so weit. Als er beim Wagenrennen blöderweise in einer Kurve aus dem Wagen fällt und Jürgen-Hingsen-mäßig nicht einmal das Ziel erreicht, ist es schlecht bestellt um Neros Sieg. Nun, für eine Schiedsrichterprämie von einer Million Sesterzen gucken sich die Preisrichter noch einmal die Zeitlupe an, kommen zu dem Ergebnis, dass Nero eigentlich doch im Ziel war – und sogar als Erster –, und erklären ihn kurzerhand zum Olympiasieger, so wie in noch fünf weiteren Disziplinen. Heutzutage läuft's doch nicht viel anders: Carl Lewis hat drei Goldmedaillen mehr als Nero, und gemogelt hat er auch. Man kann's ihm bloß nicht nachweisen.

Insgesamt gewinnt Nero auf seinem Griechenlandtrip 1808 Preise, unter anderem einen Selleriekranz, eine Efeukrone – und Unmengen an griechischen Kunstschätzen für sein Domus Aurea, einen Palast, den er sich nach dem Brand hat bauen lassen. An drei Seiten hat dieses «Goldene Haus» Säulengänge mit je 1500 Metern Länge, außerdem findet sich darin eine fast vierzig Meter hohe Statue des Sonnengotts – mit den Gesichtszügen Neros. Endlich könne er «leben wie ein Mensch», soll der Kaiser anlässlich der Fertigstellung seiner kleinen Datsche gesagt haben. Nach Neros Tod wird alles abgerissen, auf einem Teil des Geländes steht heute das Kolosseum. Mit seinen öffentlichen Bauten (Supermarkt, Fitness-Studio, Wellness-Oase) hat sich Nero die Liebe der Massen erkauft. Er ist ein echter Volkskaiser, freut sich mit seinem Wagenlenkerteam über Siege (das «Grüne Team», ein Rennstall, den traditionell die römischen Arbeiter favorisieren) und ist untröstlich bei Niederlagen.

Der Adel und die Heerführer in den Provinzen aber kochen, weil durch des Kaisers Verschwendungssucht und sein politisches Desinteresse der Staatshaushalt dermaßen geschwächt ist, dass zum Beispiel an eine vernünftige Bezahlung der Soldaten nicht mehr zu denken ist. Was macht inzwischen der Kaiser? Er organisiert seine Karriere als Dudelsackpfeifer, Balletttänzer und Flötenspieler. Richtig sauer wird er erst, als ihn der Statthalter von Gallien einen miserablen Kitharaspieler nennt und sich die Provinz Gallien samt Heer von Nero lossagt. Nero hat einen Spitzeneinfall, wie er die abtrünnigen Soldaten wieder auf seine Seite bringen kann: Er plant, sich nackt und unbewaffnet vor das Heer zu stellen und laut zu weinen. Nero – Gefahrensucher. Zum Glück redet man ihm diese Schnapsidee aus.

Neros letztes Aufgebot ist eine Frauenarmee – hastig zusammengestellt aus den lokalen Prostituierten. Jede Nutte bekommt eine

Streitaxt in die Hand gedrückt und soll so die übergelaufene Prätorianergarde aufhalten, zu spät: Nicht einmal mehr Neros Palastwachen stehen noch auf ihren Posten. Auch seine Freunde sind fort, viel waren es ohnehin nicht mehr, allzu viele hatte er in den letzten Jahren zum Tode verurteilt oder zum Selbstmord gezwungen: den greisen Seneca, Petronius, den Dichter Lukan. Nero irrt alleine durch den Palast und will sich schon im Tiber ertränken, bis er tatsächlich noch auf die letzten Mohikaner trifft: seinen Lustknaben Sporus, seinen Kanzleichef und seinen Finanzminister Phaon. Die vier fliehen in den Norden Roms, in die Villa Phaons. Dort trinken sie brackiges Wasser, messen Neros Körper aus, graben eine Grube in der passenden Größe und warten zitternd auf die Prätorianergarde. Auf einmal hören sie Hufgetrappel.

Wir sind in wenigen Minuten zurück, mit folgenden Themen: Kann Nero noch den Kopf aus der Schlinge ziehen? Oder stirbt er wie ein Mann? Und wer bezahlt dann die Geschlechtsumwandlung von Sporus? Bleiben Sie dran – bis gleich!

Musik: Ich seh in dein Herz, sehe gute Zeiten, schlechte Zeiten, ein Leben, das neu beginnt. Durch Liebe und Schmerz wird in guten und in schlechten Zeiten dein Schicksal bestimmt …

Werbung. Dann wieder Intro-Jingle.

Herzlich willkommen zurück zu «Nero – das große Finale!».

Auf einmal hören sie Hufgetrappel. Es ist so weit: Nero prüft die Schärfe des Dolches, traut sich aber nicht. Er beginnt, zu wehklagen und zu winseln. «Welch ein Künstler geht mit mir dahin!», sind seine letzten Worte. Dann übernehmen seine Gefährten und rammen ihm den Dolch in den Hals.

Abspann.

Völkerwanderung

Flatrate-Saufen mit König Etzel

Wo fangen wir an? Vielleicht bei Take That? O.K. – warum nicht? Man weiß ja bei Take That nicht genau, was letztlich zur Auflösung führte – war es die Tatsache, dass auf einmal die Welt mit anderen Boybands geflutet wurde und folglich das Alleinstellungsmerkmal samt Erfolg weg war? Oder waren es einfach der Drogenwahn und die Querelen zwischen Robbie Williams und Gary Barlow? Jedenfalls zog Gary irgendwann 1996 resigniert das Fazit: «Es macht keinen Spaß mehr.» Und ähnlich wie mit Take That ist es eben mit dem Römischen Reich: Waren es die dekadenten innenpolitischen Querelen? Oder waren es die neuen germanischen Boybands in Gestalt von wilden Stämmen, die die Römer sturmreif schossen? Wahrscheinlich beides.

Zuerst passiert im 4. Jahrhundert aber ganz woanders was: In Russland und Asien wird es von Jahr zu Jahr kälter, die Lebensbedingungen verschlechtern sich. Die Leute dort beschließen also: Lasst uns nach Westen gehen, etwas Besseres als den Tod finden wir überall! Leider sind das nicht irgendwelche Leute – es ist ein finsteres Reitervolk mit vernarbten Gesichtern, kahlgeschorenen Köpfen und deformierten Schädeln: die Hunnen.

Diese üblen Gesellen reiten im Jahr 375 über die Wolga, bringen die Pocken mit und vernichten im Sturm die Völker der Alanen und der Greutungen. Ein paar wackere Greutungen können allerdings entkommen und erzählen in ganz Europa rum, was für eine fürchterliche Meute diese Hunnen sind – und dann geht's los: Europa macht sich auf die Socken: Roxolanen, Siraken, Markomannen, Burgunden, Lugier, Vandalen, Sueben und noch tausend andere – «Wer zählt die Völker, nennt die Namen?» –, alle ab nach Westen, auf der Flucht vor den Hunnen. Das Zitat stammt übrigens von Friedrich Schiller, aus den «Kranichen des Ibykus». Und Friedrich Schiller war es auch, der jener Zeit überhaupt erst die Epochenbezeichnung «Völkerwanderung» gab.

Ab nach Westen – und dort hausen wie die Vandalen!

Also folgende Szene: Am Ufer der Donau stehen Westgoten, die Hunnen im Rücken. Die Westgoten wollen rüber. Das Problem: Am anderen Ufer beginnt das Römische Reich. Gut, das Reich ist nicht mehr das, was es mal war, aber man fragt trotzdem besser vorher, ob man reindarf. Der römische Kaiser Valens ist so nett und gewährt den Westgoten den Eintritt – wer weiß, vielleicht kann man die später noch im Kampf gegen die Hunnen gebrauchen. Deshalb entwaffnet er sie auch nicht. Fehler.

Die Integration misslingt, die Westgoten ziehen plündernd durchs Land, bis Kaiser Valens die Nase voll hat und ihnen ein Heer entgegenschickt. Leider hat Valens vergessen, genug Wasser (oder Valensina, haha) mitzunehmen, und die ausgedürsteten Römer werden von den Westgoten komplett auseinandergenommen. In der Schlacht von Adrianopel wird auch noch Kaiser Valens getötet, der die Westgoten ja zuvor erst reingelassen hat.

Seit dieser Niederlage ist Rom auf die militärische Unterstützung von Söldnern angewiesen, was zur Folge hat, dass das Heer nun großenteils aus unzuverlässigen Fremden besteht. Die Westgoten werden mit Sonderrechten ruhiggestellt und haben fortan gewissermaßen einen eigenen Staat auf dem Territorium Roms.

Die Römer haben ihren eigenen Schuppen nicht mehr im Griff und müssen ihn zwanzig Jahre später sogar teilen: in Westrom und Ostrom. Rom selber spielt dabei kaum noch eine Rolle, die Hauptstadt Westroms wird zunächst Mailand und dann Ravenna – und die Hauptstadt Ostroms ist Konstantinopel (anderer Name: Byzanz), das heutige Istanbul. Warum ist es nicht beim Namen Konstantinopel geblieben? Caterina Valente weiß es: «Istanbul, nicht Konstantinopel? Wenn man fragt, sagen alle Türken dann: Das geht nur die Türken etwas an!», heißt es in ihrem Song «Istanbul» von 1955.

Die Westgoten unter König Alarich kriegen den Hals nicht voll und machen sich auf nach Italien, Rom plattmachen. Gesagt, getan, geplündert. Dann weiter nach Süden, um Sizilien und Nordafrika zu kassieren. Alarichs Schiffe werden jedoch in einem Sturm zerstört, Alarich selbst stirbt und wird in einem Flussbett begraben.

Weiter im Norden kocht auch alles über: Von der heute dänischen Insel Bornholm (die bis ins Mittelalter noch Burgunderholm hieß) marschiert das Volk der Burgunden Richtung Südwesten an den Rhein. Hier dasselbe Spiel wie schon bei den Westgoten: vor ihnen die Römer – hinter ihnen die Hunnen. Und die beiden machen jetzt sogar gemeinsame Sache: Im Jahr 436 metzeln hunnische Hilfstruppen unter dem Befehl des römischen Heerführers Flavius in Worms die Burgunden unter ihrem König Gundahar nieder. Nur wenige Burgunden überleben, suchen sich später ein hübsches Plätzchen, nennen es Burgund und beschränken sich auf die Herstellung von Wein und Käse.

Literarische Feinschmecker haben's längst gemerkt: Hier steckt einer der historischen Kerne des → Nibelungenlieds. Im Nibelungenmusical werden die Hunnen allerdings von König Etzel angeführt – der war aber bei der historischen Vernichtung der Burgunden gar nicht dabei, sondern marodiert woanders ein wenig durch Europa. Etzel, eigentlich Attila («Väterchen»), bekommt ein merkwürdiges Angebot: Die Schwester des weströmischen Kaisers war wegen eines pikanten Verhältnisses mit ihrem Kämmerer nach Konstantinopel verbannt worden. Um sich zu rächen, bietet sie sich Attila zur Frau an. Der greift zu und erhebt noch vor der Hochzeit konsequenterweise Mitgift-Ansprüche auf die Hälfte des Weströmischen Reichs. Der Kaiser lacht ihn aus, und Attila macht sich auf, um sein Recht militärisch durchzusetzen. Aber er kriegt eins auf die Mütze: 451 kommt es zur Schlacht auf den Katalaunischen Feldern westlich von Troyes in der Champagne. Die Hunnen verlieren. Der Ort der Schlacht wurde bis heute nicht gefunden. Wissenschaftlich bewiesen ist lediglich die Tatsache, dass sich die Schlacht dort auch heute noch akustisch jede Nacht wiederholt. Wenn Sie also in der Nähe von Troyes Urlaub machen und nachts Schwerterklirren hören, holen Sie Ihren Metalldetektor raus!

Etzel überlebt das Gemetzel, zieht sich zurück und stirbt in seiner Hochzeitsnacht an einem Blutsturz, bedingt durch eine Leberzirrhose vom Flatrate-Saufen. Und so gehen die Hunnen vor die Hunde. Die römischen Herrscher bringen sich munter gegenseitig um, und das war's dann bald auch mit dem Römischen Reich. Innerhalb der nächsten zwanzig Jahre gibt es neun Schattenkaiser, arme Wichte ohne Einfluss. Ab jetzt übernehmen die Ostgoten das Ruder. Deren Chef ist Theoderich der Große – Theoderich, das ist der «Dietrich von Bern» des Nibelungenliedes. Und mit Bern ist nicht etwa die Bundesstadt der Schweiz gemeint. Bern, genauer Welschbern, ist der deutsche Name für Verona.

Die Spätzeit der Völkerwanderung und der «Kampf um Rom» werden 1876 in einem unfassbar schmalzigen Monumentalschinken gleichen Titels von Felix Dahn beschrieben. Eigentlich ein superspannendes Thema, aber die Geschichte ist so lang und weilig erzählt, dass Professor Dahn seine Scharteke dann doch lieber eigenhändig verbrennen wollte. Seine geschäftstüchtige Frau aber rettet das Monster-Machwerk aus dem Ofen. Wer interessiert ist, kann dort auf leserfreundlichen 1100 Seiten nachlesen, wie die Ostgoten dinosauriermäßig aussterben. Das Buch wird 1876 wider Erwarten ein Mega-Bestseller. Warum? Weil sich Deutschland im Zuge des gewonnenen Krieges gegen die Franzosen 1870/71 (→ Die Gründung des Deutschen Reichs) und seiner späten Nationwerdung seiner Vergangenheit vergewissert und in den Goten seine Reichs-Urahnen wähnt: Noch heute verdanken wir eine Menge Rheinschlösser von zweifelhafter Ästhetik, die Vollendung des Kölner Doms sowie ein paar schwülstige Balladen und die merkwürdigen Namen einiger Burschenschaften («Markomannia», «Suebia» etc.) dieser neugotischen Geschmacksverirrung.

Was bleibt also von der Völkerwanderung? Eine Handvoll Landschaftsbezeichnungen: England kommt von den Angeln, Schwaben von den Sueben, Katalonien von den Goten, die Lombardei von den Langobarden und Andalusien von den Vandalen. Und eine wichtige Entscheidung gibt's später dann doch noch: Im Jahr 732 hält ein Franke namens Karl Martell («der Hammer») nördlich von Cognac (genauer: bei Tours und Poitiers) die Araber auf ihrem Vormarsch nach Norden auf. Zum Dank benennt ein entfernter Nachfahre 1000 Jahre später einen Cognac nach ihm. Prost. Ohne Karl Martell wäre Europa vermutlich islamisch geworden. Und Karls Enkel krempelt dann ganz Europa um. Sein Name: Karl der Große.

Karl der Große
Wie dem Papst die abgeschnittene Zunge nachwuchs

Die Helden sind müde. Erschöpft sitzen sie auf vermoosten Ruinen rum und erzählen davon, wie dufte früher alles war. Jetzt hingegen, seufz, ist alles verfallen, die Schwerter sind schartig, es herrscht Endzeitstimmung. Und tatsächlich tragen die Goten am Schluss von Felix Dahns Buchs «Ein Kampf um Rom» den Leichnam ihres letzten Königs Teja heim nach Thule. Das war 552. Seine drei Vorgänger Totila, Erarich und Hildebad waren samt und sonders ebenfalls im Kampf gefallen oder gemeuchelt worden. Erst 200 Jahre später, unter den Karolingern, bekommt Europa neuen Schwung, und die größten Verdienste daran hat Karl der Große.

Fangen wir mal mit dem Guten an: Karl führt die kleinen Buchstaben ein – und erfindet damit *de facto* die noch heute übliche Antiqua-Schrift. Er gründet Schulen, systematisiert Bibliotheken, lässt Inventarlisten erstellen und sichert so das kulturelle Gedächtnis Europas. Außerdem wird unter Karl dem Großen bei uns die Rose kultiviert. Ohne Karl gäbe es also heute keine Pakistanis, die abends «Wolle-Rose-kaufe?»-mäßig durch die Kneipen ziehen. Außerdem bittet Karl den Hofgelehrten Alkuin, eine Abhandlung darüber zu schreiben, ob es das «Nichts» gebe. Heutzutage ist die Frage geklärt und die Existenz des «Nichts» bewiesen: Man muss sich nur ein paar Minuten lang das Programm von Neun Live reinziehen.

Karls Hof aber steht in kultureller Blüte, es herrscht ein reger Gedanken- und Flüssigkeitsaustausch, zum Beispiel mit seinen zahlreichen Frauen und Nebenfrauen wie Fastrada, Luitgard, Madelgard, Gerswind oder Himiltrud, mit der er Pippin den Buckligen zeugte. Also eigentlich alles im Lack, aber, aber …: Da waren ja auch noch die Sachsenkriege!

Die Sachsen waren ein loser Haufen, der den Franken zwar tributpflichtig, aber nicht untertan war. Gelegentliche Hobbyraubzüge auf fränkisches Gebiet und die Weigerung, sonntags in die Kirche zu gehen, gaben Karl gute Kriegsgründe. Also reitet er 772 auf sächsisches Gebiet, da, wo heute Niedersachsen und Ostwestfalen liegen, nimmt eine Axt und zerstört die legendäre Irminsul, das säulenförmige religiöse Symbol für die heidnisch-germanische Weltesche Yggdrasil. Wenn sie gefällt wird, naht das Weltende. Sagt der Sachse. Karl aber sagt: Pfeif drauf, weg mit dem Plunder!

Die Sachsen sind natürlich voll sauer, ey. Sachsenfürst Widukind und seine Leute überfallen fränkische Siedlungen, töten Adelige. Dafür wiederum rächt sich Karl 782 mit dem «Blutgericht von Verden», bei dem er 4500 Sachsen umbringen lässt. Nicht nur die Zahl der Opfer, sondern auch das ganze Blutgericht ist in der Geschichtsschreibung umstritten, und daran sind die Nazis schuld: Adolf Hitler war nämlich ein begeisterter Verehrer Karls des Großen. Kein Wunder – ein König, der ungestraft Europa erobert, konnte Hitler prima als Legitimation dienen. Seine Bewunderung für Karl hielt die Nazis aber nicht davon ab, die heidnisch-germanische Irminsul zum Emblem ihrer grauenvollen angeblichen Forschungseinrichtung «Deutsches Ahnenerbe» zu machen. Tja, seine Fans kann sich eben keiner aussuchen. Dabei war Karl, der 4500 nordisch-germanische Kämpfer hinrichtet, eigentlich sowieso ein schlechtes nationales Vorbild. Zwickmühle. Also wird 1937 das «Blutgericht von Verden» trickreich zu einem Schreibfehler umgedeutet: Die 4500 Sachsen seien angeblich nicht «decollati», also lateinisch «enthauptet», sondern «delocati», «umgesiedelt» worden. Die Geschichtsschreibung ist manchmal eine verdammte Hure.

Zu Beginn des Sachsenfeldzugs hatte Karl auch noch eine Baustelle im Süden: 770 lebt Karls jüngerer Bruder Karlmann noch, und die beiden sollten sich das Frankenreich eigentlich teilen. Teilen ist unter Brüdern aber gar nicht so einfach – und da Karl seinem Bruder nicht das Schwarze unterm Fingernagel gönnt, hat er sich Verbündete gegen ihn gesucht – die Langobarden in Norditalien. Er heiratet aus Kalkül die Schwester des Langobardenkönigs. Als Karlmann 771 überraschend stirbt, ist Karl plötzlich sowieso Alleinherrscher und das Bündnis mit den Langobarden nutzlos. Er jagt seine ungeliebte Frau wieder vom Hof, worauf der Langobardenkönig den Papst ersucht, Karl zu maßregeln und, bittschön, die Söhne Karlmanns zu Königen zu krönen.

Der Papst aber ist nicht doof und sagt den Langobarden ab. Karl ist natürlich trotzdem ziemlich angefressen, setzt sich in den Wagen und fährt nach Italien, um den Langobarden zu zeigen, wo der Bär den Honig holt. Nachts im Feldlager in den Schweizer Alpen kommt ein langobardischer Spielmann mit einer Flöte als Überläufer zu Karl und verspricht, ihm einen Geheimweg in den Rücken der Langobardenfront zu zeigen. Als Belohnung verlangt er nichts als ein bisschen Landbesitz – und zwar so weit, wie man sein Instrument hören könne. Karl sagt zu, aber der Spielmann ist schlau: Er stellt sich mit einem Monsterhorn auf einen Gipfel und bläst, was das Zeug hielt. Das Alphorn ist erfunden.

Karl gelangt jedenfalls unbehelligt nach Italien, belagert die lombardische Hauptstadt Pavia so lange, bis die Langobarden Hunger bekommen und aufgeben. Am nächsten Tag bereits lässt Karl sich Visitenkarten drucken mit dem Titel «König der Lombardei».

Frieden ist aber immer noch nicht. Im Osten nerven die Awaren, im Westen gehen ihm die Sarazenen auf den Zeiger, und nur mit Hilfe der Einwohner einer kleinen Stadt in den Pyrenäen vermag Karl die Sarazenen zurückzudrängen. Zum Dank verleiht er dieser Stadt die staatli-

Tipp für kleine Männer: XXL-Kronen tragen und sich «der Große» nennen!

che Unabhängigkeit. Seitdem gibt es Andorra, das Karl den Großen sogar noch heute in seiner Nationalhymne besingt. Karl unterwirft noch schnell Bayern, dann wird es endlich ruhiger, und er hat Zeit, sich Gedanken zu machen, wie es weitergehen soll.

Mitten in die Knopperspause aber kommt Kunde aus Rom: Papst Leo III. hatte Ärger mit dem römischen Stadtadel: Man wirft ihm Meineid und Ehebruch vor, das Übliche halt. Es geht sogar das Gerücht, man habe ihm die Augen ausgestochen und die Zunge abgeschnitten.

Er flieht nach Paderborn zu Karl, der allerdings feststellt, dass dem Papst Zunge und Augen wieder nachgewachsen waren. Ein Wunder, ist klar. Die beiden verbringen in Ostwestfalen ein paar lauschige Tage bei Pils, Korn und Frikadelle mit Senf und kungeln was aus: Karl beschützt Leo vor den blöden Römern, und Leo krönt Karl zum Kaiser des Römischen Reiches. Win-Win-Situation. Und dann, Weihnachten 800 in Aachen, ist es so weit: Das Römische Reich hat wieder einen Kaiser, das Reich ist von nun an sogar «Heilig», weil es von der Kirche legitimiert ist. Die Antike ist zu Ende, das Mittelalter ist erfunden, ab sofort spricht man Althochdeutsch, jedenfalls südlich von Düsseldorf.

Das ist natürlich ein Grund für Party: Der Patriarch von Jerusalem schickt als Präsent die Schlüssel zum Heiligen Grab, und zur Feier des Tages fed-ext der Kalif von Bagdad einen Elefanten nach Aachen, der am 20. Juli 802 auch festlich ankommt, leider aber acht Jahre später im Rhein ertrinkt. Der Kalif damals war übrigens Harun al Raschid – das ist der Typ aus 1001er Nacht, der sich gerne verkleidet unter seine Untertanen mischte, um deren Meinung über sich zu erfahren – so eine Art frühmittelalterliches Selbstgoogeln.

Karl jedenfalls muss seine Visitenkarte wieder vergrößern:

«Karolus serenissimus Augustus
a Deo coronatus magnus pacificus
imperator Romanum gubernans imperium,
qui et per misericordiam
dei rex Francorum atque Langobardorum.»

(« Karl, durchlauchtester Augustus,
von Gott gekrönt
und grossen Frieden stiftender Kaiser,
das Römische Reich regierend,
durch die Gnade Gottes auch König
der Franken und Langobarden. »)

Mit neun Frauen und achtzehn Kindern hat er auch seine Nachfolge einigermaßen geregelt, jetzt gilt es nur noch, das Reich zu sichern. Und dafür hat er eine famose Idee: den Feudalismus.

Weil alleine die Verwaltungskontrolle über ein so großes Gebiet ja gar nicht zu leisten ist, leiht Karl ausgewählten Fürsten einzelne Territorien. Im Gegenzug für diese «Lehen», die Voraussetzung für die spätere Bildung von Nationalstaaten sind, erhält er Kriegsdienste. Die Vasallen können ihrerseits wiederum Lehen vergeben etc., wie ein Baumdiagramm mit immer kleineren Parzellen. Ganz unten steht der Leibeigene – und ganz oben der Kaiser, der als oberster Vasall nur seinem Lehensherrn Gott verantwortlich ist.

Sind wir durch? Fast. Vielleicht sollte man noch erwähnen, dass es durchaus Wissenschaftler gibt, die behaupten, es habe Karl den Großen nie gegeben – ja sogar, die gesamte Zeit von September 614 bis August 911 habe überhaupt nicht stattgefunden, sondern sei ein gigantischer Betrug der Geschichtsschreibung. Und tatsächlich gibt es nur eine einzige Münze mit dem Porträt Karls des Großen – andererseits aber Tausende von Dokumenten, die ja dann alle gefälscht sein müssten, auch die Chronik Einhards, aus der wir weitgehend die Kenntnisse über Karl beziehen. Von der universitären Forschung wird die Verschwörungstheorie des «erfundenen Mittelalters» weitgehend ignoriert oder abgelehnt. Aber mal angenommen, die These stimmt: Dann hat der Verfasser des gefälschten Dokuments über das Nichts immerhin Humor bewiesen.

Die Kreuzzüge

Ritter Stinkefuß

Wie kann man sich nur so unfassbar in die Scheiße reiten? Da sitzt im Mai 1291 das letzte Häuflein in der galiläischen Festung Akkon rum – 17000 einst stolze Kreuzfahrer des Königreichs Jerusalem warten verzagt, verlaust und zerlumpt auf den Tod. Denn die Mamelucken kommen – 220000 bis an die Zähne bewaffnete ehemalige Sklaven, die längst das gesamte Gebiet beherrschen und jetzt Festung nach Festung ausräuchern, um auch den letzten Christen aus dem «Königreich der Himmel» zu vertreiben.

Wer fliehen kann, der flieht: Draußen vor der Stadt ankern ein paar Galeeren aus Genua und Venedig – im Hafen prügeln sich Zivilisten, Söldner, Ritter, Frauen und Priester um die letzten Plätze. Verwundete, Kinder, Kranke werden ins Meer gestoßen. Roger de Flor, ein katalanischer Schlagetot, wird reich, indem er auf seinem Boot Flüchtlinge für ein Heidengeld aufnimmt, sie draußen vor dem Hafen ins Meer schmeißt, um am Kai sofort wieder eine neue Fuhre Christen aufzunehmen. Eine Kreuzfahrt auf dem «Traumschiff» sieht anders aus. Wenige Tage später fällt Akkon, die Bewohner werden aufgespießt, geköpft oder erstochen. Das christliche Königreich Jerusalem ist nach fast 200 Jahren Geschichte.

Dabei hat die Sache eigentlich dufte angefangen: Papst Urban II. hatte zum Kreuzzug gerufen. Das von den Türken besetzte Heilige Grab in Jerusalem müsse befreit werden. In einer Rede am 27. November 1095 verspricht er jedem Kreuzfahrer Geld und den Einzug ins Paradies. Im Gegenzug dafür müsse man sich lediglich ein Kreuz auf die Brust sticken und in Jerusalem die Ungläubigen vertreiben. Auf diese Weise kann Urban unliebsame Fürsten und Könige in den Nahen Osten abschieben und so seine Herrschaft in Mitteleuropa und Italien festigen. Für viele zweitgeborene Fürstensöhne, die beim Erbe leer ausgingen, verbindet sich mit dem Kreuzzug die Hoffnung auf neue Ländereien und Reichtümer. Aber auch einfache Menschen haben beim Kreuzzug eine Menge zu gewinnen: eine Pilgerreise in Armut zu den Ursprüngen des Glaubens samt Seelenheil im Jenseits. Das wird dann auch zum Schlachtruf der 70 000 Kreuzfahrer: «Deus lo vult» – Gott will es. Später, als dann Moslems und Christen aufeinander einkloppen, rufen die einen: «Allahu akbar», «Gott ist groß», und die anderen: «Gott will es». Wie im Kindergarten.

Noch vor dem offiziellen Aufbruch aber zieht der «Kreuzzug des Volkes» los: zum großen Teil Phantasten, die den Heiligen Schweif eines Esels verehren oder einer von Gott erleuchteten Gans folgen. Das kann ja nicht gutgehen: Hinter Konstantinopel besetzen die Volkskreuzfahrer die Burg Xerigordon und werden dort kurzerhand von den Türken ausgehungert. Ihr Führer Rainald lässt sich beschneiden und tritt zum Islam über. Der Rest wird niedergemetzelt, nur ein paar Versprengte finden den Weg zurück zum christlichen Außenposten Konstantinopel, der bereits von der nächsten Welle überrollt wird – vom regulären Kreuzzug mit den echten Rittern.

Kreuzfahrt ins Glück (läuft aber nicht im ZDF)

Die machen's nicht besser, aber sind immerhin originell. Bei der Belagerung der ersten moslemischen Stadt, Nicäa, setzen die Kreuzfahrer eine besondere Form von biologischer Kriegsführung ein: Mit Katapulten schleudern sie die Köpfe von Feinden, infizierte Tierleichen oder Bienenkörbe in die besetzte Stadt. Weiter geht's, noch 1000 Kilometer bis Jerusalem. Vermeintliche fünf Wochen, aus denen zwei Jahre wurden.

Immerhin ist man bis Antiochia gekommen, aber die Kreuzfahrer haben die Faxen jetzt wirklich dicke: Sie sind pleite. Es gibt nichts zu essen. Sie sind durstig und haben unterwegs bereits die Hälfte ihrer Mitstreiter verloren: in Scharmützeln gegen die Türken, durch Krankheit oder durch Entkräftung infolge von Gewaltmärschen über das Taurusgebirge. Mit letzter Kraft erobern sie noch die Festung Antiochia – doch leider ist schon ein riesiges Türkenheer unter Führung des Emirs von Mossul unterwegs nach Antiochia, um den christlichen Kreuzfahrern die Kehlen durchzuschneiden. Was nun? Panik greift um sich: Der französische Graf Stephan von Blois flieht zurück nach Frankreich (und wird dort von seiner Frau als Feigling beschimpft), Spione werden wie Spanferkel auf dem Rost gegrillt, ein Ei kostet mittlerweile zwei Goldmünzen. Es ist ein Kreuz mit der Kreuzfahrt.

Aber dann hat einer von ihnen, ein übelbeleumundeter Bauer namens Peter Bartholomäus, eine Vision à la Hildegard von Bingen: Im Traum sei ihm der heilige Andreas erschienen und habe ihm verraten, dass in einer Kirche die heilige Lanze, die Jesus Christus in die Seite gestoßen worden sei, vergraben sei. Peter gräbt ein bisschen in der St. Peterskirche in Downtown Antiochia rum und – ei der Daus! – findet eine Lanze. Die Kreuzfahrer sind begeistert: ein Zeichen, ein Zeichen!

Neu motiviert wagen sie einen Ausfall gegen das Türkenheer, und siehe da: Die Türken werden geschlagen! Die heilige Lanze ist jetzt eine große Nummer und Peter Bartholomäus ein Held. Der Weg nach Jerusalem steht offen!

Leider hat Bartholomäus noch weitere Visionen: So sollen die Kreuzfahrer zum Beispiel barfuß nach Jerusalem ziehen. Außerdem bezieht der heilige Andreas im Traum wiederholt auch politisch Stellung und spricht dummerweise immer für die provenzalischen Fürsten, nie für die normannischen Herzöge. Die werden langsam sauer und bezweifeln den göttlichen Ursprung der Lanze. Peter ist tödlich beleidigt und fordert als Gottesurteil die Feuerprobe: Er will, mit der Lanze bewaffnet, durch eine brennende Gasse gehen. Sollte er unverletzt hindurchkommen, sei Gott auf seiner Seite und die Lanze wahrhaft heilig. Gesagt, getan: Peter Bartholomäus rennt mit der Lanze durch die Feuergasse und stirbt jämmerlich an seinen Verbrennungen. Trotz des schlechten Omens wird Jerusalem dann aber schließlich doch noch erobert – und in einem Blutrausch werden alle Moslems getötet. Die Nachricht vom Sieg erreicht Papst Urban in Rom aber nicht mehr. Der ist sechs Tage zuvor gestorben.

Mit der Eroberung Jerusalems haben die Kreuzfahrer schon den Höhepunkt erreicht – von nun an geht's bergab. Bis hin zu jenem jämmerlichen Ende 1291 auf der Festung Akkon. Aber zunächst: Wer sind denn überhaupt die Big Player im Kreuzfahrtbusiness?

Da ist einmal der Normanne Bohemund, ein riesiger und ungehobelter Rüpel. Als man ihm einst riet, Nordafrika zu christianisieren, hob er ein Bein hoch, furzte kräftig und polterte, selbst der Furz spreche sinnvoller als der Berater. Bohemund hasst Byzanz und hält seine Bewohner mit ihren farbigen, wallenden Gewändern für eine Ansammlung von Schwuchteln.

Dann wäre da Bohemunds Widersacher in den eigenen Reihen, der Provenzale Raymond von Toulouse, ein reicher, einäugiger Graf. Er wird bei der Eroberung Jerusalems zum König gewählt, lehnt das aber mit der Begründung ab, er wolle keine Krone in einer Stadt tragen, in der Jesus eine Dornenkrone trug. Doof von ihm, denn so geht er leer aus.

Gottfried von Bouillon nimmt kurzerhand die Krone an, die Raymond abgelehnt hat. Er erfindet den Titel «Beschützer des Heiligen Grabes» und wird mit diesem Kniff *de facto* der erste König des Königreichs Jerusalem.

Für Gottfrieds Bruder Balduin sehen die Dinge zunächst nicht rosig aus. Beim Gewaltmarsch über das Taurusgebirge stirbt seine Frau und damit Balduins Hoffnung, das Vermögen ihres Vaters zu erben. Sein neuer Karriereplan: sich irgendwo in der Gegend als unabhängiger Herrscher niederzulassen, in Edessa zum Beispiel. Der bisherige Fürst von Edessa adoptiert Balduin netterweise und setzt ihn als Erben ein. War bestimmt nur Zufall, dass der Fürst vier Wochen später ermordet wird. Doch dann stirbt plötzlich Balduins Bruder Gottfried, und er wird auf einmal König von Jerusalem! Spitze!

Und dann ist da noch Tankred von Tarent, Bohemunds Neffe. Bei der Belagerung von Jerusalem bekommt Tankred Durchfall – zum Glück! Warum zum Glück? Der ägyptische Statthalter von Jerusalem hatte alle Bäume in der Umgebung fällen lassen, um den Besatzern den Bau von Belagerungsmaschinen unmöglich zu machen – und als Tankred sich wegen des flotten Ottos in eine Höhle zurückzieht, stößt er auf 400 gefällte Baumstämme – und baut damit Belagerungsmaschinen. Hurra!

Man sieht: Die Einzelinteressen der Kreuzfahrer lassen sich nur schwer mit den gemeinsamen christlichen Anliegen vereinbaren. Kein Wunder, dass sich die Fürsten mehr untereinander bekriegen, als gegen die Moslems zu kämpfen. Sie haben bloß Glück, dass es den Moslems ebenso geht. Später vergessen die Kreuzfahrer sogar ihr eigentliches Ziel, Jerusalem. Viel wichtiger sind ihnen die Hafenstädte, denn dort kann man Handel treiben und reich werden, was vor allem Zypern, Genua und Venedig nutzt, aber dazu später.

So gehen die Jahre ins Land: Auf Balduin I. folgt Balduin II., dann irgendwann Balduin III., Balduin IV. und Balduin V. Aber insgesamt geht es ziemlich bergab: Edessa fällt zurück an die Türken, was Anlass für einen zweiten Kreuzzug ist, der vor den Toren von Damaskus jämmerlich versandet.

Die Rückeroberung Jerusalems durch den Sultan Saladin ist Anlass für einen dritten Kreuzzug, der noch erbärmlicher endet: Kaiser Friedrich Barbarossa ertrinkt unterwegs beim Baden (→ Nibelungenlied), worauf jene Hälfte des Heeres, die nicht erster Klasse gebucht hatte, wieder umkehrt. Die andere Hälfte kommt aber auch gerade mal bis Akkon.

Eine Atempause verschafft den Kreuzfahrern wenigstens Richard Löwenherz, der Teile des Königreichs Jerusalem zurückerobern kann. Dabei legt sich Richard dummerweise mit dem österreichischen Herzog Leopold an. Leopold zieht sich beleidigt nach Österreich zurück und bringt die heutige österreichische Fahne mit: Sein weißer Waffenrock war vom Kampf so rot vom Blut der Gegner, dass er beim Ablegen seines Gürtels nur noch einen weißen Streifen in der Mitte hatte – Rot-Weiß-Rot! Bingo! Am Ende dreht Leopold aber auch Richard eine lange Nase: Der muss nämlich auf dem Weg zurück nach England durch Österreich. Hier lässt Leopold ihn verhaften und erst Jahre später gegen ein Lösegeld von 6000 Eimern Silber wieder ziehen. Von dem Geld hat Poldi übrigens die Wiener Neustadt gebaut.

Während Richards Haft bemächtigt sich in England sein Bruder John des Throns und beutet zusammen mit dem Sheriff von Nottingham das Volk aus – ein Anlass für Robin Hood, mit einem lustigen Mützchen Robin Hood zu spielen.

Aber weiter mit den Kreuzzügen, immer weiter – der vierte Kreuzzug läuft völlig aus dem Ruder: Statt Jerusalem wird aus Versehen (oder aus Habgier) das zwar reiche, aber sowieso längst christliche Byzanz erobert und geplündert. Die gierigen Deutschen raffen Gold an sich, während die kunstsinnigen Venezianer die schönsten Kunstwerke auswählen, nach Venedig entführen und damit den Dogenpalast schmücken. Die Plünderung Konstantinopels ist übrigens der Ursprung für das bis heute schwierige Verhältnis zwischen der christlich-orthodoxen und der katholischen Kirche.

Fünfter Kreuzzug: Es wird immer schwieriger für den Papst, noch Leute zu rekrutieren. Das liegt daran, dass er mittlerweile in Europa innere Feinde bekämpfen muss, nämlich die Katharer. Die Katharer werden von Rom als Ketzer betrachtet – ja, der Begriff «Ketzer» leitet sich sogar vom lateinischen *cathari* ab. Und weil die dem Papst so viel Stress machen, verspricht er jedem, der sich gegen die Katharer wendet, die gleichen Privilegien im Jenseits wie einem Kreuzfahrer. So, jetzt mal nachdenken: Warum soll ich mich also im staubigen, heißen Antiochia von einem Turbanträger aufschlitzen lassen, wenn ich hier für den gleichen Jenseitslohn harmlosen Katharern den Hintern versohlen kann?

Ein paar Unverdrossene finden sich trotzdem, unter ihnen auch Franz von Assisi, der sogar vor dem Sultan predigen darf – und fast hätte es eine Sensation gegeben: Sultan Kamil ist verhandlungsbereit und will den Kreuzfahrern alles zurückgeben. Aber wieder einmal muss man sich vor den Kopf schlagen: Ein Kardinal namens Pelagius weigert sich kategorisch, mit Ungläubigen zu verhandeln, zieht weiter und versackt mit seinem Heer im Morast, wo er von frischen muslimischen Truppen vernichtend geschlagen wird.

Jetzt aber! Jetzt kommt Mr Cool: Stauferkönig Friedrich II., der Enkel des ertrunkenen Friedrich Barbarossa! Friedrich wird *stupor mundi*, das «Erstaunen der Welt», genannt. Er schrieb ein bis heute gültiges Buch über die Falkenzucht und erfand das Rechnen mit der Null. Auch kreuzzugstechnisch hat er's besser drauf als seine Vorgänger: Er landet in Akkon, kleidet sich in orientalischem Prunk und umgibt sich mit einer moslemischen Leibgarde. Verrückt! Der Sultan war ja eh verhandlungsbereit – und Friedrich schlägt prompt zu: Er lässt sich zum König von Jerusalem krönen!

Friedrich bleibt aber nicht lang, und seine Statthalter – man ahnt es schon – verdödeln die Chose wieder, sodass es zwar immer einen nominellen König gibt, die Herrschaft aber wieder an die Ägypter zurückfällt. Deshalb gibt es heute übrigens fünf potenzielle Erben des Titels «König von Jerusalem», unter anderem König Juan Carlos von Spanien und Karl von Habsburg, der Enkel des letzten österreichischen Kaisers (→ Erster Weltkrieg). Nach der Abdankung → Karls V. 1556 und der damit verbundenen Aufteilung seines Reichs in Österreich und Spanien wurden die eh nur noch theoretischen Erbrechte nie ganz geklärt.

Kreuzzug Nummer sechs wird von Ludwig dem Heiligen angeführt – einem frommen Mann: Weil an einem Freitag Christus gekreuzigt worden ist, hat er an Freitagen nie gelacht, also kein Typ für den Fun-Freitag bei SAT1. Dieser Kreuzzug geht auch schon gar nicht mehr nach Jerusalem, sondern nach Kairo, wo die wahren Beherrscher von Jerusalem sitzen. Auch Ludwig versumpft im Nildelta und wird von den Mamelucken des Sultans gefangen genommen. Diese Mamelucken, ehemalige Sklaven und Emporkömmlinge, revoltieren im gleichen Jahr gegen ihre Herren und übernehmen die Macht in Ägypten.

Siebter Kreuzzug: Ludwig der Heilige versucht noch einmal, Ägypten zu erobern, diesmal von Tunesien aus. In Karthago erkrankt er jedoch an der Ruhr, reicht den Stab weiter an Karl von Anjou und stirbt dann an Durchfall und Entkräftung. Karls Flotte gerät in einen Sturm und sinkt. Der Weg für die Mamelucken ist frei – und die machen den Sack zu: Sie erobern eine Burg nach der anderen, bis sie schließlich vor Akkon stehen. Mit der Vernichtung der letzten Kreuzritterbastion fängt unsere Geschichte ja an – und damit endet sie auch.

Wer hat denn jetzt eigentlich gewonnen? Die Antwort ist einfach: Genua und Venedig. Die sind reich geworden mit ihren Schiffen und dem Seehandel. Außerdem hat gewonnen: die europäische Kultur.

Mit dem kulturellen Austausch zwischen Europa und Arabien weitet sich der Blick des mittelalterlichen Menschen. Am Horizont zeigen sich schon die Renaissance und der Humanismus. Europäische Handelsfamilien (zum Beispiel die Medici oder die → Fugger) etablieren sich, weil sie von den Arabern das Kredit- und Bankenwesen gelernt haben. Und in der europäischen Ependichtung werden die Heldentaten des Rittertums aufs schönste verewigt.

Das ist ja das Wundervolle an Poesie: Man liest nur das Schöne. Dass Ritter Blablahad aber ganz fürchterlich aus dem Maul gestunken hat und Prinzessin Krinoline völlig verlaust war, das erfahren wir in den Ritterepen nicht. Aber wer die Geschichte der Kreuzfahrer kennt, kann es sich denken.

Die Templer
Schnick-Schnack-Schnuck im Geheimbund

Leiden Sie an Paraskavedekatriaphobie? Paraska- bitte was? Paraskavedekatriaphobiker sind Menschen, die Angst vor Freitag, dem 13. haben – und für solche Menschen ist das nun folgende Kapitel von den Templern nix. Letzte Ausfahrt vor der Autobahn! Sind Sie dabei? O.K., dann los:

An einem Freitag, dem 13. unterlagen die Templer den Truppen Saladins. Am Freitag, dem 13. Oktober 1307 wurden alle Templer verhaftet, und am Freitag, dem 13. Februar 1959 wird → Fidel Castro kubanischer Ministerpräsident. Hä? Was hat denn Fidel Castro mit den Templern zu tun? Nichts – aber erstens sieht man in der Geschichte immer wieder, dass alles mit allem zusammenhängt. Und zweitens werden Sie gleich sehen: Die Templer sind an ALLEM schuld, also auch an der kubanischen Revolution. Aber von Anfang an:

Die Gründung eines Ritterordens im Jahr 1118 ist ein sensationelles Erfolgskonzept: Wenn man sich schon im Namen Gottes mit den Moslems prügelt – warum nicht beides vereinen, den Gott und die Prügel? Bis dahin war man entweder Mönch oder Ritter. Ab jetzt aber reden die Mönche mit dem Schwert ein gewichtiges Wörtchen mit im Kampf um Jerusalem. Balduin II. schenkt den Rittern einen Teil des ehemaligen Salomo-Tempels, daher der Name des Ordens: «Arme Ritterschaft Christi und des salomonischen Tempels», kurz: die Templer. Ihr schwarz-weißes Banner ist gefürchtet: Weiß steht für den mönchischen, friedlichen und Schwarz für den kriegerischen Part. Ihre Tracht ist der aus Ritterfilmen bekannte weiße Mantel mit rotem Kreuz. Ihr Siegel zeigt ein Pferd, auf dem zwei Ritter hintereinandersitzen.

Die Templer haben keine reguläre Klostererziehung genossen und sind keine feinsinnigen Theologen – aber sie sind tapfer: Im sechsten Kreuzzug (→ Kreuzzüge) gegen die Mamelucken

Die Templer – eindeutig schwul!

bekommt Templer-Großmeister Guillaume de Sonnac durchs Auge einen Pfeil ins Hirn geschossen. Trotz dieser schweren Verletzung reitet er heroisch ins nächste Gefecht, wo ihm ein Mameluckenkrieger auch einen Pfeil in das andere Auge schießt. Erst jetzt fällt der Templer tot zu Boden. Einer seiner Nachfolger, Guillaume de Beaujeu, ist 1291 an der Verteidigung von Akkon beteiligt. Mitten im Kampf legt er sein Schwert aus der Hand und tritt einen Schritt zurück. Auf die vorwurfsvollen Blicke seiner Mitkämpfer sagt er ernst: «Ich laufe nicht davon. Ich bin tot», hebt den Arm, zeigt seine Wunde vor und fällt um.

Die Templer sind aber nicht nur tapfer, sie sind auch DIE Experten, wenn es um das Heilige Land und den «Schutz der Pilger» geht. Im Gegensatz zu den Truppen, die aus Europa ins Heilige Land kommen, kennen sie die Gegend und ihre Einwohner. Und mit ihrem «Pilgerschutz» werden sie reich, steinreich: Der Orden darf alles behalten, was er im Krieg erbeutet, mehr noch, er zahlt keine Steuern, sondern darf seinerseits welche erheben. So entsteht ein Staat im Staat, mit Klostergründungen in ganz Europa: Noch heute ist im portugiesischen Tomar eine eindrucksvolle Templerburg zu bewundern, in Berlin-Tempelhof gibt es nur noch ein paar Mauerreste.

Der «Schutz der Pilger» beinhaltet eine grandiose Idee: den Kreditbrief – ein Businessplan, vermutlich geklaut vom moslemischen Feind. Die Sache geht so: Ein Pilger zahlt in der Heimatkomturei der Templer sein Vermögen ein, bekommt eine Quittung und lässt sich das Geld in Jerusalem wieder auszahlen. So ist man auf dem Weg sicher vor Überfällen und kann sich in Israel dann trotzdem eine Falafel kaufen! Da aber etliche Pilger bei der Reise hopsgehen: Keule auf'n Kopp, fauliges Wasser getrunken, ungewaschenes Obst gegessen, mit der falschen Frau im Bett gewesen – tot, verbleibt deren Geld bei den Templern. Hier machte das Shareholder-Value-Prinzip Spaß!

Als Jerusalem 1244 zurück an die Moslems fällt, wird den dort ansässigen Christen verboten, Waffen zu tragen. Also sind die Templer gezwungen, sich auf die Geldgeschäfte mit den Pilgern zu beschränken. Ansonsten hängen sie rum: Sie zählen ihr Geld, rauchen Wasserpfeife, trinken mit Kardamom gewürzten Kaffee und spielen mit den Muselmanen, deren Sprache sie mittlerweile gelernt haben, Schach oder Backgammon. Manchmal geht die Verbrüderung ein bisschen weit: In der Spätzeit der Kreuzzüge verpflichten sich die Templer vertraglich, dem Sultan jeden Kreuzzug zwei Monate vor Beginn zu melden. Kein Wunder, dass sie von König Philipp IV., «dem Schönen» (nicht zu verwechseln mit Philipp dem Schönen von Spanien, → Ferdinand Magellan), irgendwann misstrauisch beäugt werden, zumal die armen Ritter Christi reicher sind als der König.

Wen man nicht besiegen kann, den muss man umarmen: Philipp beschließt, ein Templer zu werden – aber der Orden lehnt ihn ab, und aus Philipp dem Schönen wird ratzfatz Philipp die beleidigte Leberwurst. Jetzt will Philipp die Templer fertigmachen. Besteht nicht das Emblem der Templer aus zwei Rittern auf einem Pferd, sodass der hintere seinen Schoß am Popo des vorderen reibt? Na, da hat der König keine Fragen mehr – die Templer sind schwul! Außerdem wirft er ihnen gleich noch vor, ein Götzenbild anzubeten, aufs Kruzifix zu spucken und sich gegenseitig auf den Hintern zu küssen – alles Praktiken, die durchaus zu den männerbündischen Initiationsriten und Mutproben eines Kampfordens im Mittelalter gehört haben mögen.

Der Lordsiegelbewahrer des Königs, Guillaume de Nogaret, kauft einen Zeugen, informiert den Papst über die sensationellen Enthüllungen und schickt am 14. September 1307 an alle Polizeidienststellen einen Brief mit dem Hinweis auf dem Umschlag, ihn erst am 13. Oktober 1307 zu öffnen und nach seinem Inhalt zu verfahren. So stellt er sicher, dass die Aktion überall gleichzeitig startet und sich die Templer nicht gegenseitig warnen können. Die Templer erwischt es eiskalt: Sie werden samt und sonders verhaftet, viele gestehen unter Folter die gegen sie erhobenen Vorwürfe. Der Orden wird aufgelöst. Zwischendurch unternimmt der Papst einen halbherzigen Rettungsversuch, der die Templer hoffen lässt, glimpflich davonzukommen. Einige widerrufen also ihre erzwungenen Geständnisse. Fehler: Fortan gelten sie als *relapsi*, als Rückfällige. Vierundfünfzig

Ritter werden zum Tode verurteilt und verbrannt. Der Großmeister Jacques de Molay wird in Paris zu lebenslanger Haft verurteilt. Voller Zorn angesichts des harten Urteils widerruft auch er auf der Anklagebank sein Geständnis und wird im Gegenzug zum Tode verurteilt. Am selben Abend noch wird auf der Insel vor Nôtre-Dame ein Scheiterhaufen errichtet. Als die Flammen züngeln, ruft Großmeister Jacques dem Papst, dem König und Guillaume de Nogaret zu, dass ihnen der baldige Untergang bevorstehe. Wir schreiben den 18. März 1314. Und tatsächlich: Nogaret stirbt am 11. April, der Papst am 20. April und Philipp der Schöne am 29. November 1314.

Der stolze Orden der Tempelritter ist Geschichte. Oder doch nicht? Angeblich hat fast 500 Jahre nach Auflösung des Ordens, nämlich 1793, bei der Hinrichtung des französischen Königs Ludwig XVI. (→ Französische Revolution) ein unbekannter Templer das Schafott gestürmt und gerufen: «Jacques de Molay, endlich bist du gerächt!» Wo kam der denn auf einmal her?

Und jetzt treten die Verschwörungstheoretiker mit einer verstrubbelten Idee auf den Plan, für die es keinerlei Belege gibt – und wer «Sakrileg – The Da Vinci Code» gelesen oder gesehen hat, der erfährt jetzt, woher Dan Brown seine Ideen bezog: Es heißt, am Abend vor dem Coup de Nogarets habe ein von zwei Ochsen gezogener Heuwagen den Pariser Tempelbezirk verlassen, und zwar Richtung Schottland. Angeblich soll sich auf dem Heuwagen neben dem immensen Schatz der Templer auch der Heilige Gral befunden haben, also die Schale, mit der Joseph von Arimathäa das Blut Christi am Kreuz aufgefangen haben soll und nach der alle Helden auf der Suche sind, von Parzival (→ Richard Wagner) bis Nicolas Cage in «Das Vermächtnis der Tempelritter».

In Schottland soll der Orden dann *undercover* überlebt und von dort ein weltweites, heimliches Netzwerk gesponnen haben. Ehemalige Templer hätten in Handwerksorganisationen Unterschlupf gefunden und die Freimaurerlogen gegründet – ergo bestehe der Orden bis heute, mit einer ununterbrochenen Kette von Großmeistern bis auf den heutigen Tag. Und bis heute beherrschten demnach sechsunddreißig mal sechsunddreißig Templer (also 1296 Leute) heimlich die Welt (eventuell war einer von ihnen der US-Präsident Harry S. Truman, mehr dazu im Kapitel → Die Stunde Null). Der Haken an der Sache – diese Loge der Templer ist natürlich supergeheim: Wer also dreist behauptet, ein Templer zu sein, ist natürlich nur ein Angeber. Wer aber beteuert, kein Templer zu sein, könnte der Großmeister persönlich sein. Weil das aber bekannt ist, macht man sich durch Leugnen nur verdächtig, der Großmeister würde sich also tarnen und behaupten, er sei ein Templer, damit alle glauben, er sei nur ein Angeber, in Wirklichkeit aber ist er … usw. Das ist so, als wolle man beim Schnick-Schnack-Schnuck (auch bekannt als Schere-Stein-Papier) die Strategie des Gegners vorausplanen wollen: hoffnungslos. Die folgende Abbildung zeigt also einen als Karnevalisten verkleideten Templer – oder einen als Templer verkleideten Karnevalisten, man weiß es nicht:

Sie können ja mal den Test machen: Einfach mal so behaupten, dass die Templer schuld an der kubanischen Revolution seien – falls einer Ihrer Kumpels sagt: «Was für ein Quatsch!» – dann Obacht! Schauen Sie nochmal ganz genau hin: Der Mann ist höchst verdächtig!

Nibelungen

Kriemhild und der geile Depp

So, nicht lang drum rumreden – hier liegt der Schatz, Sie können ihn haben, hab gerade keinen Bock zu buddeln:

49° 45' 56.19''N und 8° 25' 16.37''O – Sie brauchen nicht mal zu googeln, ich geb Ihnen alle Informationen: Der Schatz liegt in einem kleinen Waldstück in einem verlandeten Rheinarm, ca. fünfzehn Kilometer nördlich von Worms, zwischen der B 9 und dem Rheinufer, in der Nähe der Ortschaft Steinwörth. Bitte, gern geschehen. Bevor Sie den Schatz heben (Achtung, mehrere LKW voller Gold und Geschmeide!), vergessen Sie nicht, Grabungserlaubnis und Besitzverhältnisse mit der Direktion Landesarchäologie in Mainz zu klären und anschließend die üblichen fünfzehn Prozent Provision an den Rowohlt Verlag zu überweisen, die haben meine Kontonummer. Als Besitzer des Schatzes werden Sie übrigens gleichzeitig auch Nibelungenkönig – aber ich warne Sie: Der Schatz hat noch keinen glücklich gemacht, und wer ihn besaß, ist jung gestorben. Ich sag's halt lieber vorweg, nicht dass sich nachher jemand beschwert.

Vielleicht statt Schatzsuche doch besser was über das Nibelungenlied? Es entführt uns in eine Welt aus Mord, Rache, Eifersucht, Stolz, Anmaßung und Blutdurst, also direkt in Ihren Alltag in der Familie oder im Büro.

Und das ist die Geschichte: Am Burgundenhof in Worms lebt König Gunther (Colin Firth) mit seinen Brüdern Gernot (Ethan Hawke), Giselher (Orlando Bloom) und der wunderschönen Schwester Kriemhild. Kriemhild ist schwierig zu besetzen, in Teil eins vielleicht mit Keira Knightley, in Teil zwei eher mit Angelina Jolie. Als Bösewicht ist noch ein Vasall am Start, der finstere Hagen von Tronje (Ralph Fiennes).

Kriemhild soll verheiratet werden, und tatsächlich hält um ihre Hand der berühmte Held Siegfried (Brad Pitt) an, der in der Pilotfolge einen Drachen tötete, gleich an Ort und Stelle in dessen Blut badete und so seinen Körper unverwundbar machte – mit Ausnahme einer kleinen Stelle an der Schulter, auf der beim Drachenblutbad ein Lindenblatt klebte. Außerdem besiegte er das Zwergenvolk der Nibelungen, wurde so deren König und überdies Besitzer einer überaus praktischen Tarnkappe, des Schwertes Balmung sowie ebenjenes unermesslichen Schatzes, der jetzt bald Ihnen gehört.

König Gunther, ein geiler Depp, verliebt sich in die isländische Sportskanone Brunhild (Charlize Theron), die aber eigentlich auf Siegfried steht (vielleicht mal wieder ins Fitness-Studio? Wer weiß, wann Ihnen der nächste Drache oder vielleicht sogar Charlize Theron begegnet!).

Um Gunther loszuwerden, sagt sie, sie wolle nur jemanden heiraten, der in der Lage sei, sie im Sport zu besiegen. Gunther, selber eher eine Sofakartoffel, bittet Siegfried und seine Tarnkappe zu Hilfe und verspricht ihm zum Lohn seine Schwester Kriemhild. Siegfried schlägt ein und besiegt Brunhild in den leichtathletischen Disziplinen Speerwurf, Kugelstoßen und Weitsprung – natürlich unter seiner Tarnkappe, während Gunther die entsprechenden Dummy-Bewegungen dazu macht. So irre es klingt – das muss man jetzt einfach mal glauben, denn sonst geht die Geschichte nicht weiter.

Zunächst scheint die Schummelnummer glattzugehen. Aber in der Hochzeitsnacht macht Brunhild mit Schluffi Gunther Gürtelbondage und hängt ihn an den Kleiderhaken. Wieder müssen Siegfried und seine Tarnkappe ran: In der nächsten Nacht tut er wieder so, als wäre er Gunther, entjungfert Brunhild und nimmt ihr den Gürtel und einen Ring ab. Sofort verliert Brunhild ihre Superheldinnenkräfte und ist bloß noch eine ganz normale Frau. Ring und Gürtel schenkt Siegfried seiner Kriemhild – gaaanz schlechte Idee.

Brunhild und Kriemhild können sich nämlich nicht ab, und da Brunhild ihre Widersacherin für die Frau eines Vasallen hält (als welcher sich Siegfried ausgibt, um Gunther nicht die Show zu stehlen), legt sie sich mit ihr an und besteht darauf, vor Kriemhild die Kirche zu betreten. Kriemhild rastet aus, petzt Brunhild die ganze Tarnkappennummer und zeigt ihr zum Beweis Ring und Gürtel vor, ätschibätsch!

O.K. – Krieg unter Frauen. Da hält man sich als Mann natürlich besser raus, ist ja bekannt. Aber das weiß man eben erst seit dem Nibelungenlied – ein Beweis dafür, dass man tatsächlich aus der Geschichte lernen kann! Dauert freilich, die Burgunden waren noch nicht so weit, und das wurde ihnen zum Verhängnis.

Brunhild fordert nämlich Rache: Siegfrieds Tod. Der finstere Vasall Hagen erklärt sich bereit, seiner Königin diesen Dienst zu erweisen. Unter einem Vorwand (angeblicher Feldzug gegen Dänemark) entlockt er Kriemhild das Geheimnis mit dem Lindenblatt, indem er vortäuscht, Siegfried schützen zu wollen. Dankbar bietet Kriemhild Hagen an, die Stelle mit einem gestickten Kreuz zu markieren. Aaargh! Wie doof kann man sein? Es kommt, wie es kommen muss: Der Krieg wird abgesagt, stattdessen lädt der König zur Jagd. Als Siegfried sich im Wald vorbeugt, um aus einer Quelle zu trinken, stößt Hagen ihm einen Speer in den Rücken, genau an die Stelle, wo Kriemhild das Kreuz gestickt hat. Röchel. Tot.

Kriemhild schwört Rache und engagiert mit dem Geld aus dem Nibelungenschatz, den Siegfried ihr (Sex gegen Gold!) zur Morgengabe gemacht hatte, Söldner, die sich von nun an bedrohlich am Hof herumdrücken. Hagen sieht die fremden Kämpfer mit Misstrauen, schnappt sich den Schatz, fährt damit die B 9 nach Norden und versenkt den ganzen Plunder in nur einer Nacht.

Ende Teil eins. Pause, Popcorn, Pipi.

Teil zwei, dreizehn Jahre später. Der Hunnenkönig Etzel (Keanu Reeves) hält um Kriemhilds Hand an. Kriemhild, die lange genug ihre schlechte Laune am Burgundenhof hat raushängen lassen, heiratet Etzel (→ Völkerwanderung), zieht auf die Etzelburg, bekommt ein Söhnchen und lädt nach weiteren sieben Jahren ihre Verwandten zum Familienbesuch ein. Die sind naiv genug zu glauben, über die unangenehme Sache von damals sei Gras gewachsen und Kriemhild habe die alten Geschichten vergessen. Hat sie aber nicht. Nur Hagen scheint den Braten zu riechen, seine Reiselust hält sich in Grenzen, aber weil er treu zu seinen Herren steht, kommt er mit, genau wie der alte Waffenmeister Hildebrand (Harvey Keitel). Bei der Donau-Überfahrt wird Hagen von zwei Nixen prophezeit, dass sie alle in Kürze sterben werden – nur der Kaplan würde als Einziger überleben. Potzblitz! Hagen lacht die Nixen aus – und um ihnen zu beweisen, dass sie unrecht haben, wirft er den Kaplan, einen Nichtschwimmer, über Bord und drückt ihn mit einem Ruder unter Wasser. Was Hagen entsetzt mit anschauen muss: Die Luft unter der Kutte hält ihn oben, und so klettert der Kaplan pitschnass ans Ufer und kehrt unversehrt nach Worms zurück. Schluck.

An Etzels Hof werden die Burgunden frostig empfangen, schon in der ersten Nacht schickt Kriemhild hunnische Krieger, um Hagen zu töten. Die Hunnen kneifen aber – also aktiviert Kriemhild Etzels Bruder mit dem etwas unglücklichen Namen Blödelin (Steve Buscemi). Mit tausend Mann greift Blödelin die burgundischen Knappen an und tötet sie, fällt aber selbst im Gefecht. Als Quittung schlägt Hagen während eines Festmahls Kriemhilds kleinem Söhnchen Ortlieb den Kopf ab. Jetzt geht das Gemetzel langsam richtig los. Die Burgunden richten unter den Hunnen ein Blutbad an, Kriemhild, Etzel und Dietrich von Bern (→ Völkerwanderung) können fliehen und schließen die Burgunden in der Festhalle ein. Kriemhild legt

Feuer, und in der Hitze trinken Hagen, Gunther und Co. vor Durst das Blut der Gefallenen.

der grimme Hagen enweiz noch niht, daz sîn leben ist niht mêr einen arswisch wert

Am nächsten Tag der Showdown: Da Hagen das Versteck des Nibelungenschatzes partout nicht verraten will, solange er im Dienst des Nibelungenkönigs steht, befreit Kriemhild ihn von dieser Dienstpflicht, indem sie kurzerhand ihren Bruder enthaupten lässt und mit dessen Kopf in Hagens Zelle marschiert. Hagen aber singt immer noch nicht, beschimpft Kriemhild als «Teufelin», und vor Zorn köpft Kriemhild eigenhändig den Mörder ihres Mannes und ihres Sohnes, woraufhin der alte Waffenmeister Hildebrand seinerseits die

Furie entleibt. Jetzt leben gerade noch einmal so viele, dass es für eine Totenklage reicht. End of Story.

Puuh, Riesengeschichte, jede Menge Blut – kein Wunder, dass das Nibelungenlied, aufgeschrieben von einem unbekannten Dichter, der Blockbuster der Saison 1204/05 ist. Hinzu kommt, dass es dem Rittertum in diesen Jahren gar nicht gutgeht. Das Nibelungenlied trifft den Nerv der Zeit:

Die → Kreuzzüge, eigentlich gedacht als prunkvolle Demonstration des Rittertums, haben längst eine ungute Wendung genommen. Viele Krieger schlagen sich als Raubritter durch, Kaiser Friedrich Barbarossa stirbt 1190 jämmerlich in der Türkei, etwa 280 Kilometer östlich von Antalya. Sein Leichnam wird in Essig eingelegt. Kurz, das Ideal des edlen Ritters hat arge Kratzer bekommen. Wissenschaftler nehmen an, dass der Dichter des Nibelungenlieds auf diesem Kreuzzug sogar dabei ist. Als Abgesang und Verklärung der alten Ritterherrlichkeit kommt das Nibelungenlied also gerade recht. Und so, wie es angefangen hatte, so geht es die nächsten 700 Jahre auch weiter: Das Nibelungenlied wird ideologisch vereinnahmt. → Friedrich der Große, der die deutsche Sprache ohnehin nicht schätzte und lieber französisch parlierte, befand das «elende Zeug» 1784 «nicht einen Schuss Pulver werth».

Im 19. Jahrhundert dann diente der erste Teil des Nibelungenlieds → Richard Wagner als Vorlage für seine Opern-Tetralogie «Der Ring des Nibelungen», und das war der Startschuss für die germanische Vereinnahmung, für den alljährlichen Promi-Aufmarsch in Bayreuth und für die Zahnradbahn auf den Drachenfels, denn dort tötete Siegfried den Drachen: in Königswinter, nicht davor und nicht dahinter.

1909 betonte Reichskanzler von Bülow (übrigens ein entfernter Verwandter von Loriot) die «Nibelungentreue» des Deutschen Reichs gegenüber Österreich-Ungarn und prägte so einen verhängnisvollen Begriff. Nach dem Ersten Weltkrieg verglich der Generalfeldmarschall Paul von Hindenburg die Niederlage Deutschlands mit der Meuchelermordung Siegfrieds durch Hagen und begründete so die Dolchstoßlegende (→ Erster Weltkrieg), nach der Deutschland «im Felde unbesiegt» und nur durch politischen Verrat aus der Heimat in die Niederlage getrieben worden sei. Im Nationalsozialismus schließlich pervertierte Hermann Göring (→ Der Zweite Weltkrieg) den Begriff der Nibelungentreue vollends und verglich am 3. Februar 1943 den Kampf der Soldaten im Kessel von Stalingrad mit dem Kampf der Nibelungen im brennenden Festsaal. Starrsinn angesichts hoffnungsloser Lage, na vielen Dank auch.

Ach, ich bin Ihnen ja noch schuldig, warum der Schatz ausgerechnet in der Nähe von Steinwörth liegen soll – ganz einfach: «Hagen sancte den hort ze loche in den rhein», also er versenkte den Hort nicht in einem Loch im Rhein, wie meistens übersetzt – sondern *bei* Loch im Rhein. Auf den Koordinaten lag früher, vor der Verlandung, eine Ortschaft namens Loch – mit Pferdekarren von Worms aus exakt in einer Nacht hin und zurück zu erreichen. Noch Fragen? Also, auf zum Gold! Wer sagt denn immer, Mittelhochdeutsch zu studieren sei eine brotlose Kunst?

Marco Polo
43A süßsauer, und eine Wan-Tan-Suppe vorweg!

Manchmal ist es ja so, dass einen der eigene Erfolg auffrisst: Wenn man zum Beispiel «Marco Polo» googelt, findet man zunächst eine Modemarke, dann einen Reiseführer, ein Kreuzfahrtschiff, eine Raumsonde, den Flughafen von Venedig und schließlich ein Marco-Polo-Schaf. Zusätzlich fristet Marco Polo auch noch ein jämmerliches Dasein als Namensgeber von unzähligen Eisdielen und Pizzerien. Dabei lohnt es sich durchaus, mal näher hinzuschauen – war Marco Polo doch entweder «der größte Reisende aller Zeiten» (das sagt Alexander von Humboldt über ihn) oder der größte Hochstapler aller Zeiten, der sich seine ganze Reise nach China komplett ausgedacht hat. Wie auch immer: Auf jeden Fall war er ein Freak.

Aber fangen wir vorne an: Die Polos sind eine durchschnittlich wohlhabende venezianische Kaufmannsfamilie, Branche: Edelsteinhandel. Venedig ist als wichtige Zwischenstation auf dem Weg nach Jerusalem durch die → Kreuzzüge schweinereich geworden. Als Jerusalem jedoch 1244 an die Araber fällt, verlagert sich der venezianische Handel nach Osten, zumal Konstantinopel (das heutige Istanbul) und ein Teil der Krim seit 1204 Kolonien Venedigs sind.

Marcos Vater Niccolo und sein Onkel Maffeo packen also ihre Brocken, um am Unterlauf der Wolga Edelsteine zu verkaufen. Das ist im Jahr 1260, der kleine Marco ist gerade einmal sechs Jahre alt, er bleibt zu Hause und wirft Kiesel in die Lagune. Der Weg der beiden Polo-Brüder ist beschwerlich und nicht ganz ungefährlich. Im 13. Jahrhundert werden weite Teile Asiens von den Mongolen beherrscht – ein nomadisches Reitervolk, dessen Chef Dschingis Khan ein toller Kerl ist: Er zeugte sieben Kinder in einer Nacht, und über seine Feinde hat er nur gelacht. Einer dieser Nachkommen gründet eine gefürchtete Truppe: die Goldene Horde. Diese Horde verwüstet alles, was nicht niet- und nagelfest ist. Aber sie können auch nett sein, und dann treiben sie Handel – unter anderem mit den Polos. Leider sind die Männer der Goldenen Horde sich untereinander nicht grün. So kommt es, dass es neben der Goldenen auf einmal eine Blaue und eine Weiße Horde gibt – und wegen der Kriegswirren zwischen den einzelnen Unterhorden ist den Polos der Rückweg abgeschnitten. In ihrer Not schließen sich Niccolo und Maffeo einer persischen Gesandtschaft an, werden nach Osten Richtung Buchara verschlagen und gelangen schließlich nach Kambaluk (dem heutigen Peking), wo sie im Jahr 1266 den Großkhan Kublai treffen dürfen.

Kublai Khan ist begeistert von seinen exotischen Gästen, bewirtet sie fürstlich und lässt sich von ihnen die spannenden Geschichten der Bibel erzählen. Er trägt seinen Gästen auf, ihm hundert Missionare zu schicken, die seinen Leuten das Evangelium nahebringen sollen; außerdem bittet er um gesalbtes Öl aus dem Jesusgrab in Jerusalem und schenkt den Brüdern zum Abschied drei Tafeln aus purem Gold. Bei ihrer Rückkehr neun Jahre später finden sie in Venedig statt des kleinen Marco einen fünfzehnjährigen Bengel vor, der als Gondoliere ohne weiteres schon die Touristen hätte übers Ohr hauen können. Gondeln gab's damals schon, und Tourist ist Marco Polo dann ein paar Jahre später selber geworden.

Die Polos hatten dem Großkhan also hundert päpstliche Gesandte versprochen – da wäre nur ein klitzekleines Problem: 1269 gibt es gerade keinen Papst, weil die Kardinalskollegen sich auf keinen einigen können. Nach zwei Jahren Warterei, die Mühlen damals mahlen wirklich langsam, beschließen Niccolo und Maffeo, auch ohne Missionare und päpstlichen Segen wieder aufzubrechen, um den Khan nicht noch länger warten zu lassen. Sie nehmen den siebzehnjährigen Marco mit, der einundvierzig Jahre alt werden sollte, bevor er wieder venezianischen Boden betrat.

Da die Familie Polo dem Khan ja das Öl aus der Grablampe Jesu mitbringen will, nimmt sie einen kleinen Umweg über Jerusalem (tausend Kilometer mehr, zu Fuß und mit Pferden) in Kauf. In der Ost-Türkei erreicht sie eine Botschaft vom jetzt endlich gewählten Papst, Gregor X. Der ist gerade zufällig auf Kreuzfahrt in Palästina, man kann sich also treffen. Die Botschaft lautet, man solle umkehren ins Heilige Land (wieder 1000 Kilometer extra auf dem Tacho), um wenigstens noch zwei italienische Mönche für den Khan mitzunehmen.

Die beiden Mönche werden eingepackt, haben allerdings schon in Armenien vor Angst die Hosen gestrichen voll und kehren lieber wieder um. So eine Reise ist ja keine Butterfahrt. Man begegnet wochenlang keiner Menschenseele, und wenn doch, dann womöglich üblen Halsabschneidern. Es gibt weder ‹Rei in der Tube› noch Axe Meeresbrise, keine Thermounterwäsche, Schweizer Taschenmesser oder Balisto Cranberry. Trotzdem: Marco, Niccolo und Maffeo – immer weiter nach Osten, über Täbriz (Teppiche!) nach Saweh, wo angeblich die Heiligen Drei Könige begraben lagen. Das ist natürlich ein Irrtum, denn die Gebeine der Heiligen Drei Könige lagern schon seit 1164 im Kölner Dom. Andererseits gibt es auch sage und schreibe dreizehn erhaltene linke Arme des heiligen Stephanus, man sollte diesbezüglich also nicht allzu kleinlich sein. In Kerman (im Südosten des Iran) wandeln sich die Polos endgültig zu Orientalen: Sie tauschen ihre Pferde gegen Kamele ein.

In der Hafenstadt Hormus (nach der die dortige Meerenge, die Straße von Hormus, bis heute benannt ist) haben die Polos echt Pech. Die Schiffe im Hafen sind rechte Seelenverkäufer – und tapfer, wie die Italiener sind, trauen sie sich nicht an Bord, sondern setzen ihre Reise zu Land fort, immer weiter nach Osten, durch die unwegsamen Gebirge Afghanistans (→ 11. September), endlose Pappelalleen und vorbei an Dächern aus hellblauem Lapislazuli. Nur ein Jahr später erreichen sie Schang-tu und damit chinesischen Boden. Dort treffen sie in seiner Sommerresidenz Kublai Khan wieder, den Enkel von Dschingis Khan. Schang-tu wird auf Englisch zu Xanadu, und Xanadu feiert bis heute Erfolge als Ort der Verheißung und des Überflusses, zum Beispiel als Rollschuh-Disco im gleichnamigen Tanzfilm mit John Travolta, als Schloss von «Citizen Kane» oder im «Onkel Dagobert»-Band 8, «Wiedersehen mit Tralla La».

In Xanadu lassen es sich die Polos gutgehen, haut doch der Khan in seiner Sommerresidenz ordentlich auf den Putz: Zu seinen Festen, so schreibt Marco Polo, lade Kublai Khan immer 12 000 Fürsten und Ritter ein, von denen jeder golddurchwirkte Seidenkleider geschenkt

Man sagt, es gibt irgendwo ein Land, das bisher noch keiner fand – man nennt es Xanadu!

bekäme. Bei seinen Jagden seien 20 000 Jäger mit 4000 Hunden dabei. Die Schatzkammern des Khan seien bis oben hin angefüllt mit Gold, Perlen und Edelsteinen.

Kubi findet besonderen Gefallen an dem jungen Marco, holt die Polos an seinen regulären Hof nach Peking und schickt Marco als seinen Präfekten quer durch China. In Dali, einer Stadt im Südwesten des Landes, notiert Marco Polo, dass die dortigen Einwohner rohes Schweinefleisch mit Knoblauch und Sojasauce verzehren. Dieses Schweine-Sushi ist bis heute eine Spezialität der Region – ein Indiz für den Wahrheitsgehalt von Marco Polos Erzählungen. Allerdings berichtet er auch von Vögeln, die so groß seien, dass sie Elefanten mit ihren Krallen aufnähmen und diese aus großer Höhe wieder fallen ließen (Wahrheitswahrscheinlichkeit < 11,2 Prozent).

Irgendwann kriegen die Polos dann doch Heimweh. Die Mutter von Marco Polo daheim in Venedig muss ein rechter Drachen gewesen sein, denn das Heimweh tritt mit zwanzig Jahren Verspätung ein – und weil der Großkhan unsere drei Freunde nicht ziehen lassen will, treten sie 1291 die Rückreise unter einem Vorwand an: Eine mongolische Prinzessin soll nach Persien verheiratet werden, und die Polos bieten sich als Geleitschutz für die lange Seereise an. Mit vierzehn Dschunken und 600 Begleitpersonen stechen unsere Freunde in See – nur siebzehn Leute sollen die Reise überleben, darunter Vater, Onkel und Sohn Polo. 1295 trifft Marco Polo wieder in Venedig ein, vierundzwanzig Jahre nach seinem Aufbruch – bei einem modernen Reiseveranstalter könnte man für eine solche Verspätung durchaus fünfzehn Prozent Schadenersatz einklagen. Die Familie der drei Globetrotter erkennt ihre Verwandten erst wieder, als sie zum Beweis ihre Polo-Hemden aufribbeln und die darin eingenähten Edelsteine vorzeigen. Und Marco Polo bekommt von den Venezianern den Spitznamen «Il Milione» verpasst, weil er nicht aufhört, von den Millionen und den Reichtümern des Kublai Khan zu erzählen – und das Haus, das er sich kauft, nennt er dann auch «corte del milion».

Die Welt haben sie bereist, Gold haben sie gescheffelt, aber Ruhe sollen die Polos noch immer nicht finden: Als wohlhabende Familie werden sie verpflichtet, im Krieg gegen die verfeindeten Genueser eine Kriegsgaleere auszustatten. Marco Polo wird der Kommandant dieses Schiffes, das aber leider aufgebracht wird, worauf Marco im Kittchen in Genua landet, in einer Zelle mit einem Mann namens Rustichello, der hier bereits seit vierzehn Jahren bei Wasser und Pesto Genovese schmort. Und dieser Rustichello ist ein Glücksfall – für uns! Denn im Knast erzählt Marco Polo dem neuen Freund seine Geschichte – und der schreibt sie auf, im «Buch von den Wundern der Welt». Rustichello hatte sich bereits als Herausgeber von Artusromanen einen Namen gemacht – und genau darin besteht unser Problem: Aus Fakten wird Fiktion, aus einem Kaufmannsbericht wird ein Text, der in einer literarischen Tradition steht – der des spätantiken Aventiurier-Romans, in dessen Folge massenweise Ritterromane entstehen, die immer nach der gleichen Struktur ablaufen: Held verliebt sich in armes Mädchen, muss in ferne Länder fliehen, sieht dort wilde Tiere (zum Beispiel Vögel, die so groß sind, dass sie Elefanten wegtragen können), findet sein Glück, am Ende stellt sich heraus, dass seine Geliebte eine Prinzessin ist, Diener verliebt sich in Magd, Doppelhochzeit.

Nicht alles im «Buch von den Wundern der Welt» – aber für einen Tatsachenbericht zu viel – erinnert an populäre Unterhaltungsliteratur. Rosamunde-Pilcher-Romane funktionieren heute auch nicht so sehr anders.

Die faktischen Unwuchten in Marco Polos Schilderungen sind bereits sorgfältig untersucht: Warum hat er nie die Chinesische Mauer erwähnt – ein imposantes Bauwerk, das immerhin in Teilen schon stand? Warum nie den berühmten chinesischen Tee, die merkwürdigen Schriftzeichen, das Schießpulver, Essstäbchen oder die kleingeschnürten Lilienfüßchen der chinesischen Frauen? Warum gibt es von chinesischer Seite aus keinerlei Dokumente über Niccolo, Maffeo oder Marco Polo – einen Mann, der immerhin als Präfekt des Großkhans gewirkt haben will?

Schon seine Zeitgenossen sind skeptisch, was den Wahrheitsgehalt von Marcos Geschichten angeht. Am Totenbett flehen ihn seine engsten Freunde an, um seines Seelenheils willen den Lügen abzuschwören, doch Marco Polos letzte Worte am 8. Januar 1324 sind: «Ich habe nicht die Hälfte dessen erzählt, was ich gesehen habe!» Immerhin hat er seinen Nachkommen eine goldene Tafel hinterlassen. Ob es die war, die einst der Großkhan seinem Vater schenkte – oder ob Marco Polos Erzählung tatsächlich ein gigantischer Schwindel war und Marco Polo selber der größte Hochstapler aller Zeiten –, wer vermag das zu sagen?

Was Marco Polo selbst nie behauptet hat, seine Verehrer aber umso häufiger: Marco habe die Nudel aus China nach Italien importiert und so die berühmte italienische Küche begründet. Aber das ist Quatsch. Nudeln aus Weizenmehl kannten schon die alten Römer.

Übrigens gibt es in Köln ein italienisch-chinesisches «Restaurant Marco Polo», das neben Pizza und Spaghetti auch Ente süßsauer und Glasnudeln anbietet. Der Name ist wohlgewählt – nicht nur wegen der kreativen italienisch-chinesischen Kombikarte, sondern auch wegen der Hochstapelei: «Restaurant» ist für den Schuppen nämlich ziemlich hoch gegriffen.

Johannes Gutenberg
Bibel, Buchdruck, Browser

Wie wär's mit «Gutenberg – das Musical»? Riesenidee! Achtung, erster Akt: Der junge Joe Gutenberg nimmt eine alte Weinpresse und entwickelt daraus die Druckerpresse. Ein böser Mönch namens Pater Courier will ihn davon abhalten, aber die Liebe zur schönen Helvetica verleiht Joe die Kraft, durchzuhalten. Zweiter Akt: Gutenberg schmettert den «Druckersong», dann kommt das «Typo-Ballett», in dem sechsundzwanzig als Buchstaben verkleidete Tänzer lustige Wörter darstellen. Nach der Pause singt Helvetica im dritten Akt die herzzerreißende Ballade «Ich kann nicht lesen», und dann das große Finale: Gutenberg springt auf eine Showtreppe aus frischgedruckten, überdimensionierten Bibeln und reißt die Arme in die Höhe. Pyro, Vorhang, Standing Ovations, Tony Award.

Das gibt's schon? Waaas?

Man sieht: Es ist gar nicht so einfach, etwas Neues zu erfinden. Auch zu Gutenbergs Zeit lag ja im Grunde alles schon vor: Es gibt Pressen. Es gibt Gussverfahren. Es gibt Druckerschwärze – ja, es gibt sogar schon den Buchdruck. Bloß machte man sich bisher die Mühe, den Text jeder Seite komplett in Spiegelschrift in einen Holzblock zu schnitzen, den Block einzufärben und das Papier dann draufzudrücken. Da ist es fast einfacher, den Text handschriftlich abzupinseln. Für eine ganze Bibel braucht ein geübter Kopist ungefähr drei Jahre. Also: Bei der nächsten Strafarbeit lieber nicht beklagen, wenn man nur ein einziges Gedicht abschreiben muss! Wenn Sie Glück haben, sind Sie über das Alter aber schon hinaus.

Drei Jahre – das ist auch die Zeit, die Gutenberg sich für sein Opus Magnum gegeben hat, und zwar 1452 bis 1455. Er hat die zumindest aus heutiger Sicht simple Idee, den Text in seine kleinsten Einheiten, die Buchstaben, zu zerlegen. Diese Buchstaben gießt er dann unter Verwendung von hochwertigem Metall spiegelverkehrt zu Lettern, setzt sie zu einem Text zusammen und legt diesen in eine Presse, die er tatsächlich aus einer Traubenpresse entwickelt hatte, wie sie in einem Weinstädtchen wie Mainz ja an jeder Ecke rumsteht. Gutenberg ist Mainzer. Dafür kann er jetzt nichts, und sowieso hat er anderes vor, als bei Handkäs' mit Musik, Fleischwurscht und einem Schöppsche den ZDF-Fernsehgarten zu gucken – Gutenberg hat nämlich Riesenpläne: Er will Bibeln drucken, mit je 1282 Seiten. Dafür muss er ca. 60 000 Lettern gießen. Der Vorteil: Statt in drei Jahren nur eine einzige Bibel herzustellen, will Gutenberg mit seiner neuen Technik 180 Bibeln drucken!

Das Problem dabei: Die ganze Chose ist sauteuer. Metall kaufen, Gießwerkzeuge herstellen, Papier besorgen, Pressen bauen, Leute anlernen und so weiter und so fort. Gutenberg leiht sich also Geld vom Mainzer Juristen Johannes Fust. Doch Gutenberg hat die Ausmaße seines Großprojekts unterschätzt, die Bibeldruckerei wird immer teurer – und um sie finanzieren zu können, druckt Gutenberg zwischendrin immer mal wieder Ablassbriefe oder kleine Schulbücher. Dadurch gerät er aber zeitlich in Verzug, und die Rückzahlung der Schulden wird fällig. Gutenberg macht den Franjo und geht pleite. Gutenberg wird von Fust (dessen Vater Richter und sein Bruder Bürgermeister ist) verklagt und verliert. Johannes muss 1455 seine Werkstatt auf- und an seinen Lehrling Peter Schöffer abgeben, der mit Fusts Tochter verbandelt ist. Schöffer lebte bis dahin auf dem Schöfferhof – nach dem ist bis heute übrigens noch ein Weizenbier benannt, kein Scherz.

Schöfferhofer
WEIZEN

Gutenberg ist vollends in den Hintern gekniffen: Die fertiggestellten Bücher gehen in Fusts Besitz über – und sie sind wirklich toll geworden: in Blocksatz, mit wunderbar gleichmäßigen Buchstaben, pro Seite zwei Spalten zu je zweiundvierzig Zeilen – weshalb man die Bibeln in der Fachwelt B42 nennt. Und so sehen sie aus:

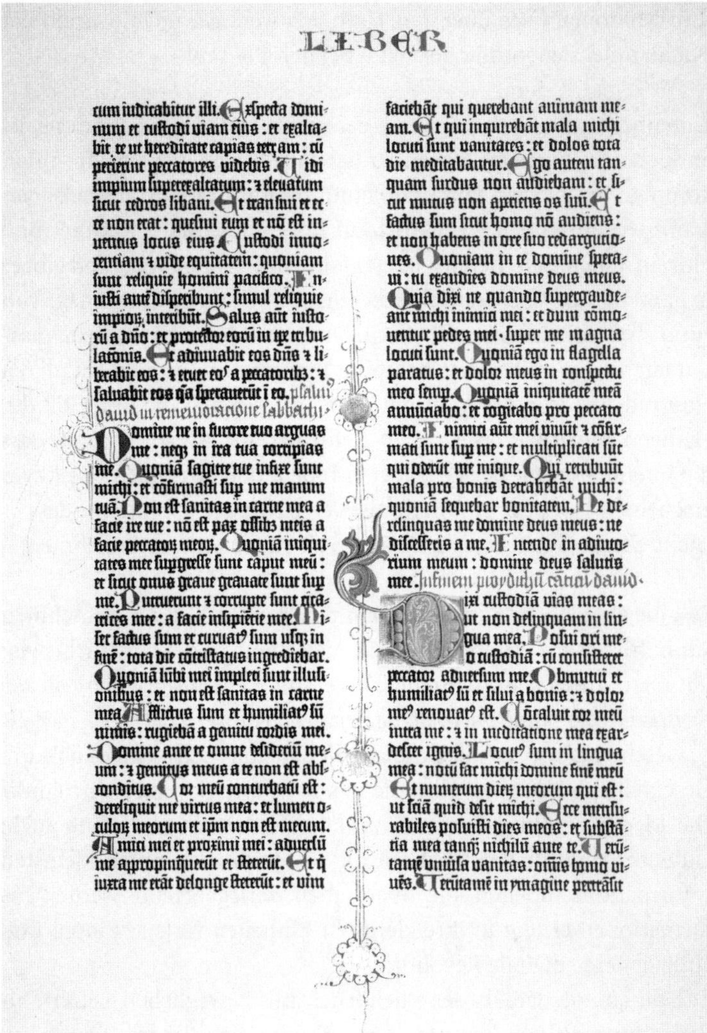

LIBER

cum iudicabitur illi. Expecta domi-
num et custodi viam eius: et exalta-
bit te ut hereditate capias terram: cū
perierint peccatores videbis. Vidi
impium superexaltatum: et elevatum
sicut cedros libani. Et transivi et ec-
ce non erat: quesivi eum et nō est in-
ventus locus eius. Custodi inno-
centiam et vide equitatem: quoniam
sunt reliquie homini pacifico. In-
iusti autem disperibunt: simul reliquie
impiorum interibūt. Salus autē iusto-
rū a dn̄o: et protector eorū in tpe tribu-
lationis. Et adiuuabit eos dn̄s et li-
berabit eos: et eruet eos a peccatoribus: et
saluabit eos quia sperauerūt in eo. psalm
dauid in rememoracione sabbati.
Domine ne in furore tuo arguas
me: neque in ira tua corripias
me. Quoniā sagitte tue infixe sunt
michi: et cōfirmasti sup me manum
tuā. Non est sanitas in carne mea a
facie ire tue: nō est pax ossibus meis a
facie peccatorum meorum. Quoniā iniqui-
tates mee supgresse sunt caput meū:
et sicut onus graue grauate sunt sup
me. Putruerunt et corrupte sunt cica-
trices mee: a facie insipientie mee. Mi-
ser factus sum et curuatus sum usque in
finē: tota die cōtristatus ingrediebar.
Quoniā lūbi mei impleti sunt illusi-
onibus: et non est sanitas in carne
mea. Afflictus sum et humiliatus sū
nimis: rugiebā a gemitu cordis mei.
Domine ante te omne desideriū me-
um: et gemitus meus a te non est abs-
conditus. Cor meū conturbatū est:
dereliquit me virtus mea: et lumen o-
culorum meorum et ipm non est mecum.
Amici mei et proximi mei: aduersū
me appropinquerūt et steterūt. Et q
iuxta me erāt delonge steterūt: et vim
faciebāt qui querebant animam me-
am. Et qui inquirebāt mala michi
locuti sunt vanitates: et dolos tota
die meditabantur. Ego autem tan-
quam surdus non audiebam: et si-
cut mutus non aperiens os suū. Et
factus sum sicut homo nō audiens:
et non habens in ore suo redargutio-
nes. Quoniam in te domine spera-
ui: tu exaudies domine deus meus.
Quia dixi ne quando supergaude-
ant michi inimici mei: et dum cōmo-
uentur pedes mei: super me magna
locuti sunt. Quoniā ego in flagella
paratus: et dolor meus in conspectu
meo semp. Quoniā iniquitatē meā
annūciabo: et cogitabo pro peccato
meo. Inimici autē mei viuūt et cōfir-
mati sunt sup me: et multiplicati sūt
qui oderūt me inique. Qui retribuūt
mala pro bonis detrahebāt michi:
quoniā sequebar bonitatem. Ne de-
relinquas me domine deus meus: ne
discesseris a me. Intende in adiuto-
rium meum: domine deus salutis
mee. In finem pro idithū canticū dauid.
Dixi custodiā vias meas:
ut non delinquam in lin-
gua mea. Posui ori me-
o custodiā: cū consisteret
peccator aduersum me. Obmutui et
humiliatus sū et silui a bonis: et dolor
meus renouatus est. Concaluit cor meū
intra me: et in meditatione mea exar-
descet ignis. Locutus sum in lingua
mea: notū fac michi domine finē meū
Et numerum dierum meorum qui est:
ut sciā quid desit michi. Ecce mensu-
rabiles posuisti dies meos: et substā-
tia mea tanquam nichilū ante te. Veru-
tamē uniuersa vanitas: omnis homo vi-
uens. Verūtamē in ymagine pertrāsit

Von den 180 Bibeln existieren heute noch neunundvierzig. Gucken Sie doch bei Gelegenheit mal in Ihr Bücherregal – wenn Sie dort eine finden, ist der nächste Urlaub finanziert, und es bleibt sogar noch was übrig: Die letzte verkaufte Gutenberg-Bibel ging 1987 für rund fünf Millionen Euro über den Tisch. Ich weiß gar nicht, warum der Buchhandel sich immer beklagt – bei den Preisen!

Gutenberg selber hatte also rein gar nichts von seiner Erfindung, ist er doch schon 1468 gestorben. Er hat ganz knapp nicht mehr mitbekommen, dass er im Jahr 2000 zum «Mann des Jahrtausends» gewählt wurde – noch vor Christoph Kolumbus, Martin Luther und Florian Silbereisen! Bereits dreißig Jahre nach Gutenbergs Tod gibt es in ganz Europa über 1000 Druckereien mit einer Gesamtauflage von rund zwanzig Millionen Büchern. Die neue Möglichkeit, Texte massenhaft zu verbreiten, hat dann die Reformation ermöglicht, deren Hauptidee es war, die Autorität des Papstes durch die Autorität der Heiligen Schrift zu ersetzen (→ Reformation). Hinzu kommt, dass die Ebenmäßigkeit der gedruckten Bibeln den Text noch objektiver erscheinen lässt, der Autor/Kopist verschwindet dahinter, sodass es leichter fällt, den Text als unangreifbare Autorität wahrzunehmen.

Es gibt aber noch etwas, das man aus diesem Kapitel mitnehmen kann: Im Song «Waterloo» stellen ABBA eine in der Geschichtswissenschaft äußerst umstrittene These auf: «*The history book on the shelf/Is always repeating itself, naa-naa-naa …*»

Geschichte wiederholt sich natürlich nicht (auch wenn es obskure Geschichtsphilosophen gibt, die das behaupten) – aber eine ähnliche Medienrevolution wie im 15. Jahrhundert gibt es heute auch: Gutenberg hat damals Texte in die bis dahin bekannten kleinsten Informationseinheiten, die Buchstaben, zerlegt. Heute werden Informationen erneut in ihre kleinsten Einheiten zerlegt: Einsen und Nullen – eine digitale Revolution.

Und so wie damals der Buchdruck mit beweglichen Lettern als Bedrohung althergebrachter Lesekulturen empfunden wurde, so empfinden viele Menschen auch heute die Digitalisierung als Bedrohung ihrer Lese- oder Fernsehkultur. Es ist ja immer dasselbe, alle paar hundert Jahre: Angeblich macht das Internet das Fernsehen platt, das Fernsehen die Zeitung, die Zeitung macht das Buch platt, das Buch macht die Predigt platt. Schaut man sich aber mal um – es gibt sie doch alle noch: Predigten, Bücher, Zeitungen, Fernsehen, Internet. Und ganz gewiss ist mit keinem dieser Medien das Abendland untergegangen. Medien lernen voneinander, verändern sich, entdecken ihre Kernkompetenzen – aber eine friedliche Koexistenz ist möglich. Keiner muss wie ein aufgescheuchtes Huhn durch die Gegend rennen und vor den Gefahren des jeweils neuen Mediums warnen – wir kennen die Argumente nämlich schon, und das seit Hunderten von Jahren:

> Welche schreckliche Folgen haben wir von der Romanensucht, welche wie die Pest um sich greift, alle Grundsätze der Erziehung verscheucht, die schönsten Tugenden tödtet und die reinsten Gefühle unterdrückt, und doch sehen wir Räuber- und Geisterromane, die die wässerigsten und sittenverderblichsten Mischungen enthalten, ohne dass man daran denkt, diesem abscheulichen Unfug Einhalt zu tun. Die typographische Kunst soll nur edle Freude schenken und keine schlechten Lehren verbreiten. Die Pressfreiheit soll nicht in Sucht ausarten.
>
> (Die Geschichte der Erfindung der Buchdruckerkunst durch Johann Gensfleisch, genannt Gutenberg zu Mainz, pragmatisch aus den Quellen bearbeitet von C. A. Schaab, b. R. D. und Richter am großh. Hessischen Kreisgerichte zu Mainz, Dritter Band. Mainz 1831, S. 391f.)

Das ist aus dem Jahr 1831, verbrochen von Carl Anton Schaab, einem Nach-Nachfolger von Johannes Fusts Vater im Amt eines Mainzer Richters. «Romanensucht», «Operettenwut», «viereckige Augen vom Fernsehen», «Internetabhängigkeit», es ist immer dasselbe: Die Medien sind schuld. Irgendwas kann daran nicht stimmen. Aber das Gutenberg-Musical – das braucht wirklich kein Mensch.

Renaissance
AC Florenz – FC Brügge 5:0

Am Morgen des 26. April 1336 klingelt der Wecker, und das Mittelalter ist vorbei. Manche sagen, dass das Mittelalter erst 150 Jahre später vorbei ist – aber die haben verschlafen. Die Sache läuft so: Irgendwo im Südosten Frankreichs, so gegen sechs, räkelt Francesco Petrarca sich, steht auf und besteigt einen Berg – den Mont Ventoux. Der Knackpunkt dabei: Er tut es einfach nur so – aus Jux und Dollerei. Unerhört! Das Nicht-Zweckgebundene dabei ist nagelneu, einziger Nutzen der Aktion: das eigene Vergnügen, und so erfindet Petrarca erstens den Tourismus und rückt zweitens ganz nebenbei auch noch das «Ich» in den Mittelpunkt. Bisher hatte es immer geheißen: Funktion, Funktion, Funktion. Wer einen Berg bestieg, der hatte da etwas zu tun: Ziegen melken, Kräuter pflücken, was weiß ich – jedenfalls anderes, als sich an sich selbst und an der Natur zu erfreuen. Man tat bis 1336 nicht etwas «einfach nur so», und das galt nicht nur fürs Bergsteigen.

Die Malerei zum Beispiel stand bisher fast ausschließlich in Diensten der Religion und galt als Handwerk. Weil ja kaum jemand lesen konnte, war es wichtig, dass etwa die auf Ikonen abgebildeten Heiligen immer gleich aussahen und auf den ersten Blick erkennbar waren. Die persönliche Handschrift eines Künstlers war da eher störend. Kunst hatte der religiösen Belehrung und der christlichen Erbauung zu dienen. Amen.

Aber auf einmal gibt es ja neben Rom noch die in den → Kreuzzügen reich gewordenen Handelsstädte Florenz, Mailand, Venedig, Genua und Pisa. Da leben Familien (die Medici, die Borgia oder die Sforza), die mit Bankgeschäften so einflussreich geworden waren, dass das Bankvokabular von heute immer noch italienisch ist: Giro, Konto, Kredit, Rabatt, Prozent etc. Wer so viel Asche hat, ist entsprechend selbstbewusst und lässt sich gerne mal von dem einen oder anderen exzellenten Künstler porträtieren. Okay, heutzutage kauft man sich da eher einen Fußballverein.

Diese Umbewertung der Malerei wird sicher begünstigt durch die Tatsache, dass die Kirche mit der Erfindung des Buchdrucks ihre Baustellen plötzlich woanders hat, und zwar in ziemlich großer Zahl, nämlich bei den Texten (→ Reformation). Die Bildende Kunst hat plötzlich sturmfreie Bude. Es sind genau drei Voraussetzungen, die das ermöglichen, was 1550 dann ein Mann namens Giorgio Vasari als Renaissance (Wiedergeburt) bezeichnet, nämlich:

– die Entdeckung des «Ich»
– die Befreiung der Kunst von der Knute der Religion
– die finanzielle Unabhängigkeit kunstinteressierter Geschäftsleute

Pest, Kreuzzüge, Hexenverfolgung, kein RTL – im Mittelalter hatte die Menschenwürde ordentlich gelitten: Es ist an der Zeit, dem Menschen seine Würde zurückzugeben. Nichts anderes meint übrigens der Begriff «Humanismus», das philosophische Pendant zur Renaissance.

Warum aber «Wiedergeburt»? Wer unabhängig von religiösen Motiven das «Ich» feiern will – das ja irgendwie auch immer verbunden ist mit Körperlichkeit, Sinnlichkeit und Lust –, der findet große Vorbilder in der klassischen Antike mit ihren sexy Nackedeis aus Marmor und ihren muskulösen Jeansboys ohne Jeans. Und ebendiese Antike wird im 14./15. Jahrhundert wiedergeboren. Lust auf einen Ausflug? Mitkommen!

Im zweiten Stock der Uffizien in Florenz gibt es einen Saal, der von einem boshaften Kurator eingerichtet worden sein muss. Auf der einen Seite hängt der Portinari-Altar des flämischen Malers Hugo van der Goes – und genau gegenüber hängen Sandro Botticellis «Frühling» und die «Geburt der Venus».

Van der Goes gegen Botticelli, Flandern gegen Toskana – es ist ein bisschen so, als ginge der FC Brügge gegen den AC Florenz mit 0:5 unter.

Hier das religiöse Motiv mit winterlichen Bäumen, verhärmten Gesichtern und einem finsteren Stall. Das Gemälde vermittelt den Eindruck, der kleine fröstelnde Jesus sei irgendwo in den Ardennen zur Welt gekommen. Verstehen Sie mich nicht falsch: Das christliche Bild ist toll, aber Sie müssen zugeben, dass es im direkten Vergleich echt abstinkt. Denn was malt Botticelli für einen tollen, heidnischen «Frühling»! In leichtem Frühlingswind begleiten drei nackte Grazien die Liebesgöttin. Daneben steht die Nymphe Chloris, die sich in Flora verwandelt und nach Myrte, Kornblume, wilder Erdbeere und Veilchen duftet. Merkur, der alte Luftikus, Gott der Schelme und der Gaukler, verhindert, dass dunkle Wolken aufziehen. Und überall Blumen und Früchte. Herrlich!

In «Geburt der Venus» ist der Epochenbegriff «Renaissance» ja sogar schon mit drin: Die Liebesgöttin der Antike wird im 15. Jahrhundert als Pin-up-Girl wiedergeboren. Und tatsächlich: Alles ist himmelblau, Blüten fliegen durch die Luft – und wer noch ein paar Säfte im Körper fließen hat, dem kommen beim Anblick der Venus unanständige Gedanken.

Das ist natürlich auch damals schon aufgefallen: Der Dominikanermönch Girolamo Savonarola wettert gegen Verderbnis und Sittenverfall, reißt für vier Jahre in Florenz die Macht an sich, wird aber bald verbrannt. Thomas Mann hat dem sittenstrengen Asketen in seiner Erzählung «Gladius Dei» ein ironisches Denkmal gesetzt und das München des ausgehenden 19. Jahrhunderts mit dem Florenz des ausgehenden 15. Jahrhunderts verglichen. Nicht ganz zu Unrecht, wenn man mal diese beiden Gebäude vergleicht:

Loggia dei Lanzi (1382), Florenz.
Feldherrnhalle (1844), München.

Während Botticellis Venus ein Stachel im Fleisch von Savonarola war, machten 400 Jahre später die Nackerten von Franz von Stuck Thomas Manns armen Hieronymus (ital.: Girolamo) verrückt.

Natur ist also seit der Renaissance nicht mehr nur ein widerborstiges Ding, sondern sie verfügt über eine eigene Schönheit und einen Wert an sich. Klare Konsequenz: Die Landschaftsmalerei wird erfunden. Und dann, wo man jetzt doch ständig «Ich» sagte, wird natürlich das Porträtbild der Knüller der Saison, auf dem vor allem ein «Ich» zu sehen ist. Und ganz klammheimlich bringt sich darauf auch der Maler unter: Erst seit der Renaissance werden Bilder signiert – aus dem Handwerker wird ein Künstler. Das Mittelalter kann sich gehackt legen – und der Weg ist frei für den Chef: Leonardo da Vinci.

Leonardo da Vinci

«Fucking great»

Das rätselhafte Lächeln der Mona Lisa! Hier wird es entschlüsselt, ein für alle Mal! Endgültig und für immer! Bang, bang, boom – das ist ein Knüller!

Schluck.

Jetzt hab ich aber den Mund ganz schön vollgenommen. Denn natürlich ist die Sache doch etwas komplizierter. Na, schau'n wir mal, wie weit wir kommen:

Leonardo da Vinci, das ist ein Universalgenie: Architekt, Erfinder, Anatom – er entwarf Hubschrauber, U-Boote, Fallschirme, sezierte Leichen, baute Abwasserkanäle, Belagerungsmaschinen, Waffen. Allein eine Sammlung seiner wissenschaftlichen Notizen, der «Codex Leicester», kam 1994 für 30,8 Millionen Dollar unter den Hammer. Der Käufer: Bill Gates, der alte Microsoftie. Das ist kein Zufall, denn Leonardo da Vinci hat quasi das Internet erfunden. Der Codex Leicester ist nämlich der erste vernetzte Hypertext der Welt und somit für einen Computer-Nerd wie Gates ein Blick ins Paradies – aber nicht nur für den. Warum?

Herkömmliches Denken ist linear: Man liest Texte von vorne bis hinten, man reist von A nach B, man steht morgens auf und geht abends schlafen. Leonardo war anders, in jeder Beziehung: Er war Linkshänder und schrieb in Spiegelschrift (was damals des Teufels war), und er war schwul (was damals auch des Teufels war). Die modernen *Gender Studies* betrachten «Linearität» übrigens als eine Metapher für Männlichkeit und «Vernetztheit» als Metapher für Weiblichkeit. Leonardo, die alte Gedanken-Transe, dachte vernetzt, das sieht man ganz klar an seinem Codex Leicester. Da sind nämlich oft jeweils mehrere Skizzen pro Blatt in wundersamer Analogie miteinander verknüpft. Die Flüsse der Welt vergleicht Leonardo mit den Adern des Menschen, die Wärme der Seele mit der Erdwärme, bestimmte Knochen des menschlichen Skeletts mit den Gebirgen der Welt. Vernetztes Denken hat Vor- und Nachteile: Man kann überraschende Verknüpfungen herstellen, assoziativ denken und vermeintlich Unzusammenhängendes vereinen, um so zu plötzlichen Erkenntnissen zu gelangen. Andererseits mangelt es an Systematik. Leonardo war ein rechter Wibbelheini – viel angefangen, nix fertiggebracht. Aber ist das wirklich ein Nachteil? Und was heißt das überhaupt: «fertig»? Eigentlich ist ja nichts und niemand je fertig, außer vielleicht Lothar Matthäus und Giulia Siegel. Die sind natürlich voll fertig.

Und tatsächlich beschäftigt sich Leonardo fast ausschließlich mit dem Thema Bewegung: mal ganz konkret – Wasserströmung, Vogelflug, Blutkreislauf –, mal nicht so direkt, aber dazu später. Was ihn interessiert: Wie kann es gelingen, in der Momentaufnahme eines Bildes Bewegung darzustellen? Und hier Leonardos Geniestreich: Er erreicht das scheinbar Unmögliche mit einem Kniff, mit der Darstellung des «Übergangs». «Fertig sein» hat jetzt auf einmal was Erstarrtes, Behäbiges, Langweiliges. Übergang, Bewegung, Unfertigkeit sind King!

In diesem Sinne hat Leonardo die Kunst um vier Techniken bereichert:

Was bei allen Gemälden auffällt, ist eine Art Morgennebel in seinen Landschaften und Hintergründen. Irgendwie hat der Betrachter das Gefühl, seine Kontaktlinsen wären beschlagen. Die Konturen sind verwischt, sodass eine Unschärfe entsteht. Diese Technik nennt sich «Sfumato», das kommt vom italienischen *sfumare* für «verrauchen». Auch hier ist es der Übergang, der das Auge und das Hirn des Betrachters in ständiger Unsicherheit beziehungsweise in Bewegung hält und nicht zur Ruhe kommen lässt: Ist das noch Berg? Oder schon Wolke? Ist der Jünger auf dem «Abendmahl» Johannes? Oder vielleicht doch Maria Magdalena? Im echten Leben würde man vielleicht näher an den Gegenstand rangehen, um die Schärfe einzustellen – aber das Gemälde verweigert sich, man kommt einfach nicht dahinter.

Auch bei der Darstellung von Menschen ist Übergang das Stichwort. Auf der Rückseite der italienischen Ein-Euro-Münze ist eine

Skizze von Leonardo abgebildet, der «Vitruvianische Mensch» – genau: Das ist der Hampelmann, der sich in einem Kreis und in einem Quadrat ausstreckt.

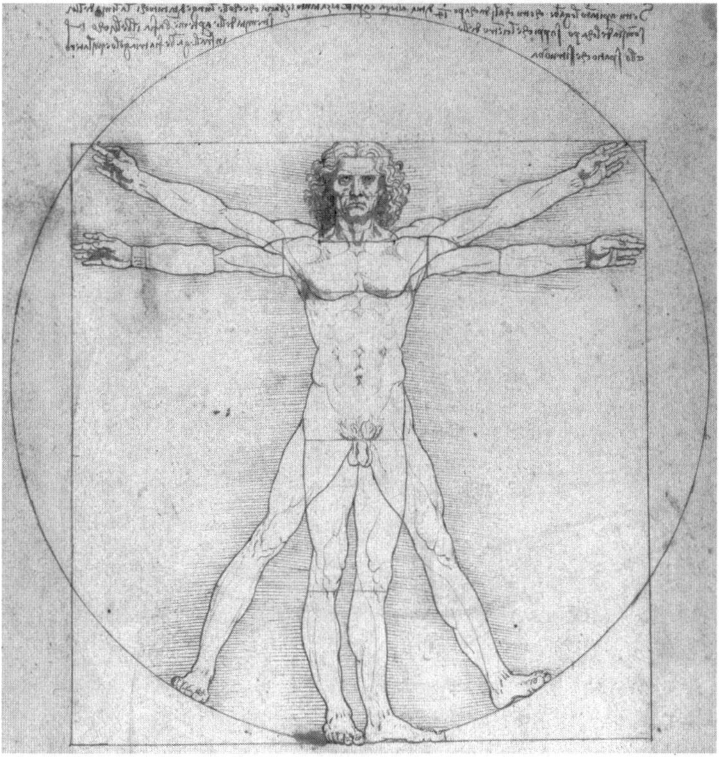

Leonardo zeichnet den Mann aus zwei verschiedenen Perspektiven gleichzeitig und verweigert sich so der monoperspektivischen Darstellung, die zu seiner Zeit üblich ist. 1:1-Darstellung interessiert ihn nicht, er zeigt den Mann im Übergang zwischen Position A und B. Aber nicht nur bei seinen technischen Skizzen, auch bei seinen großen Gemälden geht es immer um den «Übergang»: Während auf mittelalterlichen Bildern die Menschen statisch und normiert erscheinen (wichtige Menschen werden größer, unwichtige kleiner gezeichnet), gelingt es Leonardo, eine dynamische Szene festzuhalten. Ein kurzer Blick auf die «Dame mit dem Hermelin»:

Die hier porträtierte Dame ist Cecilia Gallerani, die Mätresse von Leonardos Gönner Ludovico Sforza. Mätresse ist ein Scheißjob – man hat den ganzen Tag nichts anderes zu tun, als auf den Geliebten zu warten. Und was passiert auf dem Bild? Das Hermelin merkt auf und schaut auf irgendetwas oder -jemand außerhalb des Bildrands. Und auch die Dame schaut in dieselbe Richtung. Offenbar hat soeben jemand den Raum betreten. Aus einem simplen Bild wird auf einmal eine Geschichte – wir werden Zeuge eines Übergangs. Mit ein bisschen schmutziger Phantasie kann man sich gut vorstellen, dass der Ankömmling ihr Geliebter Ludovico Sforza ist. Das Hermelin symbolisiert zu jener Zeit Reinheit und begeht angeblich eher Selbstmord, als dass es sich beschmutzt (indem es sich zum Beispiel von einer unreinen Person streicheln lässt). Cecilia soll also als «rein» dargestellt werden, wobei man genau das Gegenteil annehmen kann, denn anscheinend hat sie so ein Symbol ja nötig, höhöhö. Das Bild befindet sich heute übrigens in Krakau und hing zur Zeit des Nationalsozialismus über dem Kamin des damaligen Generalgouverneurs von Polen, Hans Frank. Dort warf es von der Hitze Blasen und wurde fast zerstört. Nazi-Penner.

Im Kontext der → Renaissance war ja schon die Rede davon, dass sich die Kunst im 15. Jahrhundert vom Diktat der Religion emanzipiert. Dennoch malte Leonardo natürlich auch religiöse Bilder, zum Beispiel die «Madonna in der Felsengrotte». Allerdings begrenzte er auch hier die christlichen Symbole auf ein Minimum. So fehlen die Heiligenscheine und die Erdbeere, untrügliche Begleitpflanze der Heiligen Maria. Erdbeeren sind die einzigen Pflanzen, die gleichzeitig blühen und Früchte tragen – ebenso wie Maria gleichzeitig Jungfrau ist («blüht») und ein Kind empfangen hat («Früchte trägt»). Das Fehlen der Erdbeere illustriert Leonardos Versuch, die Kunst aus ihrer religiösen Fessel zu befreien und den weltlichen Menschen in den Mittelpunkt zu rücken. Auch hier ist ein Übergang zu beobachten – weg von der religiösen hin zu einer humanistischen Symbolik. Das war damals nicht ganz ungefährlich, und vielleicht gibt es deshalb neben dem Original, das im Pariser Louvre hängt, auch eine zweite Version der Felsgrottenmadonna, diesmal *mit* Heiligenschein und *mit* Erdbeeren. Die hängt in der National Gallery in London. Angucken und staunen!

Können Sie noch? Durchhalten, wir haben's gleich, zur Erholung eine Anekdote zwischendurch: Die Vielzahl möglicher Perspektiven – schließlich wären nicht nur, wie von Leonardo dargestellt, zwei denkbar, sondern unzählige – ist übrigens auch ein Kernpunkt des Kubismus, und als 1911 die Mona Lisa aus dem Louvre gestohlen wurde, galt der Godfather of Cubism, Pablo Picasso, als einer der Verdächtigen. In diesem Fall war er zwar unschuldig, gab aber vor Schreck eine Statue aus dem Bestand des Louvre zurück, die er von einem Hehler erworben hatte.

So, Knoppers-Pause beendet, jetzt lüften wir, wie eingangs so großmäulig angekündigt, das Geheimnis der Mona Lisa. Das Modell für die Mona Lisa hieß eigentlich Lisa del Giocondo, von ihrem Mann wurde sie «Mona» genannt. Und hier, falls es jemand noch nie gesehen hat, haha, das Bild:

Im Lächeln der Mona Lisa vereinen sich auf wunderbare Weise alle eben genannten Merkmale von Leonardos Kunst, und das macht das Bild so besonders:

1. Das *Sfumato*. Das Gesicht der Mona Lisa hat vage Konturen, so entsteht auch im Ausdruck eine Unschärfe, etwas zwischen Lächeln und Nicht-Lächeln.
2. Die Bewegung. Von Leonardos Biograph Vasari (→ Renaissance) wissen wir, dass Leonardo allerlei Possenreißer engagiert hatte, um bei der jeweiligen Sitzung für eine heitere Grundstimmung zu sorgen. In Anbetracht dieser Information legt das Lächeln der Mona Lisa die Vermutung nahe, dass sich das Modell um Ernsthaftigkeit und Konzentration für den Porträtisten bemüht, aber über die Possenreißer außerhalb des Bildrands lächeln muss. Wie bei der «Dame mit dem Hermelin» werden wir Zeuge einer Szene des Übergangs, in diesem Fall zwischen Lachenmüssen und Ernstbleibenwollen.
3. Das Spiel mit der christlichen Symbolik. «Mona» ist die Kurzform für «Madonna». Die Mona Lisa ist in Szene gesetzt wie die heilige Maria – dennoch handelt es sich nicht um ein Heiligenbild, sondern um ein weltliches Porträt. Leonardo entfernt sich also von einer rein christlichen Symbolik hin zu einer weltlichen Symbolik, bedient sich jedoch weiterhin aus dem christlichen Zeicheninventar.
4. Die Mehrfachperspektive. Wie beim «Vitruvianischen Menschen» fängt Leonardo den Übergang von einer Position A zu einer Position B ein, vom Nichtlächeln zum Lächeln. Es ist weder das eine noch das andere, es ist sowohl das eine als auch das andere.

Das Geheimnis des Mona-Lisa-Lächelns besteht also in genau dieser Unschärfe, im Flirren des Unfertigen, des Unentschiedenen, mit dem es den Betrachter irritiert zurücklässt. Es ist wie im richtigen Leben, wenn man im Café sitzt – und eine schöne Frau lächelt einen an. Ja, was soll das denn heißen? Will die was von mir? Ist die nur freundlich? Hat sie nur in sich hineingelächelt? Oder lacht sie mich aus? Der Vorteil im Café ist: Man kann nachfragen, auch wenn man sich damit natürlich zum Vollhorst macht. Bei der Mona Lisa bleibt man mit seinen Fragen allein. Und das ist ja bei Frauen durchaus aufregend. Nicht immer nur positiv, aber immerhin aufregend.

Das Rätsel der Mona Lisa steht für etwas, das → Goethe später als – Achtung, cooles Wort – «Inkommensurabilität» («Unausmessbarkeit») des Kunstwerks bezeichnet hat. Walter Benjamin nannte es noch später die «Aura des Kunstwerks», Umberto Eco nochnoch später «Das offene Kunstwerk», und Lars Ulrich, der Schlagzeuger von «Metallica», nannte es nochnochnoch später «fucking great».

Tja. Enttäuscht? Kein Da-Vinci-Code. Aber viel, viel schöner. Oder?

Niccolò Machiavelli

Der intrigante Sack

So, und ab dem Ende dieses Kapitels dürfen Sie lügen, betrügen und Ihr Wort brechen – ganz ohne schlechtes Gewissen! Gut, ob es Sie vor Gericht nach vorne bringt, wenn Sie dem Staatsanwalt erzählen: Der Machiavelli hat's erlaubt – ich bin unschuldig!, weiß ich nicht. Kann sein, dass Sie demnächst bei Wasser und Brot Tüten kleben müssen. Dann haben Sie Pech gehabt. Wenn Sie aber geschickt sind, winkt eine Riesenkarriere. Aber bitte achten Sie drauf: Ab Besoldungsgruppe B9 (Ministerialdirektor) aufwärts benutzt man nicht mehr den Begriff «Lüge», sondern «politische Klugheit»!

Vorher müssen wir aber erst noch jemanden loswerden: Girolamo Savonarola. Erinnern Sie sich noch an den drögen Spielverderber? An den sittenstrengen Asketen, der die Sinnenfreude der → Renaissance geißelt? Er wettert gegen das Laster und wirbt für die Tugend. Damit ist er so eine Art Peter Hahne des 15. Jahrhunderts und findet bei der florentinischen Bevölkerung zunächst sogar ein offenes Ohr – allzu toll treiben es Adel und Klerus. Gerüchte, nach denen Partypapst Alexander VI. bei seinen Orgien die Papstkrone aufbehält, sind dem Ansehen des Papsttums auch nicht gerade zuträglich. Na ja, und dann wären da noch der Ämterkauf (→ Reformation) und die Verschwendungssucht!

Als Savonarola die Einwohner von Florenz allerdings dazu zwingt, auch ihren Schmuck, ihre Haarspangen und sämtliche Spiegel als Symbole der Eitelkeit zu verbrennen, zieht er sich dann doch den Hass der Bevölkerung zu, wird bei der nächsten Gelegenheit gehängt und verbrannt. Das war aber auch strategisch unklug von ihm! Man weiß doch, dass es immer nur die ANDEREN sind, die zu prunkvoll leben, nie man selber! Man kann doch nicht denjenigen was wegnehmen, die einen wählen sollen! Frag mal die Linkspartei! Oder die FDP! Oder die SPD, CDU, Grüne, egal. Die wissen das! Aber genau da liegt damals der Hase im Pfeffer, denn auf den Trichter, dass man strategisch denken muss, kommt erst unser Freund Machiavelli. Übrigens wird Savonarola an der gleichen Stelle hingerichtet, an der er ein Jahr zuvor den Haarspangen-Scheiterhaufen eigenhändig angezündet hatte (Florenz, Piazza della Signoria, links hinter Ihnen, wenn Sie vor dem David stehen).

Niccolò Machiavelli, ein kleiner Schreiber in der florentinischen Verwaltung, sieht dem Tod des unerbittlichen Mönchs aus seinem Büro im Palazzo Vecchio (das dunkelgraue Haus auf dem Bild) zu und denkt nach: Was nützt es, wenn man zwar die Wahrheit sagt, aber dafür verbrannt wird, weil man sich mit Hurra ins Minenfeld gestürzt hat? Weil man keine Umsicht, Vorsicht, Rücksicht auf Parteigänger, Strategie oder, wie in diesem Fall, den Willen des Volkes hat walten lassen? Nichts nützt es!

Machiavelli ist, wie Savonarola, der Meinung, dass der Mensch schlecht ist: undankbar, wankelmütig und verlogen. Natürlich sei es lobenswert, wenn der Mensch sein Leben ehrlich, aufrecht und korrekt lebt, so wie Savonarola, allerdings: Weit kommt man damit nicht. «Ein Mensch, der immer nur das Gute möchte, wird zwangsläufig zugrunde gehen inmitten von so vielen Menschen, die nicht gut sind», stellt Machiavelli fest. Aber was tun, wenn man zum Beispiel als Politiker dazu von Amts wegen verpflichtet ist, sich um das Gemeinwohl zu sorgen, also «Gutes zu wollen»? Muss man dann auch zwangsläufig selber tugendhaft sein wie Savonarola? So formuliert Machiavelli die bis heute aktuelle Frage des Verhältnisses von Politik und Moral.

Das Buch, in dem er seine Ideen aufschreibt, heißt «Il Principe» («Der Fürst») und ist eine Theorie des Herrschens und der Politik – noch heutzutage haben viele Politiker es verinnerlicht, ohne es je gelesen zu haben. Vor Machiavelli galt als idealer Fürst derjenige, der die herrschenden Ideale von Tugend und Aufrichtigkeit seinerseits perfekt verkörperte. Machiavelli stellt diese Vorstellung völlig auf den Kopf – und findet eines der Vorbilder für den idealen Fürsten im Lumpenstrick Cesare Borgia, dem Sohn von Papst Alexander VI. (Sohn? Vom Papst? Ach ja, genau, das war ja der Papst mit den Orgien – na, kein Wunder!).

Cesare Borgia fördert konsequent den Gedanken der Renaissance, sich vom christlichen Diktat (mit den ganzen langweiligen Begleiterscheinungen wie Mitleid, Milde, Ehrlichkeit) zu lösen. Ein Herrscher müsse nicht nach moralischen Grundsätzen handeln, sondern je nachdem: Um die Schlinge zu wittern, muss er Fuchs sein; um die Wölfe zu verscheuchen, muss er Löwe sein; mal muss er auch Wolf sein, nämlich um sich die anderen Füchse zu schnappen. Damals war es sogar okay, Wolf zu sein und sich einen Schafpelz umzuhängen. Heute ginge das nicht mehr. Aber nicht, weil es moralisch fragwürdig wäre, etwas anderes zu scheinen, als zu sein. Nein, heute bekäme man mit einem echten Schafpelz bloß tierisch Ärger mit den Pelzgegnern und Tierschützern von PETA. Aber damals ist alles möglich, wenn es dem Allgemeinwohl dient, sogar Banküberfälle. Nur eines ist echt nicht erlaubt: Schaf sein.

Hey! Finger weg von der Strumpfmaske! «WENN ES DEM ALL-

GEMEINWOHL DIENT», habe ich geschrieben, nicht, wenn es Ihnen persönlich dient! Sie Schelm!

Kurzer Ausflug in die Gegenwart: «Politiker sind Lügner» – lesen Sie die «BILD», und Sie werden diese Klage schnell irgendwo entdecken. Aber natürlich sind Politiker Lügner! Zum Glück! Sie müssen es ja auch sein! Was wäre das denn für ein Politiker, der nichts versteht von Finte, Umgehung, zweiter Absicht und Scheinangriff? Das wäre ja, äh ... Kurt Beck! Dann doch lieber jemanden, der unsere Sache nach außen mit *allen* Mitteln vertritt. Sonst stecken uns doch Berlusconi, Sarkozy und Konsorten in den Sack!

Man mag vielleicht erschütternd finden, dass Machiavelli Verrat, Täuschung und Wortbruch als legitime Mittel der Politik empfiehlt – wenn auch nur in eng abgesteckten Grenzen. Aber immerhin entlarvt er die Phrasen über einen Zusammenhang zwischen moralischer Güte einerseits und Erfolg für das Gemeinwohl andererseits als utopisches Gewäsch. Sorry, ihr Humanisten, sagt Machiavelli, schön wär's, wenn ihr recht hättet, aber an der Front sieht's eben anders aus! Vor diesem Dilemma steht in den nächsten 500 Jahren jeder Mensch, auch Sie! Lebe ich radikal und konsequent, allerdings mit dem Risiko, durch Kompromisslosigkeit alles in die Grütze zu reiten? Oder wäge ich, ganz Machiavelli, vorher ab, was in der aktuellen Situation am ratsamsten erscheint, laufe dabei zwar Gefahr, mich verbiegen zu lassen, erreiche aber viel mehr als der konsequente Kämpfer?

Wenn der Chef mir beim Gehaltsgespräch nach dem Genuss eines Mettbrötchens ins Gesicht rülpst: Soll ich da sagen «Sie ungehobelter Rülps-Rüpel, können Sie nicht zu Hause bölken!»? Auch auf die Gefahr hin, ab sofort auf der schwarzen Liste zu stehen? Oder soll ich lieber die Klappe halten, werde befördert, muss aber immer wieder mal den Geruch toten Fleisches mit alter Zwiebel ertragen? Heute würde man sagen: Typfrage, Mettbrötchen-Fundi oder Mettbrötchen-Realo. Früher war das eine Frage auf Leben und Tod.

Wer will ich sein? Auf der einen Seite die Konsequenten mit ihren Utopien: Werther (→ Aufklärung), Che Guevara (→ Che Guevara), Andreas Baader (→ 1968). Die haben sich keinen Rülpser gefallen lassen, sind aber alle gescheitert und draufgegangen.

Wer also konsequent ist, zieht seinen Stiefel durch und macht dabei taktische Fehler, weil er nicht an Taktik glaubt. Er glaubt an die Vorsehung seiner Sache und an den Sieg des (in seinen Augen) Guten. Allzu oft scheitert er an dieser Haltung. Es ist nur ein kleiner Schritt zum Fundamentalismus, nicht nur, weil die Erfolgsaussichten so gering sind. Weil die Konsequenten ja die Weisheit mit Löffeln gefressen haben, kommen sie auch zu Machiavellis Zeiten, nach der Reformation, plötzlich auf eine ganze Menge Ideen, wie eine bessere, reformierte Welt in Zukunft aussehen könnte – eine Welt ohne Partypäpste und intrigante Fürsten, eine Welt der Utopien.

Viele Utopisten waren Schwärmer und Hippies, und für die hatten ihre Ideen oft unangenehme Folgen, nicht nur für Savonarola. In Münster hatten die Wiedertäufer das utopische «Neue Jerusalem» entworfen, mit Vielweiberei und Gemeinschaftseigentum. Der Westfale aber fackelt bei solchen Spinnern nicht lange: Die Wiedertäufer werden mit glühenden Zangen zerrissen und ihre Leichname in Käfigen am Turm der Lambertikirche ausgestellt. Die Käfige hängen heute noch da oben.

In Italien wird ein Mann namens Tommaso Campanella wegen des Verdachts auf Ketzerei gefoltert, für bekloppt erklärt und in ein unterirdisches Verlies geworfen. Dort entwirft er die utopische Gesellschaft eines «Sonnenstaates», in dem Frauen und Kinder den Männern eine Art Kommunismus diktieren. Schon vierundzwanzig Jahre später lässt man ihn wieder frei.

Aber nicht nur den Hippies ging es an den Kragen: Thomas Morus, immerhin früher mal englischer Lordkanzler, schreibt das Buch «Utopia». In Utopia leben die Menschen in einem feuchten Traum von Kommunismus, legen keinen Wert auf Gold und besuchen leidenschaftlich die öffentlichen Universitätsvorlesungen. Ein paar Jahre später findet Thomas Morus seinen Kopf aufgespießt auf der London Bridge wieder. So richtig rund läuft es nicht für die Utopisten.

Die Utopieentwürfe ähneln sich häufig: In der Literatur spielen sie oft auf Inseln oder in fernen Welten, das Privateigentum ist abgeschafft, die Menschen laufen mit Blumen im Haar durch die Gegend, und es herrschen paradiesische Zustände. Das ist alles ziemlich unrealistisch und vor allem vorhersehbar, weil es von der Vorsehung eben so vorgesehen ist. Außerdem ist es erzöde – und damit es nicht noch öder wird, passiert, trotz Vorsehung, in allen Utopien dann doch irgendwann was Unvorhergesehenes (Menschenfresser kommen, scharfe Weiber landen auf der Insel, oder ein Schatz wird gehoben).

Stichwort 1: Vorsehung! Das Fremdwort dafür heißt «Providenz» – und es ist kein Zufall, dass im Zuge der Eroberung der Neuen Welt (→ Conquista) Dutzende von Neugründungen «Providence», «New Providence» oder «Providencia» genannt werden – denn es geht ja nicht nur um simple Neugründung von Siedlungen. Nein, jedes neue Dorf war *en miniature* der Entwurf einer neuen, besseren Welt. Zumindest so lange, bis einem der erste Mitbewohner von Providence die Luftmatratze klaut. Dann gibt's nämlich einen auf die Nuss – die unberechenbare Wirklichkeit bricht ein. So richtig funktioniert das nämlich nicht mit der Konsequenz – die Welt ist einfach zu widerborstig. Und jetzt schlägt die Stunde der Geschmeidigen, Geschickten: Die können nämlich flexibel auf die geklaute Luftmatratze reagieren:

Stichwort 2: Unberechenbarkeit! Das Fremdwort dafür heißt «Kontingenz». Kontingenz ist das Gegenteil von Providenz. Zufall, Unberechenbarkeit und Fortuna, das hatte Machiavelli rausgekriegt, bestimmen den Lauf der Welt viel mehr als die Illusion einer wie auch immer gearteten Vorsehung. Darauf müsse ein Herrscher sich entsprechend einstellen und seinerseits unberechenbar sein – eben mal Fuchs, mal Löwe, mal Wolf. Er muss sich «nach den Winden des Glücks richten» und seinerseits Gott den Joystick aus der Hand nehmen und Vorsehung spielen, vorsichtig sein – das ist zwar nicht *politically correct*, aber eh gang und gäbe. Wallenstein (→ Barock), Fidel Castro (→ Che Guevara) und Gerhard Schröder (→ 1968) haben das begriffen. Die haben so lange Mettbrötchen gerochen, bis sie selber in der Position waren, Mitarbeitern ins Gesicht zu rülpsen. Womit ich nicht behaupten möchte, einer von denen hätte das je getan.

Vorsehung gegen Unberechenbarkeit. In den nächsten Jahrhunderten gewinnen fast immer die Jungs aus der Unberechenbarkeitsabteilung, die sich auf die wechselnden Winde einstellen, die geschmeidig in der Hüfte sind, die ihren Machiavelli verstanden haben. Die anderen polarisieren öfter: Von Heldenverehrung bis hin zu blankem Hass ist alles möglich. Nur Machiavelli selber hat seinen Machiavelli nicht gut genug gelesen:

Als er sich um die Stelle als Baubeauftragter der Stadt Florenz bewirbt, kriegt den Job doch glatt ein anderer: Michelangelo. Und gegen so eine Konkurrenz hilft auch die beste Intrige nichts. Verdammt!

Nikolaus Kopernikus
Die Erde ist kein Lutschbonbon

Waaas? Die Erde ist gar nicht der Mittelpunkt der Welt? Wenn das der Chef hört! Da müssen wir aber noch mal ganz neu ran! O.K. – ich trommle alle zusammen, und um 14:00 Meeting im großen Konfi im 2. OG!

Junge, Junge – das war ein Trubel im Vatikan, 1543, als Kopernikus «De revolutionibus orbium coelestium libri» veröffentlichte. Das Manuskript hatte er zuvor dreißig Jahre lang im Schreibtisch versteckt, und im Jahr nach der Veröffentlichung ist er sicherheitshalber direkt gestorben, bevor er weiteren Ärger bekam. Den kriegten dann seine Kollegen – Giordano Bruno wurde verbrannt, Galileo Galilei musste widerrufen, und Tycho de Brahe verreckte jämmerlich, als ihm bei einem Bankett die Blase platzte, weil es verboten war, in Anwesenheit des Kaisers pinkeln zu gehen. Autsch.

Was war denn jetzt genau die tolle Leistung von Kopernikus, die ihn erst in die großen Mottoshows brachte und dann zum Sieger von «Deutschland sucht den Super-Astronom» werden ließ? 1500 Jahre lang war alles ruhig gewesen – es galt das Weltbild von Aristoteles und Ptolemäus, und das sah etwa so aus wie diese Lutschbonbons aus bunten Zuckerschichten, bei denen immer eine neue Farbe rauskommt, wenn man sie klein lutscht. So wie diese Bonbons hatte man sich lange das Universum vorgestellt. Ganz innen ist die Erdkugel (dass die Erde eine Kugel ist, wusste man immerhin schon!), auf der die Menschen wohnen. Alles auf und über der Erde besteht aus Feuer, Wasser, Erde, Luft. Die vier Elemente sind verschieden schwer, deshalb steigen Luft und Feuer nach oben, Steine fallen nach unten, das Wasser ist irgendwo dazwischen. Alles, was sich auf der Erde befindet, ist statisch. Es bleibt, wo es ist, und wenn es sich bewegen soll, muss man es anschubsen. Oberhalb des Feuers beginnt die Mondsphäre, und ab da bewegt sich alles von selbst, denn hier beginnt der «Äther», der göttliche Bereich: Merkursphäre, Venussphäre, Sonnensphäre etc. Alles bonbonartige Schichten, die kugelförmig um die Erde kreisen. Klingt erst mal logisch, denn der Augenschein lässt ja tatsächlich die Sonne um die Erde rotieren. Kein Wunder, dass in so einem Weltbild die Erde und damit auch der Mensch eine Sonderrolle einnehmen. Für Angeber: Geozentrik ist gleich Anthropozentrik. Erde im Zentrum der Welt – Mensch im Zentrum der Welt!

Nun widersprachen diesem Weltbild aber bestimmte Beobachtungen in der Konstellation der Sterne zur Erde. Um die «Phänomene zu retten» *(apparentias salvare)*, erdachten die kirchlichen Philosophen Hilfsthesen, die zu einem komplizierten, aber trotzdem falschen System heranwucherten. Von diesen Unstimmigkeiten ausgehend, bastelt Kopernikus ein wenig rum, und Bingo! – mit der brandneuen Hypothese, dass die Erde sich um die Sonne dreht und nicht umgekehrt, sind fast alle Hilfskonstrukte überflüssig geworden! Fairerweise muss man erwähnen, dass im 2. Jahrhundert vor Christus der Exzentriker Aristarch von Samos eine ähnliche Idee wie Kopernikus hatte, die aber nicht sehr populär wurde.

Allerdings machte Kopernikus nur fast alle Hilfskonstrukte überflüssig, weil er immer noch von einer Kreisbewegung der Planeten ausgeht – dass sich die Planeten aber elliptisch, also eiförmig um die Sonne drehen, auf die Idee kommt erst Tycho de Brahes Hiwi Johannes Kepler fünfundsechzig Jahre später (→ Der Dreißigjährige Krieg).

Die paar fehlenden Bausteinchen halten Kopernikus zum Glück davon ab, allzu sehr auf den Putz zu hauen, denn die Argumente der Gegner sind stark: Wenn der neunmalkluge Herr Kopernikus denn recht hätte, warum, bitte schön, weht uns dann kein Fahrtwind von der flotten Erdbewegung um die Nase? Warum fällt ein in die Luft geworfener Stein schnurgerade auf die Erde zurück und nicht ein paar Meter weiter, genau, wie es ja auch passiert, wenn man eine leere Wein-Bouteille aus einer fahrenden Kutsche schmeißt? Hä? Na? Was? Das weiß Kopernikus auch nicht so recht. Die Erdrotation wird übrigens erst 300 Jahre später richtig anschaulich bewiesen, mit der Entwicklung des Foucault'schen Pendels. Das hängt so hoch, dass das Pendel unten nicht so schnell mitkommt und so tatsächlich die Rotation sichtbar macht. Siebzig davon baumeln sich heute allein in Deutschland einen Wolf.

Sein Buch «De revolutionibus orbium coelestium libri» widmet Kopernikus übrigens dem Papst Paul III., der hier auf dem Bild von Tizian ziemlich misstrauisch guckt. Dazu hat er auch allen Grund.

Denn mit *revolutio* («Umwälzung») meint Kopernikus zwar zunächst die Umwälzung der Planeten um die Sonne – aber tatsächlich war sein Buch auch eine Revolution genau im heutigen Wortsinne. Der Mensch war plötzlich aus der Mitte des Universums in die Weite des Weltalls gefeuert und an den Rand gedrängt worden: eine narzisstische Kränkung ersten Ranges – und eine Beleidigung der ganzen Schöpfung Gottes obendrein! Das ist von Kopernikus gar nicht beabsichtigt – er pflegt eigentlich ein gutes Verhältnis zur Kirche und sieht seine Erkenntnisse eher als Hypothesen, die der Schifffahrt und der Sterndeuterei, aber auch der Astronomie wichtige Dienste erweisen könnten.

Dennoch ist nachvollziehbar, dass die Kirche bald das heliozentrische (= Sonne in der Mitte) Weltbild zu bekämpfen beginnt. Wenn die Erde ganz wortwörtlich «in Bewegung» ist, dann bringt das nicht nur den Menschen als Krone der Schöpfung, sondern schlichtweg alles Statische in Gefahr, vor allem ein zentralistisches System wie die katholische Kirche: Der Papst fährt sozusagen Kettenkarussell, wenn er nicht mehr im Mittelpunkt der Welt ruht. Als einer der Kollegen von Kopernikus, Giordano Bruno, wegen ähnlicher Ansichten später verbrannt wird, ruft er bei seiner Verurteilung: «Mit größerer Furcht verkündet Ihr vielleicht das Urteil gegen mich, als ich es entgegennehme.» Ein ziemlich cooler Spruch für so einen brenzligen Moment.

Der Papst war tatsächlich schon ordentlich ins Schleudern gekommen, als → Martin Luther seine große PR-Kampagne «Just Do It: Reformation» startet. Luther übrigens findet Kopernikus' Eins-a-Flanke merkwürdigerweise doof: «Dieser Narr möchte die gesamte Kunst der Astronomie verdrehen. Jedoch hat das heilige Buch uns erklärt, dass Josua die Sonne und nicht die Erde bat, stillzustehen.»

Wenn die Sonne auf Josuas kleine Bitte hin stillstand, muss sie sich ja vorher bewegt haben, oder? Denn was in der Bibel steht, das stimmt – dafür nimmt Luther sogar in Kauf, ausnahmsweise mal mit dem Papst gleicher Meinung zu sein!

Der Wechsel von «Statik» zu «Bewegung» gilt übrigens im 16. Jahrhundert nicht nur für den Planeten unter unseren Füßen. Im Kapitel über → da Vinci sehen wir, dass dieser Wechsel eines der Hauptmerkmale von Leonardos Kunst ist – er malte in der Kunst also schon mal vor, was Kopernikus dann als Tatsache fürs Universum nachwies. 1519 ist Leonardo gestorben. 1517 hatte Kopernikus die Arbeit an seiner Schrift beendet. Und 1517 konnte auch der Papst den rasanten Lauf der Welt nicht mehr aufhalten: Luther geht zu OBI, kauft sich Hammer und Nagel und nagelt seine Thesen an die Wittenberger Schlosskirchentür. Uuund – Action!

Die Reformation

Des Teufels Dudelsack

Eines Morgens, gleich nach dem Aufwachen, ruft Papst Julius II. seinen Privatsekretär zu sich: Dieser Raffael da, der soll doch so einen flotten Pinsel malen, schafft ihn mir herbei! Und die Sixtinische Kapelle hat so kahle Decken, kann dieser Michelangelo da nicht mal drüberstreichen? Und es ist ein Skandal, dass man mir – dem Papst – zumutet, in dieser baufälligen St. Peterskirche Messen abzuhalten. Da drin zieht's! Alles plattmachen, der Bramante soll das übernehmen: abreißen, planieren, neu bauen. Basta!

Privatsekretär: «Äh, Eure Heiligkeit?!?! Äh – tja, das mit dem Petersdom wird aber teuer ...»

Julius: «Oh. Und jetzt? Halt, ich hab's: Wir nehmen Eintritt fürs Museum! Vierzehn Euro pro Nase, das macht 280 000 Euro am Tag, mal 365, das macht, zwei im Sinn, über hundert Millionen Euro im Jahr! Auf so eine Idee könnt ihr doch auch mal kommen – alles muss man selber machen!»

Privatsekretär: «Äh, tja, nee, leider geht das erst in 400 Jahren, mit dem Eintritt und dem Euro und den Touristen, ich fürchte, wir müssen uns was anderes ausdenken ...»

Julius: «Wache! Ergreift diesen Kerl! Und dann köpfen!»

So ist er drauf, der Julius. Seine Zeitgenossen geben ihm den Beinamen «der Schreckliche» – aber nicht jeder dachte so positiv über ihn. Luther zum Beispiel nennt ihn «den Blutsäufer». Julius ist so unbeliebt, dass er sich 1506 eine eigene Leibwache aus Söldnern zusammenstellt: die Schweizergarde. Weil er selber allerdings kein Geld mehr hat, lässt er sich die bunte Truppe von den Fuggern, einer Kaufmannsfamilie aus Augsburg, finanzieren.

Julius stirbt 1513, und sein Nachfolger Leo X. hat eine funktionierende Idee zur Finanzierung des Petersdoms: Wir verkaufen Kirchenämter! Bringt mir mal den Ordner mit den Bewerbungen!

Ganz oben auf dem Stapel liegt die Mappe Albrechts von Brandenburg. Der ist bereits Erzbischof von Magdeburg, und jetzt gibt's

Keine Spielzeugarmee: die Schweizergarde

da noch den offenen Posten in Mainz. Albrecht bekommt den Job, allerdings erst gegen eine Zahlung von baffzigtausend güldenen Talern, die genaue Summe ist unbekannt. Da Albrecht aber keine baffzigtausend Taler hat, leiht auch er sich Geld von den Fuggern. Um wieder aus den Miesen zu kommen, erbittet er sich vom Papst die Erlaubnis zum Ablasshandel. Der wird ihm gnädig gewährt – und Papst und Erzbischof machen halbe-halbe. Mit der einen Hälfte wird der Bau des Petersdoms finanziert, mit der anderen Hälfte tilgt Albrecht seine Schulden bei den Fuggern.

Ablasshandel? Ja, das ist eine praktische Sache: Ursprünglich konnte sich ein Sünder mit Geld von einer Kirchenstrafe freikaufen. Jetzt aber sind Ich-bin-doch-nicht-blöd-Geiz-ist-geil-Los-Wochos. Ablasshandel XXL. Ab sofort kann man sich nicht nur das Wohlwollen und den Schutz der Kirche zurückkaufen, sondern man kann sich gleich ein paar tausend Jahre Fegefeuer ersparen – es gibt sogar Ablässe, mit denen man sich komplettemang aus der Hölle freikaufen kann. Da geht es dann allerdings um richtig viel (Achtung, höllisches Wortspiel!) Kohle und Asche, was die Sache aber wert ist, wenn man bedenkt, dass man in der Hölle bis zum Hals in stinkendem Eiter sitzen muss, während einem lustige Operettenteufelchen glühende Bratspieße in den Hintern schieben.

Albrecht engagiert einen Ablassmanager namens Johann Tetzel, der den Gläubigen erst die Höllenstrafen in den wildesten Farben ausmalt und dann ordentlich Kasse macht. So weit, so gut – aber irgendwas ist doch jetzt auf der Strecke geblieben, oder? Was soll denn das sein? Ach, der *Glaube* an *Gott*? Hören Sie mal, guter Mann, wir wollen hier den Petersdom bauen und kein Kinderbaumhaus! Rubbeldiekatz, das Leben ist kein Ponyhof, Sie Spaßvogel!

Martin Luther ist kein Politiker. Er ist Theologe. Und vor allem ist er gläubig. Deshalb geht ihm das ganze Geschacher der Kirche auf den Wecker. Nicht dass er sich in die Weltpolitik einmischen will, aber die Weltpolitik passt einfach nicht zu seinem ganz persönlichen Glauben. Und der befasst sich vor allem mit seinem ganz individuellen Verhältnis zu Gott: Wie tritt man als armes Sünderlein seinem Gott unter die Augen? Während der Vatikan das ganz große Rad dreht (und dabei vergisst, dass Jesus ein Zimmermann und Petrus Fischer war), beschäftigt sich Luther mit den Wurzeln des Glaubens.

Auf dem Problem kaut er ein paar Jahre rum und kommt zu einer wieder sehr persönlichen Lösung: Allein durch Gottvertrauen kann man auf Gottes Barmherzigkeit hoffen. Den rechten Glauben holt man sich aus der Heiligen Schrift, nirgendwo anders, auch nicht beim Papst! Und der einzige berufene Zeuge der Heiligen Schrift ist Jesus Christus – in der Bibel gibt es keine Heiligen und keine Marienverehrung. Allein durch den Glauben *(sola fide)*, allein durch die Barmherzigkeit Gottes *(sola gratia)*, allein durch die Schrift *(sola scriptura)* und Christus *(solus Christus)* – das sind dann auch die vier Eckpfeiler protestantischen Glaubens.

Weil der Mensch Gottes Kriterien nicht kennt, nach denen er urteilt, helfen nur diese vier bescheidenen, aber auch etwas vagen Dinge – es helfen keine guten Taten, und schon gar nicht hilft Ablasskauf. Und hier verschmilzt plötzlich eine ganz persönliche Theologie mit großer Weltpolitik: Vetternwirtschaft, Ämterkauf, Reliquienhandel sind unvereinbar mit diesen vier Punkten. Wenn die Wahrheit doch ohnehin ausschließlich in der Schrift liegt, sind alle hierarchischen Ämterstufen der Kirche sowieso hinfällig – denn in der Bibel gibt es keine Ämter.

Am 31. Oktober 1517 veröffentlicht Luther seine berühmten fünfundneunzig Thesen (seitdem haben evangelische Schüler an diesem Tag frei). Dass er sie tatsächlich an die Schlosskirche in Wittenberg nagelte, ist eher unwahrscheinlich. In den Thesen wird vor allem die Anmaßung der Kirche bezüglich der Buße gegeißelt: Sünden vergeben kann nicht die Kirche, sondern einzig und allein Gott.

Da brennt in Rom aber ratzifatzi die Hütte: Luther wird dort von Erzbischof Albrecht angeklagt, kann sich aber drücken, indem er sich einen gelben Krankenschein besorgt und eine Untersuchung in Deutschland erwirkt. Bei dieser Untersuchung kann er sich der Verhaftung wegen notorischer Ketzerei nur durch Flucht entziehen. Luther wird zum Spielball der Mächte und auf Flugblättern als «des Teufels Dudelsack» verhöhnt – und als er sich auf dem Reichstag in Worms vor Kaiser → Karl V. weigert zu widerrufen, wird über ihn die Reichsacht verhängt. Reichsacht, das heißt: Jeder, der den mittlerweile berühmten Luther erkennt, darf ihn ausrauben und erschlagen.

Luther – «des Teufels Dudelsack»

Zuvor allerdings musste man ihn laufenlassen, da der Kaiser ihm freies Geleit zugesichert hatte. Luther verduftet also und findet als «Junker Jörg» Unterschlupf auf der Wartburg. Dort übersetzt er innerhalb von elf Wochen die Bibel ins Deutsche, um den heiligen Text allen Gläubigen zugänglich zu machen – elf Wochen, die Deutschland und die Welt veränderten. Das Buch wird ein Blockbuster, von 1522 bis 1533 auf der SPIEGEL-Bestsellerliste: In dieser Zeit erlebt die Bibel vierundachtzig Neuauflagen! Und das alles natürlich dank → Gutenbergs Erfindung des Buchdrucks mit beweglichen Lettern, der durch die schön regelmäßigen Buchstaben die Texte auch noch so «objektiv» und «richtig» erscheinen lässt, was der protestantischen Schriftgläubigkeit *(sola scriptura)* ordentlich Vorschub leistete.

Der Erfolg der Bibelübersetzung hat übrigens einen erstaunlichen Nebeneffekt: Das Neuhochdeutsch, das wir alle reden (von Ottfried Fischer oder Hansi Hinterseer mal abgesehen), ist Luthers Deutsch. Erst seine Bibel vereinheitlicht das bis dahin übliche Frühneuhochdeutsche und Niederdeutsche. Außerdem war er auch Erfinder saftiger und treffender Formulierungen: «Lockvogel», «Lästermaul», «die Zähne zusammenbeißen», «ein Herz und eine Seele sein», aber natürlich auch die «Gewissensbisse» und die «Selbstverleugnung» – alles luthersche Wortschöpfungen! «Hier werden Sie geholfen» ist allerdings von Verona Pooth. Die Reformation wird ein Riesenerfolg – so riesig, dass Luther sich von ihren Extremisten (den sogenannten «Schwärmern» und «Wiedertäufern») distanzieren muss und sogar die sich aus ihr entwickelnden Bauernkriege als gesetz- und rechtlose Aufstände gegen die Obrigkeit verurteilt. Das ist blöd für die Bauern – hatten die sich doch erst von Luthers Schriften zu den Aufständen hinreißen lassen.

Eine Kirchenspaltung ist nie Luthers Interesse gewesen, aber der Erfolg überrollt ihn. Seine Ideen finden auf einmal mächtige Unterstützung – einigen deutschen Fürsten ist eine Reformationsbewegung durchaus willkommen, um die Macht des Papstes zurückzudrängen. Seit 1525 übernimmt also ein Teil der Herrschenden die Sache der Reformation, und der neue Glaube wird geduldet. Zähneknirschend setzt man die Reichsacht gegen Luther außer Kraft. 1529 soll die Duldung der Reformierten aber widerrufen werden. Dagegen gibt's Protest, und seitdem heißen die Protestanten Protestanten. Mit der Übernahme ins Establishment verliert die Bewegung um einiges an Coolness, aber auch an Feinden, und Luther kann verschnaufen. Er heiratet die ausgebüxte Nonne Katharina von Bora, bekommt mit ihr viele Kinder und erfindet so das evangelische Pfarrhaus, in dem Zivilcourage und «gute Gespräche» gepflegt werden – im 20. Jahrhundert eine Keimzelle für den → Mauerfall.

Was soll uns heute denn eigentlich die Geschichte von der Reformation?

Nun, einiges von den Psychosen, Neurosen, Macken und Ticks, mit denen jeder von uns rumläuft, haben wir dem 16. Jahrhundert zu verdanken – egal, ob Katholik, Protestant oder Atheist. Und das kam so: Für Luther ist der Mensch grundsätzlich schlecht. Je übler der Mensch sich selbst findet, umso größer und unbegreiflicher ist Gottes Gnade, der ihn trotz seiner Verkommenheit annimmt. Der Protestant definiert sich also ganz stark durch das Angenommensein durch das «Über-Ich» Gott, von dem er allerdings nichts mehr woandershin delegieren kann, zum Beispiel durch katholische Beichte, Anbetung der Heiligen oder durch kirchliche Institutionen, sondern alles alleine mit sich selbst und seinem manchmal etwas schweigsamen Gott ausmachen muss. Sind Sie Protestant? Dann wissen Sie ja, wovon ich spreche. Alle anderen müssen sich so eine Art Hamsterrad vorstellen – und Sie sind der Hamster.

Das «Angenommensein» durch Gott vermittelt sich also nur durch das Zuteilwerden von Gottes Gnadenbeweisen. Nun ist das Arbeitsfeld des Protestanten aber nicht mehr das Kloster, sondern die Welt – allerdings mit der methodischen Lebensführung und Arbeitsethik eines Klosters. Als Gnadenbeweis gilt natürlich auch materieller Wohlstand, «an ihren Früchten sollt ihr sie erkennen»! Rast- und ruhelos arbeitet also der Protestant für die Früchte als Gnadenbeweise, um dem vermeintlich «faulen Mittelalter» mit seinem moralisch verderbten Katholizismus zu entkommen. Anders als der Katholik aber hat er weder Karneval noch Feierabend, noch Skat-Stammtisch. Auf die Couch legen, mal «fünfe gerade sein» oder den «lieben Gott einen guten Mann sein lassen» – ist alles nicht.

Wohin nun aber mit dieser ganzen Emsigkeit? Der Protestant ist plötzlich gezwungen, sich auszudenken, wie denn ein alternativer Lebensentwurf zum Katholizismus aussehen könnte. Wie organisiert und kanalisiert man auf einmal diese rastlose Tätigkeit? Und da gibt es eine Menge Ideen. Soziale Experimente, Versuchsanordnungen alternativer Lebensformen, neue Gesellschaftsmodelle. Das Genre der «Utopie» ist geboren (mehr zum Thema «Utopie» im Kapitel → Machiavelli).

Herausragender Repräsentant dieser protestantischen Ethik ist übrigens 200 Jahre später Daniel Defoe, dessen Romanfigur Robinson Crusoe auf seiner Insel einen alternativen, utopischen Entwurf zur Welt skizziert, indem er ständig etwas «Nützliches» sucht (Feuerholz) und tut (Freitag bekehren) und sich so als puritanische Arbeitsbiene zu erkennen gibt (→ Aufklärung). Wenn Sie also montags um zwölf noch mit einem Nutellaglas im Bett liegen, sich auf SAT1 «Britt» angucken und dabei ein schlechtes Gewissen verspüren, ha! Da haben wir's: Luther ist schuld. Nicht an «Britt» – an Ihrem schlechten Gewissen.

Aber es ist noch mehr hinter der ganzen Geschichte von der Reformation: Luthers Ablehnung der Bauernkriege zum Beispiel mag zunächst widersinnig erscheinen, war die Idee der Reformation doch die geistige Grundlage für die Aufstände! Aber Luther unterscheidet zwischen weltlicher und geistlicher Macht – und der weltlichen will er gar nicht an den Kragen, im Gegenteil: Die Obrigkeit als notwendiges Übel garantiert der Bevölkerung ja erst die Möglichkeit, ihren Glauben ungestört ausüben zu können. Die Trennung zwischen Staat und Kirche, wie wir sie heute kennen, hat hier ihre zarten Wurzeln, die aber erst durch die → Französische Revolution fester greifen.

Was für die Welt gilt, gilt aber auch für den Einzelnen: Luther unterscheidet zwischen «äußerem» und «innerem» Menschen, also dem Leib (quasi der «weltlichen Macht») und der Seele (der «geistlichen Macht»). Und da die Seele natürlich viel wertvoller ist als der Leib, bekommt der Leib (wie die Obrigkeit) den Beigeschmack eines notwendigen Übels: Das ist der Grund, warum in vorwiegend katholischen Ländern ausgiebig geschlemmt wird (Pasta, Saltimbocca, Tiramisu), während in vorwiegend protestantischen Ländern die Nahrungsaufnahme aufs Allernotwendigste reduziert wird (kaltes Fischbrötchen).

Der Körper als morscher Kahn des Diesseits, der die unsterbliche Seele ins Jenseits schleppt – so erfindet Luther (gegen seine eigenen Gewohnheiten, denn er selber ist ein rechter Schlemmer) nicht nur eine gewisse protestantische Genussunfähigkeit und Sinnenfeindlichkeit, sondern gewissermaßen auch noch die Grundlagen des → Barock mit seiner Jenseitssehnsucht. Aber das ist eine ganz andere Geschichte.

Karl V.
... und Hämorrhoiden geben Frieden

Schöne Isabella von Kastilien
Pack deine ganzen Utensilien
Und komm zurück zu mir nach Spanien!
Du weißt doch, nur im schönen Lande der Toreros
Bist du dein Herzchen und noch mehr los!

Das ist von den Comedian Harmonists, aber das lyrische Ich des Liedchens ist über 400 Jahre älter: Ferdinand von Aragon, Isabellas Mann. Zusammen sind die beiden die «Katholischen Könige», und nach ihnen ist heute noch das berühmte Luxushotel Los Reyes Católicos neben der Kathedrale von Santiago de Compostela benannt. Ferdinand und Isabella haben durch ihre Heirat 1469 nicht nur aus Aragon und Kastilien «Spanien» gemacht – sie haben auch den (muslimischen) Mauren den Hintern versohlt, sie aus Spanien vertrieben und sich damit ihr Land «zurückerobert». Diese Aktion nannten sie «Reconquista». Und weil sie – anders als damals üblich – nicht aus politischen Gründen miteinander verheiratet wurden, sondern sich wirklich liebten, hatten sie auch schnell eine gemeinsame Tochter – die hieß Johanna und bekam später den wenig schmeichelhaften Beinamen «die Wahnsinnige».

Gleiche Zeit – ganz woanders, nämlich in Belgien: Der österreichische Erzherzog Maximilian von Habsburg verliebt sich in die heiße Schnalle Maria von Burgund, die Erbin der Niederlande. Tolle Hochzeit. Wilder Sex. Nicht verhütet. Schwangerschaft. Bis dass der Tod euch scheidet. Leider stirbt Maria früh, einziger Trost für Maximilian – neben der Kaiserkrone, die ihm die deutschen Fürsten andienen – der gemeinsame Sohn Philipp, später bekannt als Philipp der Schöne.

Jetzt kommt zusammen, was zusammengehört: Johanna die Wahnsinnige und Philipp der Schöne heiraten und bekommen sechs

Kinder, darunter ein kleiner Junge namens Karl, geboren am 24. Februar 1500. Und auf einmal geht alles ganz schnell: Philipp stirbt, Isabella stirbt, Ferdinand stirbt, Ferdinands zweiter Sohn stirbt, Maximilian stirbt, Maria ist ja schon tot, Johanna wird wahnsinnig – und plötzlich wird aus dem kleinen Kerl Karl, ehe er sich's versieht:

«Karl V.,
von Gottes Gnaden erwählter Römischer Kaiser,
zu allen Zeiten Mehrer des Reichs,
in Germanien, zu Spanien, beider Sicilien, Hierusalem,
Hungarn, Dalmatien, Kroatien, der Balearen, der kanarischen
und indianischen Inseln sowie des Festlands jenseits des Ozeans
König, Erzherzog von Österreich, Herzog von Burgund,
Brabant, Steier, Kärnten, Krain, Luxemburg, Limburg,
Athen und Patras, Graf von Habsburg, Flandern, Tirol,
Pfalzgraf von Burgund, Hennegau, Pfirt, Rousillion,
Landgraf im Elsass, Fürst in Schwaben,
Herr in Asien und Afrika.»

Gut, fairerweise muss man sagen, dass er sich den Titel des Deutschen Kaisers ein paar Jahre später erst durch Zukauf erwarb (mit der Kohle von den Fuggern, die überall ihre Flossen drinhatten → Die Reformation), aber egal.

So oder so eine irre Geschichte: Karl V. ist gerade mal neunzehn. In dem Alter habe ich noch Steinchen an das Fenster von Sabine Wagner aus der 11b geworfen. Und er ist mehr oder weniger Herrscher über Europa und Übersee. Außer Karl gibt es nämlich weit und breit nur noch den französischen König Franz I. und den englischen König Heinrich VIII. Genau – das ist der mit den sechs Frauen, von denen er allerdings nur zwei köpfen ließ. Für die Reihenfolge von Heinrichs Frauen gibt's eine tolle Eselsbrücke: «divorced, beheaded, died, divorced, beheaded, survived» («geschieden, geköpft, gestorben, geschieden, geköpft, überlebt»). Aber zurück zu Karl:

Yiiehaa! Ist das toll, König zu sein! Die Socken und die Autos dürften nicht mehr stinken, ich würd' jeden Morgen erst mal ein Glas Schampus trinken! Aber hat Karl wirklich das große Los gezogen? Mal ganz kurz zu den Baustellen, die Karl zu bewirtschaften hat: In Deutschland grassiert die Reformation. Auf der Iberischen Halbinsel reden die Portugiesen ein Wörtchen mit. In Nordafrika proben die Osmanen den Aufstand. In Italien nervt der Papst – Pech aber auch: Bis 1523 war Karls Lehrer Adrian von Utrecht als Hadrian VI. Papst, bis dahin war Ruhe. Jetzt aber kommt Clemens VII., und der schlägt sich auf die Seite Frankreichs. Böh.

War's das an Baustellen? Mitnichten! In England muckt Heinrich VIII. auf. Der hatte sich nicht nur ebenfalls um die deutsche Kaiserkrone beworben (vergeblich), der hatte auch Karls Tante Katharina geheiratet und ganz schnell wieder rausgeschmissen, weil die ihm keinen männlichen Erben schenkte. Da der Vatikan sich weigert, die Ehe zu annullieren, macht Heinrich eben seine eigene Kirche auf. Seitdem gibt es die anglikanische Kirche – für den Katholiken Karl und seine Tante eine echte Demütigung.

Noch was? Na klar, ohne Ende: Karl ist notorisch pleite. Er steht bei den Fuggern (immerhin hatten die ihn ja auf den Thron gehievt) mit mehreren Millionen Gulden in der Kreide, eine solche Summe ist auch für Leute wie die Fugger kein Pappenstiel. Weil sie das Geld nie wiedersehen, wird ihnen dieser geplatzte Kredit später das Genick brechen. Woher soll Karl das Geld auch kriegen? Ah, Bingo: Gold kommt aus Eldorado (Amerika) – und Gewürze von den Gewürzinseln. Also Expeditionen losschicken (→ Die erste Weltumsegelung), aber das kostet ja auch wieder ein Schweinegeld, und zu wenige kommen zurück von den Versagern (→ Conquista). Von reicher Beute mal ganz abgesehen.

Tja, die Welt ist schwierig geworden. Und dann die langen Reisen, die verschiedenen Sprachen – und alles ohne Interrail! Für die Sprachen hat Karl eine Lösung: «Ich spreche Spanisch zu Gott, Italienisch zu den Frauen, Französisch zu den Männern und Deutsch zu meinem Pferd», soll er gesagt haben. Mit dem Reisen selbst ist es schwieriger: Da er an Hämorrhoiden leidet, kann er weite Reisen nur in einer Kutsche auf dem Bauch liegend zurücklegen. Aber Karl ist zäh. Sein Wahlspruch heißt: *plus ultra* – immer weiter.

Interessiert jemanden, wo Karls Wahlspruch herkommt? Ist näm-

Wenn's mal wieder juckt, brennt und schmerzt: Faktu akut – und Hämorrhoiden geben Frieden.

lich ganz interessant: Ursprünglich war in Gibraltar die Welt zu Ende. Dort standen laut antiker Mythologie die beiden «Säulen des Herkules» (eine in Afrika und eine in Europa), und auf ihnen war ein Spruchband eingemeißelt: NON PLUS ULTRA, hier geht's nicht weiter. Als dann mit der Entdeckung Amerikas auch dem Letzten klar wird, dass es da *doch* weitergeht, findet Karl V. es lustig, sich PLUS ULTRA auf sein Spruchband zu schreiben, hier geht's *doch* weiter! Und als dann in Amerika auch noch Gold gefunden wird, lässt er auf die Münzen dieses winzige Spruchband in Form eines «S» einprägen sowie darüber die beiden Säulen des Herkules in Form von zwei Strichen: II. Ahnt jemand, wo die Reise hingeht? Hierhin:

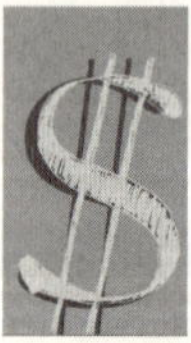

Der Erfinder des Dollarzeichens: Karl V.

PLUS ULTRA – weiter, immer weiter: So wie Olli Kahn seine Mannschaft 2001 in der letzten Minute der Saison noch zur deutschen Meisterschaft trieb, so will auch Karl immer weiter – immer mehr. Bedauerlicherweise gilt das nicht nur für sein Reich, sondern auch für seine Nahrungsaufnahme. Karl ist fresssüchtig: Schweinshaxe, Austern, Fasanenbrust, Hummer, Fritten, Erdbeeren mit Sahne,

Chorizo, alles durcheinander. Die kulinarischen Eigenheiten der verschiedenen Länderküchen, Gewürze, Zutaten, Gerichte, sind ihm egal, es gehört ja eh alles ihm. Kein Wunder, dass er die Gicht bekommt. Hühnerpsychologisch betrachtet, ist die «Unersättlichkeit» natürlich auch eine Machtmetapher, aber darüber sollen bitte Berufenere sich auslassen. Politisch hat Karl Alarm an allen Fronten, so kann er sich zum Beispiel um die Reformation nicht wirklich kümmern. Natürlich – er hört sich → Luthers Rechtfertigung auf dem Reichstag in Worms an, lässt ihn aber laufen, was er später noch bereuen wird. Die Angelegenheiten in Deutschland überlässt er mehr und mehr seinem Bruder Ferdinand. Der einstige Kontrollfreak fängt an zu resignieren.

So hört er sich auch brav die Klagen des Dominikanermönchs Bartolomé de Las Casas über die ungerechte Behandlung der indianischen Ureinwohner durch die → Conquistadoren an, greift aber nicht ein. Und solcher Beispiele gibt es viele. Überhaupt neigt Karl mehr und mehr dazu, eher in grüblerische Starre zu verfallen, als zu handeln. So wie er seine Titel und Ämter ja auch eher einer gewissen Passivität zu verdanken hat (alle anderen Thronanwärter waren wie die Fliegen gestorben, außer am Leben bleiben musste er nix tun, um den Job zu kriegen), so hat er größte Probleme, den Ameisenhaufen Europa aktiv zu kontrollieren.

Und dann, 1556, der Knüller: Karl dankt ab. Das war's. Schnauze, Nase, Hals – alles voll. Faxen dicke. Non plus ultra. Nicht mehr immer weiter. Burn-out. Seine Abdankungserklärung liest sich so:

> «Ich habe alle Wirrnisse nach Menschenmöglichkeit bis heute ertragen, damit niemand sagen könnte, ich sei fahnenflüchtig geworden. Aber jetzt wäre es unverantwortlich, die Niederlegung noch länger hinauszuzögern. Glaubt nicht, dass ich mich irgend Mühen und Gefahren entziehen will: Meine Kräfte reichen einfach nicht mehr hin.»

Karl teilt das Reich auf: Spanien und Burgund überlässt er seinem Sohn Philipp II., und Österreich und Deutschland seinem Bruder Ferdinand. Er selber zieht sich zurück nach San Yuste, ein entlegenes Kloster in Spanien, und fängt an, Uhren zu sammeln. Er besitzt Hunderte von Taschenuhren – und jetzt kommt was richtig Beängstigendes: Er entwickelt die irrwitzige Idee, alle diese Uhren müssten dieselbe Zeit zeigen und sogar im gleichen Takt schlagen. Er rennt von Uhr zu Uhr, weiter, immer weiter, doch bald muss er aufgeben, resigniert seufzt er: «Uhren sind wie Menschen.»

Armer Karl.

Conquista

Brauner Señor Mexicano

Haben Sie schon mal Bellota-Schinken aus Spanien gegessen? Das ist ein leckeres Zeug – die iberischen Schweine bekommen ausschließlich Eicheln zu fressen (*bellota* heißt Eichel). Der Schinken, der als der beste der Welt gilt, kommt aus der Provinz Extremadura – also daher, wohin sich Karl V. zurückzog, nachdem er die Brocken hingeschmissen hatte. Die Extremadura ist eine karge Landschaft, in der es nichts gibt außer Schweinen und Eichen, Eichen und Schweinen. Diese Provinz trägt bis heute die Eiche im Wappen sowie die beiden Säulen des Herkules mit dem Spruchband *plus ultra* (→ Karl V.). Zu einem Wappen-Schwein konnte man sich wahrscheinlich einfach nicht durchringen.

Man muss sich die Extremadura als eine Art Brandenburg Spaniens vorstellen: Wer dort aufwächst, will nur eins: fort. Und genau so geht es dem Notar Hernán Cortés. Als Notar in der Extremadura hat man eh nur Chronik darüber zu führen, welches Schwein sich an welcher Eiche reiben darf – also nix wie weg da. Sein späterer Kollege Francisco Pizarro kommt übrigens aus derselben Ecke und ist von Beruf – Schweinehirt.

Und so kommt es ab 1492 zur Conquista: Während der Reconquista (der Vertreibung der Mauren aus Spanien) hatten die Bewohner der Extremadura gelernt, Krieg zu führen – sie waren fast allesamt Soldaten (→ Karl V.). Und jetzt, als hochdekorierte Helden, wollen sie natürlich um keinen Preis zurück zu den Schweinen und sind auf einmal allesamt arbeitslos.

Von diesen arbeitslosen Rittern gab es eine ganze Menge – angeberische Bauerntrampel mit güldenen Schulterklappen und phantasievollen Uniformen, die mit dem Dolch ihren Schinken aßen und sich mit der Feder ihres Huts in den Ohren kratzten. Man machte sich schnell über sie lustig – und das ist die Geburt einer damals sehr populären Comedy-Figur, verewigt in der italienischen Commedia dell'Arte (Il Capitano) und später im «Don Quijote» und bei → Shakespeare (zum Beispiel Falstaff oder der Don Adriano de Armado aus «Love's Labour's Lost», auf Deutsch: «Verlorene Liebesmüh»). Wer aber als Soldat, Abenteurer und Glücksritter keinen Bock hat, sich so verarschen zu lassen, macht sich auf in die Neue Welt. Der blutjunge Cortés zum Beispiel hört, dass es in der Karibik nett sein soll, und findet auf Hispaniola (heute Haiti/Dominikanische Republik) einen Job.

Alles in allem ist die Neue Welt plötzlich ein attraktives Reiseziel, und das liegt am Boom der Seefahrt: Der Anlass hierfür ist eher unerfreulich: 1453 ist nämlich Konstantinopel endgültig an die Türken gefallen – und die sitzen jetzt fett auf den Handelswegen über Land nach Indien. Auf einmal gibt's auf jedem türkischen Basar Gewürze ohne Ende. Wegen der hohen Zölle kommen die einfach nicht über Istanbul hinaus Richtung Westen (die Gewürze auf den heutigen Basaren Istanbuls sind alle ungefähr aus der damaligen Zeit, also Finger weg!). Die Zollblockade ist ein Grund für den Aufstieg von Seefahrernationen wie Portugal und Spanien. Der Seeweg nach Indien ist auf einmal wichtig geworden. Kolumbus hat ihn linksrum gesucht, später haben ihn Vasco da Gama und → Magellan dann rechts- bzw. linksrum gefunden. Und weil linksrum ein bisher unbekannter Kontinent dazwischenliegt, musste eben der ausbeutungstechnisch dran glauben: Amerika.

Ein weiterer Sargnagel für die Ureinwohner Amerikas ist die Geldnot Karls V. Der Kaisertitel ist teuer gewesen, die Kriege gegen Frankreich und die Osmanen verschlingen Unsummen, die Fugger winken täglich mit dem Kuckuck. Also stattet Karl seine Konquistadoren mit großen Vollmachten aus – Hauptsache, die bringen Gold aus Eldorado mit nach Hause! Und das ist der Deal: achtzig Prozent für die Konquistadoren, zwanzig Prozent für die spanische Krone. Aber wer soll das ausrechnen und prüfen? Braucht man dafür nicht einen Notar? Genau: Cortés wird befördert. Er macht Island Hopping, wird Sekretär des Gouverneurs von Kuba, merkt aber recht schnell, dass es mehr bringt, selber ins Business einzusteigen und auf eigene Faust loszuziehen, als das Geld von anderen zu berechnen. Genau aus diesem Grund landen auch heute noch so viele Justiziare von Unternehmen später als Chief Financial Officer im Vorstand.

Hernán Cortés rüstet 1518 eine Expedition nach Mexiko aus, das freilich damals noch gar nicht so hieß. Eine Mission, die mehr Erfolg versprach als die seines Kollegen Ponce de León, der nach Florida aufbrach, weil man ihm erzählt hatte, dass dort eine Quelle zu finden sei, die ewige Jugend schenkt. Eines der wirkungsmächtigsten Gerüchte der Weltgeschichte – verbringen doch heute noch Millionen von Rentnern den Winter in Florida, um jung zu bleiben.

Cortés aber ist auf Mexiko scharf wie Chili: In Tabasco unterwirft er seinen ersten Eingeborenenstamm und angelt sich eine Übersetzerin und Geliebte namens Malinche – und Malinchismo ist im mexikanischen Spanisch bis heute das Wort für «Verrat am Vaterland». Das ist echt gemein! Die konnte doch gar nichts dafür!

Cortés' eigentliches Ziel aber ist Tenochtitlán – dort soll es nicht nur die besten Tacos geben, sondern auch Gold in Hülle und Fülle. In Tenochtitlán herrschen die Azteken über ein gutes Dutzend Sklavenvölker, die sich nur allzu gerne den Eroberern anschließen, um Aztekenkönig Motecuhzoma in den Hintern zu treten. Ja, richtig gelesen: Der heißt Motecuhzoma, die Spanier erst nannten ihn Moctezuma und noch später Montezuma. Aus reiner Unwissenheit. Na ja, gibt ja auch heute noch Menschen, die Donald Duck mit «u» aussprechen.

Die Azteken hatten noch nie zuvor Schießpulver oder Pferde gesehen und halten die Spanier dementsprechend für unbesiegbare, unsterbliche Götter. Sicherheitshalber fragt Moctezuma aber doch noch seine Wahrsager, ob die Neuankömmlinge okaye Typen seien. Als die Wahrsager ihm diesbezüglich keinen positiven Bescheid geben, lässt er sie und ihre Familien hinrichten. Toll, da nimmt man seinen Beruf ernst und sagt als Wahrsager die Wahrheit – und dann wird man dafür hingerichtet. Wo ist die Gewerkschaft, wenn man sie mal braucht? Den Spaniern aber schickt Moctezuma Geschenke entgegen, um sie von Tenochtitlán fernzuhalten – die Geschenke

(Gold!) machen Cortés aber erst so richtig heiß, und drei Monate später wird er vor den Toren Tenochtitláns von Moctezuma mit allen Ehren empfangen. Bei einer Stadtführung, die Moctezuma für die Spanier organisiert, finden die noch drei Herzen von Menschenopfern, was ihrem christlichen Glauben irgendwie widerstrebt. Sie bitten darum, eine Kapelle errichten zu dürfen. Sie dürfen – und stoßen bei den Bauarbeiten auf eine Schatzkammer. Geil! Darauf einen Tequila!

Als bei einem Scharmützel vor den Toren der Stadt ein paar Spanier getötet werden, geht den Azteken ein Licht auf: Also handelt es sich bei den Spaniern doch nicht um Götter, sondern nur um mickrige Menschen. Und die wollen nur an unser Gold! Ab sofort schweben die Spanier in Lebensgefahr. Also nimmt Cortés Moctezuma gefangen. Und unter Lebensgefahr kooperiert Moctezuma mal lieber: Er erlaubt den Spaniern, in allen Tempeln Kerzen und Heiligenbildchen aufzustellen. Er überlässt den Spaniern alle seine Schätze. Er lässt widerspenstige Azteken ausliefern. Er erkennt Karl V. als Oberhaupt an. Er verspricht Tributzahlungen. Er gibt Cortés sogar seine Lieblingstochter zur Frau.

Diese Passivität schmerzt Mexiko bis heute. Erst im 19. Jahrhundert unter Emilio Zapata und Pancho Villa gibt der Mexikaner wieder Stoff. Olé! So stolz er auch ist: Der Mexikaner weiß oft nicht so recht – lieber Revolution? Oder doch lieber Siesta? Peter Alexander inspirierte das zu seinem leicht rassistischen Schlager «Brauner Señor Mexicano»:

> Ich bin Pazifist und ein Mann,
> der zur Mittagszeit bei dem Lärm
> nicht mehr schlafen kann.
> Brauner Señor Mexicano
> liegt in der Sonne im Sand.
> Der Sombrero auf der Nase
> behütet, behütet, behü-ü-ü-ü-ü-tet
> vor Sonnenbrand.

Ganz klar, dass nach der Nummer Moctezuma seinen Untertanen keinen Pfifferling mehr wert ist – hinzu kommt, dass Cortés' Stellvertreter Alvarado unter den aztekischen Adeligen ein Massaker anrichtet – die Azteken erheben sich, und der Weichling Moctezuma wird von seinen eigenen Leuten beim Versuch, eine Besänftigungsrede zu halten, gesteinigt. Und jetzt brennt's:

Am 1. Juli 1520 beschließen die Spanier, nachts über den Salzsee Tenochtitláns zu fliehen. Viele Männer ertrinken, weil sie sich die Taschen zu schwer mit Gold vollgestopft hatten. Kurz vor dem rettenden Ufer werden sie entdeckt, aus aztekischen Kanus beschossen und niedergemetzelt. Cortés hat Glück und bekommt nur einen Zeigefinger abgehackt, Alvarado rettet sich angeblich, auf einen Speer gestützt, mit einem waghalsigen Sprung über den Deich und erfindet so quasi den Stabhochsprung, Salto de Alvarado.

Die Schlacht geht als Noche Triste, «traurige Nacht», in die Geschichte ein, und die Reste der Zypresse, unter der Cortés zitternd das Morgengrauen erwartet, kann man bis heute in Mexico City bewundern:

Von «Azteke» bis «Zypresse»: die Conquista von A bis Z!

Was Cortés nicht schafft, erledigen die von seinen Leuten eingeschleppten Pocken. Die schwächen die Azteken so, dass eine erneute Belagerung der Stadt möglich ist. Nach zähen Kämpfen schließlich fällt Tenochtitlán ein halbes Jahr später an die Spanier. Die Stadt wird wieder aufgebaut und bekommt den leichter auszusprechenden Namen Mexico, und Cortés wird von Karl V. zum Gouverneur von «Neu-Spanien» ernannt.

Von nun an geht's für Cortés bergab: Der intrigante Bischof von Burgos lässt keine Gelegenheit aus, am spanischen Hof gegen ihn zu hetzen, um einen seiner Günstlinge als Gouverneur durchzusetzen. Cortés ist einfach ziemlich weitab vom Schuss und sieht sich gezwungen, nach Spanien zu fahren und sich vor dem König zu rechtfertigen. Karl hat seinem Konquistador Cortés zwar viel zu verdanken – nicht zuletzt das Gold, mit dem er den Krieg gegen Frankreich finanziert, aber der Kaiser eiert ein bisschen rum: Er erhebt Cortés zwar in den Hochadel, nimmt ihm aber seinen Gouverneurstitel ab. Seine letzten Jahre verbringt Cortés mit Rechtsstreitigkeiten um seine Besitztümer in Neu-Spanien und wird ein schlechtgelaunter Mumpfelheini. Schließlich will er zurück nach Mexiko, stirbt aber auf dem Rückweg in Sevilla und wird in der Neuen Welt beigesetzt – die Knochen verschwinden aber 1823. Die Azteken gibt's auch nicht mehr – nur Moctezumas Federkrone steht bis heute im Völkerkundemuseum in Wien, vermutlich von Ferdinand II., einem Neffen Karls V., angeschleppt.

Cortés' Kollege Francisco Pizarro erobert übrigens ein paar Jahre später Peru und besiegt ein Inka-Heer von 30 000 Soldaten, indem er mit seinen 180 bis an die Zähne bewaffneten Soldaten ein Massaker unter den Inka anrichtet und einfach ihren König Atahualpa gefangen nimmt. Als Lösegeld lässt er sich Atahualpas Zelle einmal mit Gold und zweimal mit Silber füllen. Als das Lösegeld eintrifft, lässt er Atahualpa erwürgen.

Die waren nicht zimperlich, die Konquistadoren. Der Conquista fielen etwa fünfzehn Millionen Menschen zum Opfer – ein Gemetzel sondergleichen. Ganz zu schweigen von den später aus Afrika ins Land geholten Sklaven, die unter unmenschlichen Bedingungen in den Gold- und Silberminen Mittel- und Südamerikas arbeiten mussten.

Immerhin ein Gutes hatte die Sache: Nach gelungener Unterwerfung tranken die Spanier mit den Ureinwohnern zusammen ein kühles Corona mit Limette und begannen alsbald, mit ihnen zu schnackseln – und ihre Nachkommen sind Latinos wie Shakira, Jennifer López, Salma Hayek, Ricky Martin und Carlos Santana.

Anders als die protestantisch-puritanischen Eroberer Nordamerikas, die sich, wie üblich, mal wieder jeden Fun versagten (→ Reformation), die Indianer isolierten und in Reservate einsperrten, sind die katholischen Spanier da nicht so dogmatisch.

Was fehlt noch? Ach ja! Der Rest der Welt will auch erobert werden! Nicht nur «Fiesta Mexicana», sondern «Einmal um die ganze Welt» – Karel Gott träumte davon schon als kleiner Bub. Aber der hier war der Erste: Ferdinand Magellan!

Die erste Weltumsegelung

Die Entdeckung der Horstinen

Unser nächstes Thema: Die erste Weltumseglung! Da werden viele sagen, böh, was interessiert mich die erste Weltumseglung? Mir reichen zwei Wochen Malle für 399 Euro völlig aus, und da ist sogar noch ein Eimer Sangria mit drin! Aber vertrauen Sie mir: Ich entführe Sie in eine Welt von Intrige, Verrat, Wahnsinn und Pfannkuchen aus Sägemehl. Man muss sich das ein bisschen vorstellen wie «Traumschiff», bloß ohne Käptn's-Dinner und ohne Wunderkerzen am Schluss.

Angefangen hat alles im Oktober 1516. Da macht nämlich der portugiesische König Manuel der Glückliche einen Fehler. Genauer gesagt einen derartigen Patzer, dass man Manuel den Glücklichen eigentlich in Manuel den Dämlichen umtaufen sollte: Denn Manuel der Glückliche weist den Seemann Ferdinand Magellan zurück, als der ihn darum bittet, ihm fünf Schiffe zu geben, um damit nach Indien zu den Gewürzinseln zu fahren.

Der König lehnt schroff ab – eine der weitreichendsten Fehlentscheidungen der Geschichte, wenn man mal vom Wembley-Tor 1966 absieht. Warum Fehlentscheidung? Darum: Spanien und Portugal haben so eine Art Deal. Als nach der Entdeckung Amerikas klar war, dass die Welt größer ist, als bisher angenommen, teilen sich die beiden Länder 1494 mit dem «Vertrag von Tordesillas» die Welt einfach untereinander auf. Portugal soll alles gehören, was hier auf der Karte hell ist, und Spanien das, was auf der Karte dunkel ist. Dieser Vertrag (vermittelt durch Partypapst Alexander VI. → Machiavelli) hat übrigens Folgen bis heute: Denn wegen dieses Vertrages, bitte mal hier schauen,

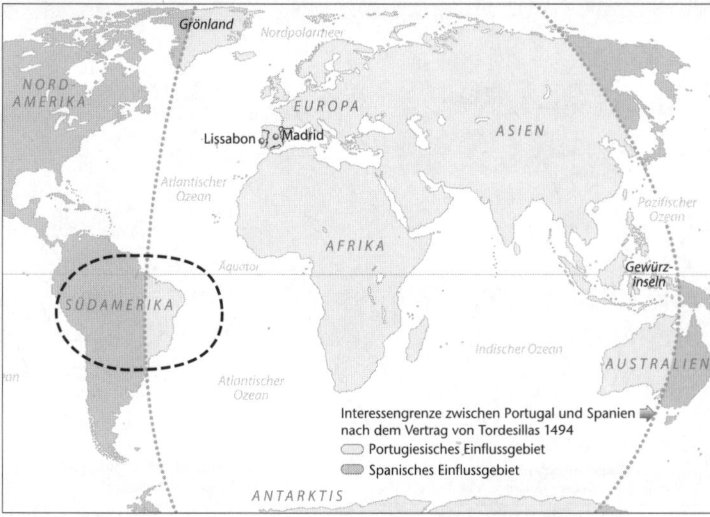

wird auch heute noch in ganz Südamerika Spanisch gesprochen, außer in Brasilien, denn da spricht man Portugiesisch. Wenn man sich die Karte mal NOCH genauer anguckt, müsste allerdings auch in Grönland portugiesisch gesprochen werden. Warum das nicht so ist, weiß der Geier.

Aber wir waren bei der Fehlentscheidung. Es geht um die Gewürzinseln. Der Zugang zu diesen Inseln garantiert unermesslichen Reichtum: Zimt, Safran, Nelken, Pfeffer sind im 16. Jahrhundert Gold wert. Sollten Sie also eine Zeitmaschine Ihr Eigen nennen, kein Bargeld mitnehmen, sondern vor der Reise einfach mal ins Gewürzregal greifen! Die Welt wird also nicht um des Umsegelns willen umsegelt, sondern es geht um die Erschließung neuer Kolonien; die Reise muss ja irgendwie refinanziert werden. In diesem Fall über Gewürze von den ominösen Gewürzinseln, von denen keiner so recht weiß, wo sie eigentlich liegen und ob sie zu spanischem oder portugiesischem Gebiet gehören.

So genau sind die Karten da nicht. Letztlich muss man nur irgendwie hinkommen, und man kann alles einsacken, was nicht niet- und nagelfest ist. Der einzig bekannte Weg gehört allerdings Portugal.

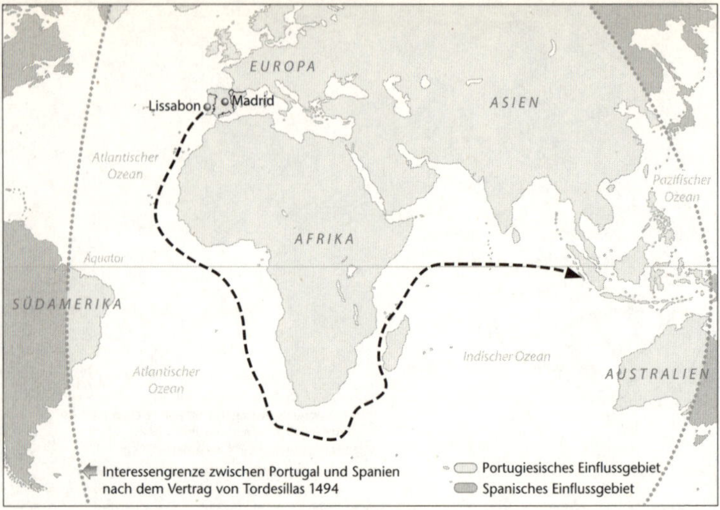

Und da Manuel der Glückliche denkt, pffh, ich habe doch einen Weg zu den Gewürzinseln, was brauche ich einen zweiten, lässt er Magellan abblitzen.

Was hätten Sie gemacht, wenn Sie Magellan gewesen wären? Nein, nicht mit einem Spaten nach Ägypten reisen und den Sueskanal bauen – das kommt 300 Jahre später, ist aber dann recht praktisch! Zur Eröffnung des Sueskanals 1869 hat Giuseppe Verdi übrigens die Oper «Aida» komponiert und ist damit nicht nur schuld am Triumphmarsch, sondern auch am Klubschiff gleichen Namens! Also – was hätten Sie gemacht? Denken Sie doch mal nach!

Genau! Richtig! Das hat der alte Knasterbart auch getan: Er ist zum spanischen König gerannt, unserem Freund und späteren Kaiser → Karl V. Dessen Mutter, wir erinnern uns, war «Johanna die Wahnsinnige». Aber Karl ist alles andere als wahnsinnig: Denn er nimmt Magellan mit Handkuss!

Magellan hatte nämlich in einem obskuren Archiv eine merkwürdige Geheimkarte entdeckt. Und auf der stand, dass es hier …

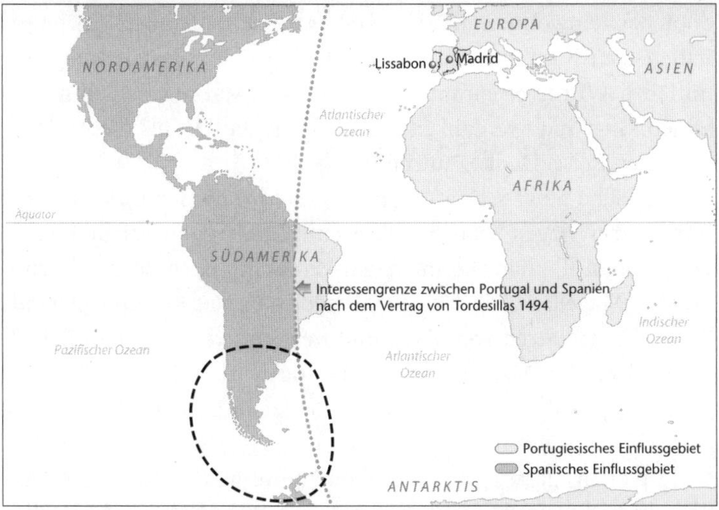

… einen schiffbaren Durchgang zwischen Südamerika und der Antarktis gibt. Ich frage mich allerdings, woher der seltsame Kartograph das wusste, wenn noch nie jemand zuvor da gewesen ist. Ah, ich weiß: Wahrscheinlich hat er bei Google Earth geguckt.

Bisher glaubten die meisten Menschen, Amerika sei von Norden bis Süden eine undurchlässige Landmasse. Magellan will also nicht, wie die Portugiesen, um Afrika segeln, sondern über den Atlantik und um Südamerika herum (bzw. durch Südamerika hindurch, wo er eine Durchfahrt zu einem weiteren Ozean vermutete). 1518 ist theoretisch bekannt, dass die Erde rund ist, weil ein Mann namens Balboa ein paar Jahre zuvor mal auf der schmalen Höhe von Panama rübergelinst hatte, aber wie wir später noch sehen werden, wird der Umfang der Erdkugel drastisch unterschätzt.

Am 10. August 1519 geht's los. 21 300 Pfund Zwieback, 480 Pfund Öl, 200 Fässer Sardinen und gewaltige Mengen an Reis, Bohnen, Linsen, Zucker, Zwiebeln etc.: fünf Schiffe mit Vorräten für drei Jahre. Oder, mit Reiner Calmund als Kapitän, für vier Wochen.

Zusätzlich an Bord: 5000 billige Messer und 20 000 Glöckchen. 20 000 Glöckchen? Ja, klar: 20 000 Glöckchen als Geschenke für die doofen Ureinwohner! Kurz vor der Abreise trifft noch ein junger Italiener an Bord ein: Antonio Pigafetta, der nur so aus Neugierde mitfährt. Würde er garantiert kein zweites Mal machen! Ihm und seinem Tagebuch verdanken wir übrigens die Details dieser denkwürdigen Reise. Danke, Antonio!

Die Sache fängt schon ungut an: Kurz hinter Teneriffa wird ein Bootsmann wegen sexueller Schweinigeleien vor Gericht gestellt. Die anderen Kapitäne kommen zur Verhandlung an Bord des Schiffes von Magellan. Die Herren Mendoza, Cartagena und Quesada brechen einen Streit vom Zaun und weigern sich, Magellans Befehle zu befolgen. Da Magellan aber vorgewarnt ist (irgendwer hat ihm gesteckt, dass die spanischen Kapitäne keine Lust haben, sich von einem Portugiesen herumkommandieren zu lassen, und einen Aufstand planen), lässt er alle drei Kapitäne verhaften. Sie werden nur deshalb nicht wegen Meuterei zum Tode verurteilt, weil Magellan sie noch braucht. Ab geht es über den Atlantik. Als sie den Äquator passieren, fängt es an zu regnen und zu stürmen. Zwanzig Tage lang gießt es in Strömen, und das alles ohne Regenjacke und Gummistiefel. Dann erst wird das Wetter besser – allerdings schläft auf einmal der Wind ein. Die Sonne brennt, und das Pech in den Schiffsnähten beginnt zu schmelzen. Die Schiffe lecken, bei gnadenloser Hitze müssen die Matrosen Wasser pumpen, damit ihnen das Schiff nicht unterm Arsch auseinanderbricht. Nach endlosen Wochen erreichen Magellan und seine Schiffe mit letzter Kraft eine Bucht, die sie irrtümlich für einen Fluss halten. Diesen vermeintlichen Fluss nennen sie Rio de Janeiro, und an dessen Ufern erwartet sie das Paradies. Obst, Gemüse und Jungfrauen in Hülle und Fülle. Bingo! Jetzt werden die 20 000 Glöckchen gebraucht, im Tausch gegen brasilianische Sorglosigkeit: Samba! Sonne! Suff! Die Kriminalitätsrate in Rio war allerdings auch deutlich niedriger als heute. Es gab ja eh nur Glöckchen zu stehlen. Vierzehn Tage lang werden nicht nur die Boote repariert, es wird geschmaust, Liebe gemacht und Fußball gespielt, und als man wieder in See sticht, weinen sowohl die *Girls from Ipanema* als auch die Seeleute.

Nach zehn Tagen Seefahrt beschreibt die Küste einen Bogen nach

Westen. Geht es hier weiter? Eine Woche lang folgen die Schiffe dem Weg der untergehenden Sonne. Leider kommt keiner auf die Idee, mal das Wasser zu kosten, sonst hätten sie gemerkt, dass sie jetzt tatsächlich einen Fluss befahren, nämlich den heutigen Rio de la Plata. Doof!

Erst als Berge ihnen die Sicht versperren, merkt Maggy, was Sache ist und dass er hier nicht weiterkommt. Er nennt den Ort Montevideo (ich sehe einen Berg), und so heißt die Hauptstadt Uruguays auch heute noch. Also umdrehen und weiter nach Süden. So langsam segelt man in den Südhalbkugelwinter hinein. Stürme peitschen, das Klima wird rauer und rauer. Geschlagene sechs Wochen lang kommt keiner aus seinen nassen Klamotten raus, jedes Feuer ist unmöglich. Die Mannschaft hat sooo einen Hals!

Ende März beschließt Magellan, in einer Bucht zu überwintern. Und wieder gibt es eine Revolte der anderen Kapitäne, denn die wollen lieber zurück nach Hause segeln. Auch diese Revolte wird niedergeschlagen. Aber dieses Mal macht Magellan Ernst: Mendoza wird gevierteilt und an den Rahen aufgeknüpft. Quesadas Diener darf sich etwas aussuchen: Entweder er schlägt seinem Herrn den Kopf ab, oder er stirbt mit ihm. Kurz darauf rollt Quesadas blutiger Schädel im Sand. Und Cartagena bekommt die schlimmste Strafe von allen: Er wird nach den sechs Monaten Überwinterung an den einsamen Ufern zurückgelassen und wird dort elend verhungern.

Also weiter geht's, keine Zeit für Sentimentalitäten, man will ja schließlich zu den Gewürzinseln: Wieder finden sie eine Einbuchtung. Ist das jetzt endlich der Weg nach Westen? Die Ufer scheinen bewohnt zu sein. Man sieht des Nachts viele Feuer. Magellan nennt diese Landschaft Tierra del Fuego – Feuerland. Magellan schickt zwei Schiffe vor, von denen eines nach ein paar Tagen zurückkommt. Und es meldet: offenes Meer! Magellan bricht vor Freude in Tränen aus. Wo aber ist das andere Schiff, das man vorausgeschickt hatte? Offenbar ist es ausgebüxt und zurück nach Spanien gesegelt. Die Weicheier hatten keine Lust mehr, den unbekannten Ozean zu erkunden. Magellan bricht wieder in Tränen aus. Diesmal vor Wut, denn das ausgebüxte Schiff hatte den Großteil der Vorräte an Bord.

Durch diese komische Meerenge, die heutige «Magellanstraße», hier …

… segeln sie also hindurch und stoßen nach mehreren Tagen auf das offene Meer! Kurz gehen sie noch mal ans Ufer, zählen ihre Vorräte und beschließen, weiterzusegeln, weil die Gewürzinseln ja nun bald kommen müssten. Was sie nicht wissen, ist das hier:

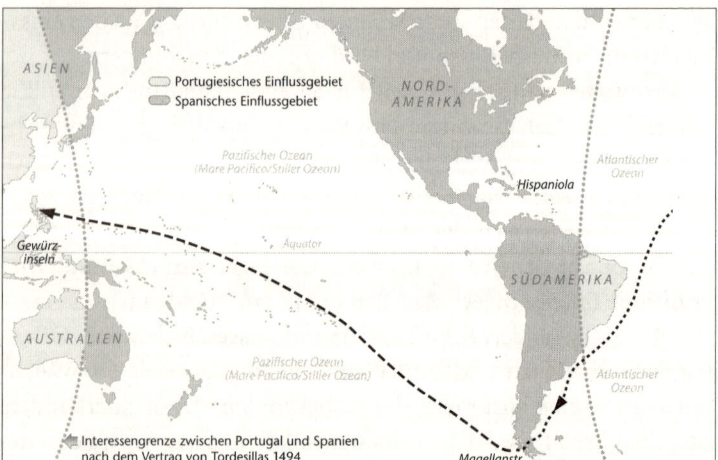

Zehntausend Seemeilen ohne Land dazwischen! Und nur noch ein Fass trockene Bohnen an Bord …

Weil das Meer so friedlich vor ihnen liegt, nennt Magellan diesen Ozean Mare Pacifico – Stillen Ozean. Es ist Frühling, langsam wird es wärmer. Man späht eifrig nach den Gewürzinseln. Da können sie lange spähen! Als sie in die Tropen kommen, verdirbt das letzte Fass Bohnen. Auch das Wasser beginnt zu stinken. Nach sechs Wochen sterben die Ersten. Magellan wirft seine Karten über Bord. «Die Herren Kartographen mögen verzeihen», erzählt er Pigafetta, «aber die Gewürzinseln sind nicht dort zu finden, wo sie auf der Karte eingetragen sind.»

Ende Februar ist der letzte Bissen aufgegessen. Man kratzt die Maden aus den Fässern und macht Brei daraus. Und aus Sägemehl, in Urin eingeweicht, backt man Fladen. Ratten gelten an Bord als Leckerbissen. Haischwärme schwimmen hinter den Schiffen her und warten auf die zahlreichen Toten, die über Bord geworfen werden. Drei Monate und zwanzig Tage später, die Hälfte der Leute ist tot, als der Schiffsjunge ruft: «Laaand in Sicht!», hatte man die Philippinen erreicht. Die Rettung!

Die Philippinen wurden übrigens nach dem Vater von Magellans Dienstherrn, nach Philipp dem Schönen (→ Karl V.), benannt. Gott sei Dank hieß der Dienstherr nicht Horst, so wie unser Ex-Bundespräsident. Sonst wären die Philippinen heute die «Horstinen»!

Jetzt sind die Schiffe in einer Umgebung, die Magellan vertraut ist, denn aus der anderen, portugiesischen, Richtung ist er vor Jahren schon einmal hier gewesen und hat sich einen Sklaven mitgenommen, der ihm jetzt große Dienste erweist, denn er spricht die Sprache der Eingeborenen. Diese beiden, Magellan und sein Sklave, sind also die ersten Menschen, die je die Erde umrundet haben, wenn auch nicht in einem Stück.

Welch ein Triumph! Und die Gewürzinseln sind nur noch ein paar hundert Seemeilen entfernt, das weiß man jetzt sicher! Aber Magellan soll sie nicht mehr erreichen. Am 27. April 1521 wird er nach Auseinandersetzungen mit den Eingeborenen von 3000 Kriegern in Stücke gehackt.

Der Rest der Geschichte ist schnell erzählt: Die Überlebenden machen sich auf den Weg nach Hause, dieses Mal über die bekannte Route rund um Afrika. Aber nur ein Schiff, die «Victoria», kommt abgerissen, knarzend und stinkend in den Hafen von Sevilla eingelaufen, am 8. September 1522, als erstes Schiff, das je die Welt umsegelt hat. Unterwegs musste etwas Komisches passiert sein: Weicht doch das Logbuch um einen Tag vom spanischen Datum ab – und so hat die Besatzung der Victoria die Notwendigkeit einer Datumsgrenze entdeckt!

Von über 250 Mann, die Magellan mitgenommen hatte, kommen nur achtzehn zurück, unter ihnen auch unser Freund Antonio Pigafetta. Diese achtzehn Jungs hatten sicher eine frische Dusche nötig und mussten ja ihren Vierundzwanzig-Stunden-Jetlag pflegen. Außerdem hatten sie praktisch bewiesen, was vorher nur theoretisch bekannt war: Die Erde ist eine Kugel!

Und ab sofort konnte der hier …

… in Serie gegeben werden!

Iwan der Schreckliche
Der durchbohrte Hofnarr

Zunächst mal Folgendes: Der Name Iwan der Schreckliche ist ein Übersetzungsfehler. Eigentlich müsste Iwan der «Schreckliche» nämlich mit Iwan der «Respektgebietende» oder Iwan der «Gestrenge» übersetzt werden. Für die Russen schien er also gar nicht so schlimm zu sein – aber darüber unterhalten wir uns nochmal, nachdem ich Ihnen etwas über Zar Iwan IV. (so heißt er nämlich korrekt) erzählt habe. Denn wenn nicht dieser Iwan, wer oder was bitte kann denn dann die Russen erschrecken?

Als unser, sagen wir mal, «Held» am 25. August 1530 geboren wird, blitzt und donnert es in Moskau ganz fürchterlich. Das war schon mal das richtige Vorzeichen, und genauso geht die Geschichte dann auch weiter: Iwans Vater stirbt, als der Kleine drei Jahre alt ist, fünf Jahre später wird seine Mutter vergiftet. Aus reinem Wohlwollen nehmen wir mal an, dass Iwan das ausnahmsweise NICHT selber getan hat, denn mit acht Jahren war sogar er noch etwas zu jung für so was.

Stellvertretend für den elternlosen Iwan wird Russland zunächst von den Hofadligen regiert, einer Art Russenmafia, die vor dem kleinen Zaren keinen Respekt hat: Öffentlich werfen sich die Hofadligen vor ihm auf den Boden, doch daheim im Kreml lassen sie Iwan hungern und geben ihm nur Lumpen zum Anziehen. Das Kind Iwan wird so schnell ein krasser Fall für die Super-Nanny: Zum Spaß wirft er junge Hunde aus den Kremltürmen; manchmal trabt er durch Moskau und schlägt seinen Untertanen die Peitsche ins Gesicht.

Mit dreizehn begreift Iwan, dass die Hofadligen nicht seine Kumpels sind, und er lässt einen von den Hunden zerfleischen. Ab da bekommt auch er selbst endlich wieder genug zu essen. Mit siebzehn lässt er sich als erster Zar Russlands richtig krönen. Vorher trugen die Zaren nämlich keine Krone, aber jetzt sollen die Russen merken, wer der Chef ist. In den ersten Jahren seiner Herrschaft regiert Iwan recht umsichtig: Nur ganz selten lässt er Regierungsmitglieder mit kochendem Wein übergießen. Diese Periode nennt man unter Wissenschaftlern seine «helle» oder «gute» Periode. Hier ein Bild von Iwan, ich nehme einfach mal an, weiß auch nicht wieso, es ist aus der «dunklen» Periode:

In der «hellen» Periode tut sich Iwan sogar als Pädagoge hervor. Er verfasst ein Buch zur Erziehung des Volkes, in dem etwa steht, dass man seine Frau keinesfalls in der Öffentlichkeit mit einer Peitsche züchtigen darf! Zu Hause ist das natürlich völlig in Ordnung, da sieht's ja keiner. Diesem Buchprojekt zufolge sind Furcht und Strafe (→ Die Russische Revolution) die Voraussetzungen für Gehorsam:

Wenn Ihnen also beim nächsten Mallorca-Urlaub ein russischer Tourist das Handtuch von der Liege wirft, fauchen Sie ihn an und schimpfen Sie, drohen Sie ihm! Er wird es nicht persönlich nehmen, das sind ganz normale russische Erziehungsmethoden. Ausnahmeregel: Der Russe hat eine Knarre dabei. Dann sollten Sie es nicht persönlich nehmen und an die üblichen russischen Erziehungsmethoden denken ... Es gibt vielleicht noch ein paar andere Liegen, weiter weg vom Pool oder so.

Recht bald kommt Iwan auf die Idee, sein Reich auszuweiten. Mit Hilfe westlicher Kriegsexperten erobert er Sibirien und lässt nach diesem Sieg die Basiliuskathedrale auf dem Roten Platz erbauen. Das ist der Beginn einer neuen Epoche. Sofort fängt Iwan an, fremde Völker zu unterwerfen. Die Folgen dieser außenpolitischen Erziehungsmaßnahmen können Sie noch heute sehen. Russlands Probleme mit Armenien, Georgien, Aserbaidschan, Abchasien, Tschetschenien, Tscherkessien, Kirgisien, Inguschetien, Ossetien, Tschuwaschien, Mordowien, Kabardino-Balkarien, Burjatien – alles ein 450 Jahre altes Erbe der Feldzüge Iwans IV. Das hat bis heute kein Tschetschene vergessen.

Durch den neuen Reichtum, die eroberten Länder und Iwans Macht gilt im Westen das neue, große Russland endlich nicht mehr als ein Land, in dem Kannibalen und schreckliche Tiere hausten, sondern als ein Land, in dem nur schreckliche Tiere hausten. Iwan der Schreckliche führt sogar einen regen Briefwechsel mit Elisabeth von England und denkt sogar darüber nach, Elisabeth zur Frau zu nehmen. Der Plan scheitert, aus verständlichen Gründen. Oder würden Sie gerne nach Ihrer Hochzeit Elisabeth die Schreckliche heißen?

Andererseits ist auch Elisabeth nur bedingt begehrenswert: Zu ihrer Zeit gilt der teure Zucker als Statussymbol – und wer es sich leisten kann, isst Zucker, bis die Zähne schwarz sind. Ärmere Leute färben sich sogar die Zähne schwarz, um wohlhabend zu erscheinen. Elisabeth hatte das nicht nötig, ihr faulten die Zähne also auf natürlichem Weg ab. Damit Sie auch morgen noch kraftlos zubeißen können!

Zurück zum Iwan: Der erfindet die Truppenparaden vor dem Kreml – die es bis heute noch gibt! Nach jedem Sieg zieht er mit seiner Krone durch Moskau und lässt sich feiern, einmal verurteilt er dabei einen Elefanten zum Tode, weil dieser nicht vor ihm niederknien will – der Elefantenführer immerhin wird begnadigt. So milde ist Iwan nicht immer. Nachdem innerhalb von sieben Jahren seine Frau und sein Sohn gestorben waren, beginnt Iwans «dunkle Periode». Jetzt geht es richtig rund: Seinen besten Freund verdächtigt er, seine Frau vergiftet zu haben, und lässt dessen gesamte Familie ermorden. In den nächsten Jahren erfindet Iwan der Schreckliche die Spaßgesellschaft: Er hat einen Mordsspaß daran, Tausende Untertanen zum Tode zu verurteilen, wobei es ihm besonderes Vergnügen bereitet, eigene Foltermethoden zu ersinnen und dem Todeskampf der Opfer zuzuschauen. Anschließend schickt der gute Iwan freilich Listen mit ihren Namen in die Klöster, damit für ihre Seelen gebetet werde. Mildtätig!

Ende 1564 hat Iwan die Schnauze voll. Er steigt vom Thron, weil er sich von Untreue und Verrat umgeben fühlt, verlässt Moskau und zieht aufs Land. Nun plötzlich fühlt sich das Volk verlassen, da es keine Autorität mehr gibt, dem es vertrauen kann. Sie wollen ihren Zaren wiederhaben, sei er auch noch so grausam! Komisches Völkchen, die Russen, die sich so schnell an die «Politik der harten Hand» gewöhnen.

Unter zwei Bedingungen ist Iwan bereit, als Zar nach Moskau zurückzukehren. Erstens will er mit allen, die er für Verräter hält, nach seinem Willen verfahren. Die zweite Bedingung ist eine vollkommene Umgestaltung des russischen Staates, eine sogenannte «Perestrojka». Beides wird bewilligt, und Iwan kehrt zurück nach Moskau. Da wird es jetzt richtig ungemütlich: Iwan beginnt mit der Umgestaltung Russlands. Er bildet eine Art Geheimpolizei, die Opritschniki, die wild durchs Land stürmen und die Menschen terrorisieren. In schwarzen Kleidern reiten sie auf schwarzen Pferden, von den Sätteln baumeln Hundeköpfe. Annähernd acht Jahre hindurch wüten die Opritschniki durch das Land. Früher hatte Iwan stets Listen seiner Opfer angefertigt, nun aber werden so viele Menschen umgebracht, dass Iwan die Übersicht verliert und erzürnt seine Listen wegschmeißt.

Nicht nur Einzelpersonen bekommen seinen Zorn zu spüren, sondern auch ganze Städte wie zum Beispiel das widersetzliche Nowgorod. Dort ordnet Iwan ein Massaker an, welches sechs Wochen dauerte. 18 000 Menschen werden verstümmelt oder auf öffentlichen Plätzen zu Tode geröstet, andere in den Fluss geworfen und unter die Eisdecke gedrückt werden. Auch höchstpersönlich legte Iwan gerne Hand an. Seinen Schatzmeister verbrüht er in heißem Wasser, einen Hofnarren durchbohrt er spontan mit seinem Schwert, als dieser schreit, nur weil Iwan ihm heiße Suppe über den Kopf schüttet.

Im November 1581 erschlägt er nach einem Streit im Jähzorn seinen eigenen Sohn Iwan Iwanowitsch, der eigentlich ganz nach Papas Geschmack war, weil er seinerseits Lust am Quälen und Töten hatte.

Aber dieser Mord am eigenen Sohn setzt Iwan dann doch sehr zu. Ab diesem Zeitpunkt trägt Iwan nie mehr die Krone. Er zieht sich zurück, beschäftigt sich mit alten Pergamenten und mit Steinen, die man noch heute im Kreml bestaunen kann. In diesen letzten Lebensjahren, meinen einige russische Historiker, war Iwan nicht mehr ganz bei Sinnen – aber wenn Sie mich fragen, irren diese Historiker: Meiner unmaßgeblichen Meinung nach war Iwan sein ganzes Leben nicht ganz bei Sinnen!

Nachts besucht er seine Reichtümer in der Schatzkammer, wandert heulend durch den Palast, sucht Trost bei Hexen und Zauberern. Er fühlt sich verfolgt von den Seelen seiner Opfer und glaubt, das Datum seines Todes von einem Sterndeuter erfahren zu haben: den 18. März 1584! Um kein Risiko einzugehen, zieht sich der Zar am Abend des 18. März 1584 alleine ins Schlossverlies zurück und löst Schachprobleme. Kurz vor Mitternacht finden ihn seine Diener, zusammengesackt am Schachbrett: Iwan der Schreckliche ist tot.

Und jetzt nochmal zum Anfang. Wo genau soll an «Iwan dem Schrecklichen» der Übersetzungsfehler sein? Wobei man zur Ehrenrettung Iwans vielleicht sagen muss, dass er Russland erst zu einem zusammenhängenden Staat gemacht hat. Er hat das Land nach Westen geöffnet und den Buchdruck eingeführt. Im Übrigen waren seine Widersacher auch nicht gerade zimperlich. Dennoch: Untertanen röstet man einfach nicht!

Viele spätere Herrscher haben sich übrigens auf Iwan den Schrecklichen berufen, zum Beispiel Josef Stalin (→ Die Russische Revolution), der das Leben Iwans von dem Regisseur Sergei Eisenstein verfilmen ließ. Für den ersten Teil, die «Hellen Jahre», bekam Eisenstein den Stalin-Preis. Der zweite Teil, die «Dunklen Jahre», wurde sofort verboten. Stalin, quasi Josef der Schreckliche, sah sich nämlich selbst porträtiert.

Iwans Schrecken wirken bis heute nach – so nennt man ja die Russen oft verallgemeinernd «den Iwan». Wobei man damit den Russen echt unrecht tut! Es gibt nämlich auch total nette Russen: Zum Beispiel, ähh, zum Beispiel, hm, lassen Sie mich nachdenken … Moment … Anna Kournikova!?

William Shakespeare
Härter als Counterstrike

William Shakespeare – der Mario Barth des frühen 17. Jahrhunderts! Er war populär, füllte die Arenen bis auf den letzten Platz, kannte sein Publikum und wurde dafür geliebt – vor allem für seine lustigen Beziehungskisten, in denen zum Beispiel widerspenstige Frauen gezähmt werden. Dass Männer und Frauen verschiedene Sprachen sprechen, sich nicht verstehen und dauernd aneinander vorbeireden, das ist nicht nur Mario Barths Erfolgsgeheimnis, sondern auch das von Shakespeares oft unglaublich komischen Dramen.

Popularität rief damals natürlich schon, wie heute bei Mario Barth, immer auch Neider auf den Plan: Der Dichterkollege Robert Greene (der übrigens stockbesoffen an einem Salzhering erstickte) bezeichnete den Nicht-Akademiker Shakespeare als «Emporkömmlings-Krähe, die sich mit fremden Federn schmückt». Multitalent Samuel Pepys erklärte etwas später den «Sommernachtstraum» für das «erbärmlichste und lächerlichste Stück, das ich je in meinem Leben gesehen habe», und → Friedrich der Große fand 1781 Shakespeare «abscheulich» und seine Stücke höchstens würdig, dass sie «vor den Wilden in Canada» aufgeführt werden. Mitleid bekommt man geschenkt – Neid muss man sich erarbeiten.

Wir wissen von Shakespeares Leben so gut wie nichts (von Mario Barths wahrem Leben übrigens auch nicht): Es gibt zwar ein Porträt, bei dem aber unsicher ist, ob es wirklich Shakespeare darstellt.

Eigenhändig von Shakespeare geschriebene Worte gibt es nur vierzehn Stück, in seinem Testament. Darin hinterlässt er seiner Frau sein «zweitbestes Bett». Wer das beste Bett bekam – keine Ahnung. Der künstlerische Nachlass besteht in einer Sammlung seiner Theaterstücke, die nach Shakespeares Tod von zwei Kollegen herausgegeben wurde (die sogenannte «erste Folio-Ausgabe». Folio hieß das Format, heute würde man «DIN-A3-Ausgabe» sagen).

William Shakespeare – das einzige erhaltene Porträt

Um diesem Mangel an biographischen Daten abzuhelfen, macht sich das amerikanische Lehrerehepaar Charles und Hulda Wallace 1906 auf die Reise nach London, um Dokumente aus den Jahren 1564 bis 1616, Shakespeares Lebenszeit, zu durchforsten. Neun Jahre lang wälzen sie Tag für Tag insgesamt über fünf Millionen Dokumente und alte Handschriften auf der Suche nach irgendwelchen Fitzelchen aus Shakespeares Leben – völlig irre! Angenommen, die beiden haben in den neun Jahren nicht eine Minute geschlafen und vierundzwanzig Stunden am Tag ohne Pause gearbeitet – so hatten sie pro Papier etwa zwei Minuten Zeit.

Aber: Sie hatten Erfolg, zumindest ein klein bisschen – sie finden ein Dokument über einen Rechtsstreit, bei dem Shakespeare als Zeuge vorgeladen war und aussagte, er könne sich an nichts erinnern. Außerdem eine Unterschrift: «WLLM SHKSP». Ein bisschen dünne für neun Jahre Schufterei. Frustriert gehen die Wallaces in die USA zurück, wo Charles beginnt, illegal nach Öl zu bohren. Dabei hat er mehr Glück: Nach drei Jahren stößt er auf eine Ölquelle, wird steinreich und zeigt der Wissenschaft den Stinkefinger.

Was bleibt, sind also Shakespeares Texte: sechsunddreißig Theaterstücke, fünf Versepen und 154 Sonette. Aber was soll an Shakespeare eigentlich so toll und aktuell sein? Haben Sie sich in der Schule nicht auch durch «Macbeth» gequält? Überkommt Sie auch immer so ein Gefühl der Fremdscham, wenn Sie daran denken, dass Hamlet heute in Lederjacke mit dem Motorrad auf die Bühne fährt? Na, da müssen wir Abhilfe schaffen – denn eigentlich ist Shakespeare ziemlich cool. Gut, das sagen alle (außer Friedrich dem Großen), weil sich heutzutage keiner traut zu sagen: «Shakespeare ist Grütze!» – aber vielleicht ist Shakespeare ja auch eben gar keine Grütze. Mal schauen.

Im England des 16. Jahrhunderts glaubt man noch, die Erde sei der Mittelpunkt der Welt. Jedes Wesen vom höchsten Engel bis zum unbelebten Stein sei in eine lange Kette des Seins gebunden (der *chain of being*). Oben Engel, Sonne, Himmel. Unten Gewürm, Erde, Stein und Naddel. Genau in der Mitte der Mensch. → Kopernikus hatte zwar schon rausgefunden, dass die Erde sich um die Sonne dreht und nicht umgekehrt, aber es gab noch kein CNN, das solche Nachrichten blitzschnell verbreitet hätte – also glaubt Shakespeare noch an das ptolemäische Weltbild. Aber das war schon ziemlich wackelig.

Durch die Entdeckungen von Kolumbus und Magellan war die angebliche Kette des Seins im 16. Jahrhundert ordentlich durcheinandergeraten, stellenweise auch brüchig geworden. Neues war hinzugekommen, neue Länder, Völker, Tabak, Rhinozerosse, Nasenbären und Kannibalen. Das hat Effekte auf das Verhältnis der Menschen zur Welt, aber auch auf das Verhältnis der Menschen untereinander. Bereits die kleinste ungünstige Sternenkonstellation reicht nun aus, und die Elemente beginnen zu tanzen, die Welt gerät aus den Fugen.

Um diesen Tanz der Elemente in einer brüchigen Weltordnung geht es in jedem Stück von Shakespeare – und zwar auf zwei verschiedene Arten: Man kann darüber weinen – oder man kann darüber lachen. Shakespeare hat beides parat: Er schreibt Komödien, aber auch Tragödien, in seinen Stücken gibt es genauso viele Narren wie Könige. Aber die Könige verhalten sich oft ziemlich närrisch – und die Narren sind oft ziemlich weise. Und in diesem Spannungsfeld, dem Tanz der Widersprüche, bewegen sich die Dramen Shakespeares.

Macht gegen Moral, Treue gegen Verrat, Pflicht gegen Neigung, Beständigkeit gegen Flatterhaftigkeit, Ordnung gegen Chaos, Vorsehung gegen Zufall, Liebe gegen Wollust, Gier gegen Gewissen! All das wird zwar am Ende harmonisch aufgelöst (weil die Königin es wollte!) und bleibt dann als fragile Ordnung bestehen. Aber irgendwie spürt man ganz oft, dass das *happy ending* nicht lange halten wird. Nichts ist so, wie es scheint, es bleibt spannend, zumindest im Theater.

Während mit der → Reformation und der Überwindung des katholischen Mittelalters im 16. Jahrhundert auch die Mystik und das Geheimnisvolle aus der Welt verdrängt wurden, feiern sie in Shakespeares Kunst eine Wiederauferstehung: Viele seiner Dramen sind von dunklen Hexen, geheimnisvollen Elfen und neckischen Trollen bevölkert. Und was soll mir das Ganze?

Tja, ein König wie Friedrich der Große konnte offensichtlich nichts mit Shakespeare anfangen. Im Zeitalter der → Aufklärung (und da war Friedrich zu Hause) konnte man mit Widersprüchen und Paradoxien nicht viel anfangen. Erst in der → Romantik wurde Shakespeare wieder ein Blockbuster. Und weil die deutsche Romantik besonders romantisch war, hat man in Deutschland Shakespeare heißer geliebt als irgendwo anders außerhalb Englands.

So – wir leben im 21. Jahrhundert. Wie sieht's denn heute mit uns aus? Das menschliche Erbgut ist entschlüsselt. Man bekommt in Sekundenschnelle getwittert, was in Papua-Neuguinea gerade so abgeht. Man weiß, wie Britney Spears ungeschminkt aussieht (nicht so dolle). Viele Geheimnisse bleiben da nicht mehr. Dennoch sind andere Menschen uns ein Rätsel: Irgendwo in Pakistan und Afghanistan sitzen übelgelaunte islamische Extremisten, die keinen Starbucks-Kaffee mögen (→ 11. September 2001). Die Bundeskanzlerin macht auf Mona Lisa, lächelt geheimnisvoll und weiß mehr, als sie zugibt (→ Machiavelli). Selbst die eigene Frau will am Samstagabend lieber «DSDS» als «Wetten, dass ...?» gucken. Verrückt!

Auch wir bewegen uns in einer Welt, in der nahezu alles offen zutage liegt, in der wir aber trotzdem vieles nicht verstehen. Zwischen Ordnung und Chaos versuchen wir, unser Leben zu steuern, irgendwo zwischen lächerlich und weinerlich. Der Mensch ist ein «schwindlichtes Geschöpf», schreibt Shakespeare in «Viel Lärm um nichts».

Shakespeares Dramen können Erklärungen und Beispiele für das menschliche Verhalten und Fühlen bieten. Man kann hineingucken wie in einen Spiegel, und sie können helfen, die eigenen, privaten Siege und Niederlagen, die persönlichen Dramen, Lächerlichkeiten, Krisen und Triumphe zu verstehen. Manche Menschen haben dafür die Religion, manche die Esoterik, manche «World of Warcraft» und manche ihren Katzenblog – Shakespeare ist da nicht die schlechteste Wahl, wenn man verstehen will, warum die Welt immer so ein Chaos ist – und warum das manchmal gar nicht so tragisch ist:

Ein verwirrter Bote vertauscht die Briefe und stiftet erst so eine Ehe («Viel Lärm um nichts») – Chaos produziert Ordnung! Crazy!

Ein zuerst guter Feldherr sorgt für Ordnung im Land, besiegt die Rebellen, wird dann selber König und richtet ein Blutbad nach dem anderen an («Macbeth») – Ordnung produziert Chaos! Auch crazy!

Irgendwie gleicht sich das fast schon wieder aus. Shakespeare bewahrt vor beidem: vor Mutlosigkeit im Chaos und vor Übermut, wenn alles in Ordnung scheint. Meine Frau ruft gerade rein, ich soll keinesfalls vergessen, dass Shakespeares Sonette zu den schönsten Liebesgedichten gehören, die je geschrieben wurden. Na gut, hier steht's jetzt, sonst gibt's nachher wieder Ärger. Und sie hat ja auch recht!

Aber kein Mensch will auf Dauer Mr Nice Guy – und Shakespeare konnte auch anders: Waren Sie schon mal freitagnachts auf dem

Spielplatz im Stadtpark? Da, wo die Jungs Dosenbier schießen, verdächtige Kräuter rauchen, die Parkbank mit Edding bekritzeln und sich gegenseitig beschimpfen, so mit «Ey, du Opfer, deine Mutter klaut Freibier!» oder ähnlich? Das ist alles Kindergarten im Vergleich zum Titelhelden in Shakespeares «Titus Andronicus»! Der droht nämlich der gegnerischen Gang mit Sätzen wie: «Ey! Ich nehm deine Knochen und mach Mehl draus. Mit deinem Blut knete ich einen Teig und backe deinen Kopf darin! Und dann zwinge ich deine Mutter, das Gebäck zu essen!» Der Knaller: Sie isst es auch! Das ist echter Punkrock! «Counterstrike» wollen sie verbieten – aber «Titus Andronicus» soll ins Bücherregal. Verrückte Welt.

Ach, noch was: Haben Sie sich schon mal gefragt, warum angloamerikanische Sitcoms, Serien und Filme oft so leicht, lustig und originell sind? Und in Deutschland wirkt das alles so bieder, vor allem, wenn die Originalformate adaptiert werden?

In England begann mit Shakespeares Erfolg im 16. Jahrhundert eine große Geschichte eigenständiger Theater, mit allem, was dazugehört: der Ausbildung und Förderung von Autoren und Schauspielern, von Bühnentechnik, und auch mit der Bildung eines geschmackssicheren Publikums, das nicht jeden Dreck schluckt und Qualität zu würdigen weiß. Während Deutschland im → Dreißigjährigen Krieg dem Untergang entgegentaumelt, hat England die Möglichkeit, seine Theaterkultur zu pflegen. Die Puritaner verbieten zwar 1642 das elisabethanische Theater, die «Kathedralen des Satans» – aber das führt nur dazu, dass das Publikum die Kunst richtig zu schätzen lernt. Diese Entwicklungen sind in Deutschland ersatzlos gestrichen, und seither sind uns die englischen Theater-, Fernseh- und Showleute immer eine Nasenlänge voraus. Hamlet zum Beispiel warnt in einem Monolog die Komödianten, auf Englisch *comedians,* davor, über ihre eigenen Witze zu lachen – eine Regel, die viele deutsche Comedians heute nicht befolgen. Und Sie verstehen schon – der Vergleich von Shakespeare mit Mario Barth zu Beginn des Kapitels war natürlich nicht ganz ernst gemeint. Denn der lacht andauernd über seine eigenen Witze. Der Weg ist noch weit.

Barock

Dekadente Schweinerei!

»Barocke Rubensfrau sucht Mann fürs Leben», wenn Sie so eine Kontaktanzeige lesen: Finger weg! Die Dame ist recht beleibt und von fülliger Statur. Vielleicht ist sie sogar so fett, dass Ihre Freunde vom Stammtisch behaupten würden, ihr Hintern brauche eine eigene Postleitzahl. Also seien Sie gewarnt – es sei denn, Sie stehen auf Dicke, denen wird ja auch eine gewisse Sinnenfreude und Lebenslust nachgesagt. Und schon sind wir mitten im Thema!

Wein formte diesen wunderschönen Körper

Das Barock ist so eine Art übergeschnappte → Renaissance: Den Rückgriff auf die schönen Vorbilder der klassischen Antike haben beide gemeinsam. Dazwischen lag aber die → Reformation, die ja gegen Prunksucht und Verschwendungssucht angegangen war – und wer durchgehalten hatte und katholisch geblieben war, sagte sich: Jetzt hauen wir aber richtig auf die Pauke! Je fetter und prunkvoller wir daherkommen, desto eher lassen sich vielleicht abtrünnige Gläubige zurückgewinnen!

Ab sofort also voll im Trend: Schnörkel, Schnickschnack, Schnuckelchen. In der Architektur setzt man auf jedes Türmchen noch ein Kügelchen, statt einer Geraden baut man geschwungene Bögen, unter jedem Erker steht ein Riese namens Atlas, der den Erker (und damit die ganze Welt) trägt, und, tja, bei Frauen sind eben Kurven angesagt, man ist ja schließlich keine protestantische Asketen-Trine! Ohne Spaß kein Fun!

Das Barock ist also die Kunstform der Gegenreformation und zunächst ziemlich katholisch – deshalb sind in Deutschland auch die meisten Barockkirchen im Süden zu finden. Auch der Petersdom in Rom wurde von einer Renaissance- zu einer Barockkirche, weil es so lange dauerte, ihn zu bauen. In der weltlichen Kunst ist das Barock die angemessene Form für die Selbstverherrlichung absolutistischer Fürsten (→ Ludwig XIV. und die höfische Gesellschaft). Denn: Was nützt einem die ganze tolle Macht, wenn keiner sie sieht? Sehen, um zu glauben – auch das eine ziemlich katholische Angelegenheit. Feuerwerk! Früchtekorb! Fasanenjagd!

Das Wort «Barock», nur der Vollständigkeit halber, kommt übrigens vom portugiesischen Wort *barocco* und bezeichnet eine unregelmäßig geformte Perle.

Aber Moment mal, heißt das jetzt, man kann im Barock saufen, fressen und mit Frauen rummachen, bis der Arzt kommt? Ja, nee, jetzt kommt der Haken. Leider. Die Antike war ja dummerweise heidnisch. Das heißt also, dass man in die ganze gottlose Antikenprasserei immer noch was Christliches einbauen muss, um nicht als Heide dazustehen, wenigstens was Klitzekleines. Und da kommt einem schnell die Idee, auf die Vergänglichkeit der ganzen Pracht hinzuweisen. Jetzt einen auf dicke Hose machen – aber bald ist man nur noch Staub und Knochen. Jetzt kaufen – später zahlen! Für Arme gilt übrigens das Umgekehrte: Jetzt armer Tropf – aber im Himmel der King!

Diesseits gegen Jenseits – das ist der bestimmende Gegensatz der Epoche. Auf jedem Früchte-Stillleben nagt eine kleine Raupe oder ein Käfer schon am Obst und erinnert daran, dass die Pracht bald verrottet.

Herr Ober, auf meiner Melone sitzt eine Fliege!

«Itzt lacht das Glück uns an / bald donnern die Beschwerden», dichtet Andreas Gryphius in der berühmten Schülerfolter «Es ist alles eitel». Thematisch leuchtet das ein, aber Gryphius ist auch deshalb so ein cooler Vogel, weil er diese Gegensätzlichkeit nicht nur thematisch, sondern auch im Versmaß wiederholt: Auf eine Senkung folgt eine Hebung, auf Leben folgt Tod. Das Versmaß nennt sich Jambus – und wirklich neu daran ist die Idee, dass sich die Betonung der natürlichen Sprache anpassen soll. Diesen Geistesblitz haben wir einem Mann namens Martin Opitz zu verdanken. Bisher wurde nämlich geknittelt, was das Zeug hält – ein bisschen so wie heute wieder in schlechter Hip-Hop-Musik.

Mitten im Gryphius-Vers ist ja eine kleine Pause (eine Zäsur): Nämlich hinter «Itzt lacht das Glück uns an». Nach der Zäsur geht's dann ums Thema «Unglück». Die inhaltliche Gegensätzlichkeit spiegelt sich also in der Form wider und ist übrigens auch im Reimschema (A-B-B-A) und im Gesamtaufbau des Gedichts zu finden. Die angesagte Gedichtform des Barock nennt sich Sonett, und das dazugehörige Versmaß – ein sechshebiger Jambus mit Mittelzäsur – nennt sich Alexandriner. Wer im 17. Jahrhundert in die Charts wollte, kam am Sonett nicht vorbei!

Kleine Zwischenbemerkung: Was beim Barock echt nervt, ist die ständige Wiederholung. Ein toller Hecht ist nicht derjenige, der besonders originell an eine Sache herangeht, sondern derjenige, der das vorherrschende Ideal am besten ausfüllt. Das führt dazu, dass man immer noch einen und noch einen Wortschnörkel draufsetzt, ohne an der Bedeutung was zu verändern: Hochwohlgeborener, edler Herr! Milder Friedensfürst, sanftmütiger Hirte, erhabener Gönner und spendabler Wohltäter! Und so weiter und so fort. Das wird im Spätbarock immer überladener und verknoteter, bis im 18. Jahrhundert, in der → Aufklärung, genauer im Sturm und Drang, der Knoten durchgehauen wird: Ab da ist Originalität gefragt! Die Idee des Genies wird geboren! → Goethe (als der Superstar dieser Zeit) hat also seinen guten Ruf nicht nur seinem Genie, sondern zu einem Teil auch der Zeit zu verdanken, in die er hineingeboren wird! Und er hat zum Barock eine deutliche Meinung: «Getret'ner Quark wird breit, nicht stark.» Comprende?

In der Prosa rockt der Schelmenroman das Haus. Der wird in Spanien erfunden, als konvertierte Juden während der Reconquista (→ Karl V.) auf der Flucht vor der Heiligen Inquisition sind. Die Schelme haben zwar Spaß an der Renaissance, müssen aber tagtäglich um ihr Leben fürchten und flüchten sich in Galgenhumor. Etwas später entdeckt Deutschland diese Romanform mit Grimmelshausens «Simplicissimus». Dessen Hauptfigur pendelt auch zwischen den Gegensätzen Diesseits und Jenseits, zwischen Lebensgier und Todesbangen.

Zum Glück ist der «Simplicissimus» zu lang, um sich als Eins-a-Schülerfolter zu eignen. Ist aber eigentlich ein toller Roman! Erinnern Sie sich noch an → Machiavelli? Der hat gesagt, dass ein Fürst lügen und betrügen *muss*, wenn es der Allgemeinheit dient. Der Simplicissimus sagt sich: Pff, was mir dient, dient auch der Allgemeinheit, also kann auch ich lügen, betrügen und stehlen. Und fortan gehört jeder unbeaufsichtigte Hähnchenschenkel ihm! Wie gesagt, das Barock ist eine Art übergeschnappte Renaissance. Das Dufte am «Simplicissimus» ist: Unter dem Deckmäntelchen der Moral werden lustvoll die abscheulichsten Verbrechen und obszönsten Zweideutigkeiten geschildert. Prima! Das ist im Grunde wie bei den oben erwähnten Früchte-Stillleben: Die Fliege ist quasi das Deckmäntelchen, unter dessen Schutz man den größten Prunk und die dekadenteste Schweinerei darstellen kann.

Diese Entwicklung – die Aushöhlung der moralischen Standards zugunsten von Prunk, Repräsentation und skrupellosem Streben nach dem eigenen Vorteil – führt direkt erst in den → Dreißigjährigen Krieg und anschließend in die höfische Gesellschaft mit ihren intriganten Galanen und Hofschranzen. Let's roll!

Der Dreißigjährige Krieg

Winterkönig, Wallenstein, Westfälischer Frieden

Fortuna ist eine echt bescheuerte Göttin. Aus ihrem berühmten Füllhorn verschenkt sie zwar das Glück, aber leider kommt die Ausschüttung ziemlich unregelmäßig. Die wankelmütige Göttin steht auf einer Kugel, von der nicht mal der Ziehungsbeamte weiß, wohin sie als Nächstes rollt. «Fortuna» heißt eben nicht nur «Glück», sondern auch «Schicksal».

Und wenn sie nicht gerade auf ihrer Kugel rumturnt, dann dreht Fortuna munter am Glücksrad – und ihr Symbol ist der Mond, der mal voll, mal halb und mal gar nicht da ist. Unzuverlässiges Biest! Alles ist unsicher, nur eins steht fest: Fortuna ist DIE Göttin des 17. Jahrhunderts!

Die Ideen unseres Freundes → Machiavelli haben sich nämlich durchgesetzt. Jeder richtet sein Fähnchen nach den Winden des Schicksals und ergreift das Glück beim Schopfe – wenn er es denn zu packen kriegt. Manchmal klappt's, meistens nicht. Im Dreißigjährigen Krieg (1618–1648) spielt Fortuna eine, wenn nicht die entscheidende Rolle.

Und weil das alles so verworren war, wer jetzt auf wessen Seite wann gegen wen kämpfte – und sich die Winde des Schicksals, die Mäntelchen im Wind und die Fähnchen im Sturm ständig drehten, soll hier beispielhaft die Geschichte von zwei Männern erzählt werden, mit denen Fortuna damals Katz und Maus spielte: der protestantische König Friedrich V. und der katholische General Wallenstein. Beide sind sowohl Agenten als auch Opfer der barocken Fortuna.

Fangen wir mit einem Unglücksvogel an. Friedrich V. ist Kurfürst von der Pfalz und im Nebenberuf Protestant. Sein Traum: Er will König von Böhmen werden! Das findet der bisherige König von Böhmen, Matthias (Katholik), natürlich nur so mitteldufte. Als Matthias aber zum deutschen Kaiser gewählt wird, ist der Job in Böhmen eigentlich frei. Der neue Kaiser ernennt allerdings nicht Friedrich, sondern seinen katholischen Cousin Ferdinand zum Nachfolger in Prag. Die Protestanten in Böhmen aber stampfen mit dem Fuß auf und randalieren gegen Ferdinand. Kein Wunder, denn Ferdinands Motto lautet: *Lieber eine Wüste regieren als ein Land voller Ketzer!* Darauf reagieren die Protestanten recht rustikal: Sie schmeißen 1618 zwei Katholiken aus dem Fenster der Prager Burg. Bei diesem berühmten «Prager Fenstersturz» landen die beiden glücklicherweise auf einem Misthaufen. Warum direkt unter dem Schloss des böhmischen Königs ein stinkender Misthaufen lag, wäre aber auch mal interessant zu erfahren. Müsste es da nicht eher nach Prager Saftschinken und Pilsener Bier riechen?

Dann aber dreht sich das Glücksrad: Kaiser Matthias stirbt unerwartet, die Protestanten wittern Morgenluft, schicken König Ferdinand die Kündigung und krönen Friedrich zu ihrem neuen König. Friedrichs Traum wird wahr.

Juhuu! Oder? Zeitgenossen nennen Friedrich spöttisch den «Winterkönig», weil sie nicht glauben, dass er sich länger als einen Winter hält. Der Erzbischof von Köln unkt:

> Sollte es so sein, dass die Böhmen im Begriffe ständen, Ferdinand abzusetzen und einen Gegenkönig zu wählen, so möge

man sich nur gleich auf einen zwanzig-, dreißig- oder vierzigjährigen Krieg gefasst machen!

Ein weises Wort. Genau in der Mitte wird sich die Sache einpendeln – für Friedrich ist die Party tatsächlich schon nach einem Winter vorbei, denn es passiert etwas extrem Ungünstiges: Jetzt wird nämlich erst mal Matthias' Nachfolger als deutscher Kaiser gewählt – und es gewinnt: der eben vom böhmischen Thron geschubste Ferdinand! Oh-oh, würde Tinky-Winky sagen. Fortuna, die blöde Kuh: Man sieht sich eben immer zweimal.

Ferdinand fackelt nicht lange und haut Friedrichs Protestanten in der «Schlacht am Weißen Berge» zu Klump und Asche. Friedrich muss nach Holland fliehen und verliert nicht nur den Titel des böhmischen Königs, sondern auch sein Kurfürstentum in der Pfalz. Kaiser Ferdinand holt sich die böhmische Krone zurück. Friedrich sitzt untätig in Holland rum, isst Poffertjes, lernt schwimmen und jagen. Aber dann greift wieder Fortuna ein! Die Schweden kommen – und die sind Protestanten! Bete, Kindchen, bete – morgen kommt der Schwede! Das ist zwar schlecht gereimt, aber damals in aller Munde, denn die Schweden unter König Gustav Adolf gewinnen eine Schlacht nach der anderen und stehen auf einmal in der Pfalz.

Friedrich setzt sich ins Auto, fährt nach Hause und wird von Gustav Adolf königlich empfangen. Das macht der nicht ohne Grund: Er will Friedrich nämlich nur als Lehensmann einsetzen, selber aber in der Pfalz das Sagen behalten. Friedrich zögert. Leider ein bisschen zu lange, denn Gustav Adolf wird ein paar Wochen später in der Schlacht bei Lützen im Kampf getötet. Schon wieder mal ist Friedrich in den Hintern gekniffen – was diesmal aber nicht lange wehtut. Denn er stirbt vierzehn Tage später an der Pest. Jetzt hat die Qual aber ein Ende – und Fortuna ein Einsehen. Oder?

Leider nicht, das böse Schicksal verfolgt Friedrich noch über den Tod hinaus: Friedrichs Sohn lässt den Sarg seines Vaters während der Flucht vor den Katholiken allzu lange im Freien stehen, der Sommer setzt den sterblichen Überresten des Winterkönigs arg zu, mehrfach fällt der Sarg auf der Flucht vom Wagen, irgendwann gehen schließlich die Knochen einfach verschütt. Nein, Fortuna hat es nicht gut gemeint mit dem armen Friedrich.

Aber wechseln wir mal die Seiten und gucken, was bei den Katholiken so alles passiert. Geschichte zwei beginnt wie die Story eines Glückskindes: Da gibt es einen jungen, protestantischen Edelmann namens Albrecht von Wallenstein, der sich bereits einen Namen als Wirtshausschläger gemacht hat. 1606 fällt er aus einem Fenster (was waren das eigentlich für Fenster damals?) und konvertiert aus Dankbarkeit über seine Rettung zum Katholizismus. Sagt er. Der wahre Grund ist wohl eher der, dass er sich als Katholik eine Karriere bei Kaiser Matthias erhofft. Wie gesagt, jeder hängte sein Fähnchen in den Wind.

1607 erscheint der Halleysche Komet – und Wallenstein beschließt, Fortuna zu zwingen: Er lässt sich vom berühmten Hofastrologen Johannes Kepler (→ Kopernikus) ein Horoskop erstellen, das ihm die Heirat mit einer reichen, wenn auch nicht schönen Witwe voraussagt. Ferner prophezeit das Horoskop für 1618 politische Unruhen und für März 1634 eine ungute Wendung in Wallensteins Leben. Für die Zeit nach März 1634 gibt es keine weiteren Aussagen.

Dieser Kepler ist ein Teufelskerl: 1609 heiratet Wallenstein tatsächlich eine alte Witwe. Das Schönste an der Gruselguste ist ihr immenser Grundbesitz, und dass die Frau ihm einen großen Gefallen tut: Sie stirbt schnell, Wallenstein ist reich.

1617 schleimt sich Wallenstein mit seinem Geld beim neuen König Ferdinand ein und wird Kammerherr. 1618 kommt es, wie im Horoskop vorhergesagt, zu Unruhen (dem oben beschriebenen «Prager Fenstersturz»). Als Ferdinand 1619 dann neuer Kaiser wird, ist für Wallenstein die Zeit zum Handeln gekommen: Er setzt alles auf eine Karte, klaut den Protestanten die Kriegskasse (96 000 Reichstaler), setzt sich damit nach Wien ab und schenkt dem neuen Kaiser seine Beute. Zum Dank wird Wallenstein Militärverwalter in Böhmen, was ihn dazu veranlasst, zwei Drittel des böhmischen Grundbesitzes einzuheimsen, indem er protestantische Rebellengüter beschlagnahmt. Zur Belohnung für diese Großtat bekommt er zwei Millionen Taler, wird Gouverneur und Hofpfalzgraf. Wallenstein wird der Dagobert Duck des Dreißigjährigen Krieges: Mit dem Geld kauft er sich in das Münzprägerecht ein. Dort verursacht er durch Münzen aus schlechtem Metall eine riesige Inflation, sodass sich die Staatsschulden wie von selber verflüchtigen, die Bevölkerung aber rasant verarmt. Zur Belohnung wird Wallenstein Fürst und baut sich im ostböhmischen Jicin eine Art Residenz, in der die Häuser angeordnet sind wie die Sterne in seinem Horoskop. Die Protestanten wollen sich das Elend nicht weiter angucken und holen Hilfe aus Dänemark. Wallenstein setzt dagegen, er rüstet mit eigenem Geld für Ferdinand eine Armee aus und wird dafür 1625 zum Herzog und Generalissimus befördert. Fortuna lacht ihn mächtig an!

Die Schlacht gegen die Dänen gewinnt er und wird dafür zum «General des Ozeans und des Baltischen Meeres» befördert. Außerdem erhält er zur Belohnung das Herzogtum Mecklenburg und vertreibt die bisherigen Herzöge aus dem Land. Damit setzt er sich allerdings über die althergebrachten Konventionen hinweg – und das finden nun die anderen Fürsten in Deutschland gar nicht so berauschend, besonders Kurfürst Maximilian von Bayern beäugt den Emporkömmling misstrauisch. Er engagiert Intriganten, die überall das Gerücht streuen, Wallenstein würde Minister bestechen, wolle die Kirche reformieren, ja, er wolle selbst Kaiser werden! Außerdem sei der Mann ja wohl nichts anderes als ein Ketzer – schließlich glaube er seinem Astrologen mehr als seinem Beichtvater! Und zum ersten Mal macht Fortuna bei Wallenstein Mittagspause.

Der Kaiser ist im Gewissenskonflikt. Er hat Wallenstein ja unendlich viel zu verdanken – aber nach einem weiteren Alleingang Wallensteins ist sogar für den Kaiser das Maß voll: Er setzt den Generalissimus ab.

Alle verlassen den armen Wally, sogar sein Privatastrologe Kepler, den der Ex-Generalissimus dann durch Giovanni Seni ersetzt – einen undurchsichtigen Sterndeuter, der vermutlich Bestechungsgelder vom sinistren General Piccolomini annimmt, um Wallensteins Entschlusskraft mit widersprüchlichen Horoskopen zu schwächen. Wallenstein wird krank – seine Gesichtsfarbe schwankt (so heißt es) zwischen Gelblichgrün und Schwarz. Er hat die Gicht, die Syphilis und eine Art Fleckfieber. Nur mit einem Gallenstein wollte Wallenstein uns nicht zu Gefallen sein – schade, wär ein schöner Reim geworden!

Dann aber kommt Fortuna wieder ins Spiel, als die Schweden unter Gustav Adolf («der Löw' aus Mitternacht») den Protestanten zu Hilfe eilen und Europa verwüsten. Kaiser Ferdinand ist in höchster Not – Wallenstein wird reaktiviert! In der Schlacht bei Lützen wird zwar Gustav Adolf getötet, den entscheidenden Sieg gegen die Schweden kann Wallenstein aber nicht erringen. Aus Zorn darüber verurteilt er siebzehn eigene Soldaten zum Tode und lässt das Urteil vollstrecken, ohne den Männern die Möglichkeit zu geben, wie sonst üblich, den Kaiser um Gnade zu bitten. Damit erhebt er sich zum Herrn über Leben und Tod – ein Affront gegen den Kaiser. Aber vom Donner hinter den Kulissen kriegt er nichts mit, weil Seni und Syphilis ihm die Sinne vernebeln.

Als Wallensteins Truppen nach der Schlacht dann auch noch marodierend durch Freundesland ziehen, will der Kaiser sie anderweitig beschäftigen. Die Soldaten sind aber Wallensteins größtes Kapital, er will den Jungs lieber ein bisschen Spaß gönnen und sie behalten. Wally fühlt sich unbesiegbar – aber im Hintergrund zieht General Piccolomini die Fäden. Er unterstellt Wallenstein Befehlsverweigerung und militärische Unfähigkeit, kann ihm aber nichts anhaben. Zu Fall bringen ihn erst seine eigenen Soldaten, und das auch noch unfreiwillig, ganz schön dämlich: Im Suff legen sie einen schriftlichen Treueschwur auf Wallenstein ab (das «Pilsener Revers»), bei dem sie aber vor lauter Pils-Sauferei vergessen, zunächst dem Kaiser und dann erst Wallenstein ihre Treue zu versichern. Das gilt als Hochverrat!

Wallenstein flieht, wird in Eger (auf Tschechisch heute Cheb) von feindlichen Häschern gestellt und erstochen – am 25. Februar 1634. Wallensteins Astrologe Kepler hatte sich Jahrzehnte zuvor also um vier Tage verrechnet – der Versager! Aber auf Fortuna ist Verlass: Beständig ist nur der Wandel.

Der Dreißigjährige Krieg geht noch vierzehn Jahre weiter. Viele

Söldnerheere sind am Frieden gar nicht interessiert – sie sind Kriegsunternehmer, Soldaten der Fortuna – und kämpfen für den, der das meiste zahlt. Die Konfession der Soldaten ist längst nicht mehr entscheidend – ihnen ist egal, warum oder gegen wen sie kämpfen –, genauso wurscht, wie Fortuna es ist, über wen sie ihr Füllhorn ausschüttet. Nach dreißig Jahren sind weite Landstriche in Deutschland fast entvölkert, Städte wurden erobert und zerstört, in Magdeburg starben dabei 20 000 Menschen. Nur etwa ein Drittel der Menschen hat überlebt. Einen Sieger kann es in so einer Lage nicht mehr geben. Im Westfälischen Frieden von Münster und Osnabrück beschließen die europäischen Herrscher 1648 eine Amnestie für Kriegsverbrechen. Die Verbrechen waren so groß, dass man alles Aufrechnen sein lässt, «über vergangene Taten soll man nicht sprechen». Man erstellt eine konfessionelle Landkarte und unterzeichnet mit dem Friedensvertrag einen Vorläufer des heutigen Völkerrechts. Damit wurde die Bildung moderner Nationalstaaten (Schweiz, Frankreich, Niederlande) ermöglicht – leider mit Ausnahme Deutschlands (→ Vormärz und Revolution von 1848), das in dem Moment seine führende Rolle in Mitteleuropa an Frankreich verlor.

Nach so viel Hauen und Stechen wird es wieder Zeit, ein bisschen die Füße hochzulegen – wir gehen an den Hof des französischen Königs und schlürfen ein paar Austern!

Ludwig XIV. und die höfische Gesellschaft

Der König macht Pipi

Schade, dass Zinedine Zidane im WM-Finale 2006 bei seinem schmachvollen Abgang den neben ihm stehenden WM-Pokal nicht einfach stumpf umgekickt hat. Aber offenbar hatte er nach der Kopfnuss für Materazzi und der folgenden Roten Karte seine Affekte schon wieder unter Kontrolle. Dabei hätte er mit der Aktion der GRÖFAZ werden können: der Größte Franzose Aller Zeiten! So behält den Titel eben Ludwig XIV. Aber Affektkontrolle – das ist auch am Hofe des «Sonnenkönigs» ein wichtiges Thema!

Sonnenkönig klingt erst einmal dufte, ist aber ein ziemlich anstrengender Job: Wie die Sonne im Zentrum der Planeten (→ Kopernikus), so sitzt der König in der Mitte seines Hofes. Alles dreht sich um ihn – er allein hat das Sagen und gewährleistet Stabilität und Kontinuität in einer chaotischen Welt. Das ist im Großen und Ganzen die Idee des Absolutismus, und nach den Schrecken des → Dreißigjährigen Krieges auch ein durchaus naheliegendes Konzept.

Der Mensch ist dem Menschen ein Wolf – diese Überzeugung vertritt seinerzeit ein Mann namens Thomas Hobbes. Der hat die Idee, dass sich die Bevölkerung freiwillig unter die Knute des Staates begibt, dafür aber im Gegenzug Schutz und Hilfe bekommt. Der Staat, das ist bei Hobbes der «Leviathan» – und so heißt auch sein Buch. Riesenidee, sagt sich Ludwig XIV. und spinnt die Idee weiter: «L'état, c'est moi!» – «Der Staat bin ich!»

Wobei sich der König der Gnade Gottes halbwegs sicher ist, aber bei den Untergebenen, da weiß er nicht so genau. Deshalb hat Ludwig XIV. eine ganz prima Maßnahme: Statt viele Regionalfürsten in der Provinz zu haben, die ihm irgendwann von der Stange gehen könnten, holt er sich nahezu den kompletten Adel an den Hof und hält ihn dort unter seiner Knute schön beschäftigt.

Für so viele Leute braucht er natürlich Platz. Und so entsteht das Schloss von Versailles, das Ludwigs Spaß am Zentralismus sehr schön veranschaulicht. In Deutschland gibt es so was auch, in der Säbener Straße in München, wo der Kaiser Franz regiert: Sämtliche Gebäude, Straßen und Wege laufen sternförmig auf das Zimmer des Königs zu, nur von dort hat man den Überblick. So wie der Park von Versailles ist heute noch ganz Frankreich aufgebaut: Alle Autobahnen laufen auf Paris zu – und in der Mitte sitzt Nicolas Sarkozy mit Carla Bruni und schlürft Champagner.

Zurück nach Versailles: Alles ist bis ins kleinste Detail durchdacht. Der französische Garten mit seinen zurechtgestutzten Hecken, der gebändigten Natur und der Regelmäßigkeit ist ein künstliches Gebilde, das Statik und Dauer symbolisieren soll. Hier wächst und wuchert nichts, die Zeit steht quasi still. In der Idee der Orangerie zeigt sich eine Verknüpfung von Mythologie und Königtum: Im Rückgriff auf die Antike Italiens, wo ja Zitronen und Orangen in rauen Mengen wuchsen, umgibt sich der französische König mit Zitrusfrüchten. Der Grund dafür: Die Dinger sind sauteuer. Man kann es aber auch philosophisch begründen: Orangenbäumchen sind immergrün, und ewiges Grün symbolisiert ewige Herrschaft. Man sieht, Ludwigs Konzept ist gut durchdacht: Selbst das kleinste Orangenbäumchen soll Kontinuität garantieren.

Ein Schloss wie Versailles zu bauen ist natürlich ziemlich teuer. Ludwig mischt sich in die nationale Wirtschaft ein und macht einen auf Merkantilismus, das heißt: Er importiert wenig und exportiert viel. Dazu lässt er Manufakturen gründen und im Akkord französische Wandteppiche, Spiegel und Stühle herstellen, die seitdem die europäischen Antiquitäten- und Flohmärkte fluten.

In Versailles ziehen über 15 000 Menschen ein: der König, die Königin, Prinzen, Herzöge, Fürsten, Marschälle, Minister, der Obervorsteher der Garderobe, der Großfalkner, der Großwolfsjägermeister, der Intendant der königlichen Bäckereien usw. – dazu Schriftsteller, Musiker, Leibgarde und andere Höflinge. Die Hofhaltung ist ein entscheidender Bestandteil der absolutistischen Herrschaft – sie soll den Adel in die strikte Hierarchie zwingen und ihn bei der Stange halten. Wer bei Hofe etwas gelten will, muss Unsummen für Kleidung ausgeben und einen Großteil seiner Zeit auf Bällen, Spaziergängen, Jagden und mit anderem Allotria verbringen. Dieser Zwang zum Prunk ruiniert viele Adelige und bringt sie in noch größere Abhängigkeit vom König. Gut so, sagt sich Ludwig!

Versailles und die höfischen Veranstaltungen sind also nicht etwa Jux und Dollerei zum Privatvergnügen des Königs, sondern ein Mittel der politischen Gestaltung. Jeder strebt nach der Gunst des Königs, und der König gewährt und entzieht diese Gunst, je nach politischer Großwetterlage oder nach Laune, hähä! Dieses Spiel beherrscht Ludwig königlich: Er hält alle schön auf Trab, lässt die Höflinge in Unsicherheit und setzt sie dauerhaft unter Druck. Oftmals weigert er sich, Entscheidungen zu treffen – wer so einen Chef in der Firma hat, weiß, wovon ich rede. Man kann übrigens aus der Geschichte lernen – denn es gibt zwei Arten, auf einen Chef wie Ludwig zu reagieren: den Weg des → Barock (mitspielen) und den → der Aufklärung (kündigen). Wir kommen darauf zurück.

Die Gunstbeweise des Königs sind natürlich oft bares Geld wert – weil das Bedürfnis nach Zuwendungen aber größer ist als des Königs Brieftasche, denkt er sich andere Zückerchen aus: Mit dem König dinieren, spazieren oder Billard spielen sind tolle Belohnungen! Es gilt als Privileg, dem König beim morgendlichen Aufstehen zuzuschauen – und wer ein sogenanntes *billet d'affaires* hat, der darf sogar seiner Sitzung auf dem Topf beiwohnen! Ob anschließend applaudiert wurde, weiß ich allerdings nicht.

Das alles ist nicht ungeschickt: Der König ersetzt echte Privilegien durch eingebildete. Das kostet nicht viel Geld und hält die Mannschaft auf Trab: Beständig kreisen die Sorgen des Adels um solcherlei

Privilegien und den damit verbundenen Rang. Das ist Anlass für Intrigen, Bündnisse, Machtkämpfe und Hinterlistigkeiten – die Figur des Höflings ist geboren.

Eine dieser Hofschranzen ist der Graf von Lauzun. Der hatte mal ein Verhältnis mit der Prinzessin von Monaco, die ihn aber leider wegen eines anderen Mannes verließ. Der König fragt Lauzun nach seiner Meinung über die Prinzessin – und aus gekränktem Stolz nennt er die Prinzessin ein «dickes Kaldaunenweib». Was Lauzun nicht weiß: Der neue Liebhaber der Prinzessin ist – der König. Schluck. Damit hat Lauzun gegen die Höflingsregel Nummer eins verstoßen: Wenn du eine Meinung hast – Klappe halten!

Das Kaldaunenweib bringt ihn daraufhin leider in Festungshaft – aber nur kurz. Als nämlich die Prinzessin beim König in Ungnade fällt, erinnert sich der König der Worte Lauzuns und befreit ihn aus der Bastille. Vorsichtiger wird der Graf aber nicht: Eines Tages ist er scharf auf einen Posten, den der König ihm versprochen hatte. Da der König aber mal wieder Spaß daran hat, die Entscheidung ewig hinauszuzögern, versteckt sich Lauzun einmal während der Mittagsruhe unterm Bett des Königs, um zu belauschen, was der mit seiner Mätresse beredet. Das kleinste Hüsteln hätte ihn verraten können! Er kriegt raus, dass es Essig ist mit dem Posten, und stellt den König anschließend zur Rede. Und obwohl der König sich nicht erklären kann, welcher Teufel Lauzun das gesteckt haben mag, schickt er ihn wieder für ein paar Tage in den Knast. Da der Graf aber offensichtlich ein witziger Vogel ist, verzeiht der König ihm immer wieder. Sehr ungewöhnlich für den Hof, wo das Wichtigste das Einhalten der Etikette und des Protokolls ist: Selbstkontrolle, Disziplin, Tarnen, Täuschen, Beherrschung der Affekte – das sind die wesentlichen Charaktermerkmale eines guten Höflings! Die entsprechende Waffe ist das Florett: fintieren, umgehen, mit zweiter Absicht fechten, keine Blöße zeigen – das Vokabular des Fechtens ist wie gemacht für den Höfling.

Hin und wieder hat ja so ziemlich jeder mal jemanden umzubringen, aber Erdolchen findet man bei Hofe *degoutant*. Es sei denn, der Erdolchte hat die Würde, beim Sterben zu lächeln und sein Blut bei sich zu behalten. Giftmorde dagegen sind an der Tagesordnung und völlig okay, das ist diskret, da fließt kein Blut – der Verstorbene könnte ja auch einem Magengeschwür erlegen sein. Gefühle zeigen, Impulsivität, Spontaneität, Ehrlichkeit und Offenheit – das ist bei Hofe was für Versager und Dorftrottel. Mit diesen Eigenschaften wird noch 300 Jahre später Prinzessin Diana am englischen Hof erst die Queen auf die Palme bringen und schließlich kläglich scheitern.

Noch einen Schlenker zurück zur WM 2006. Zidane hat vom barocken Standpunkt aus natürlich zu Recht die Rote Karte bekommen – nicht, weil er Materazzi umgenietet hat (hinter verschlossenen Türen wäre das völlig in Ordnung gewesen – auch gegen ein verstecktes Foul hat der barocke Höfling nichts einzuwenden), sondern weil er seine Affekte nicht unter Kontrolle hatte und sich hat erwischen lassen.

Mittlerweile neigt sich das Barock recht schnell dem Ende zu. Zwar hockt Ludwig unfassbare zweiundsiebzig Jahre lang auf dem Thron (immer noch Weltrekord), aber mittlerweile hat er alle seine legitimen Kinder überlebt. Der Hof degeneriert, die Hofschranzen werden immer schranziger, das Zeremoniell wird immer starrer, das Protokoll immer lächerlicher: Als der Intendant des Prinzen einmal ein Picknick organisieren soll und die Fischlieferung ausbleibt, stürzt er sich in sein Schwert. Der Fisch kam übrigens dann doch noch, nur eine halbe Stunde nach dem Selbstmord.

Aber gleich nach Ludwigs Tod kippt die Sache: Sein Urenkel, der direkte Nachfolger auf dem Thron, findet keinen Spaß am Hofzeremoniell, die Höflinge machen, was sie wollen – und der in dunklen Hinterzimmern intrigierende, moralisch verderbte und von den Launen des Königs abhängige Höfling wird zur meistgehassten Figur des 18. Jahrhunderts. Barocker Schwulst ist voll out. Damit setzt eine Entwicklung ein, die so folgenschwer ist wie keine zweite in der Geschichte Europas (und später auch Amerikas): die Aufklärung. Weg vom Hof, nichts wie raus! Unabhängigkeit, Vernunft, Licht und Landluft sind Trumpf!

Aufklärung

Ohne Teufelchen kein Engelchen!

Aus der Tiefe des Raums wanzt sich der skrupellose Mr B. an sein hübsches Hausmädchen ran, an die tugendhafte und empfindsame Pamela Andrews. Mr B. ist ein Höfling und will die bürgerliche Unschuld vom Lande verführen. Einfach so, aus Spaß! So wie man das eben macht bei Hofe: mit Berechnung, kaltem Geschick und gefälschten Briefen. Aber an Pamela beißt sich Wüstling Mr B. die Zähne aus – lieber geht sie arm und unglücklich zurück zu ihren Eltern aufs Land, als in Schande zu leben!

Pfff, die dumme Kuh! So was hätte es zu Lebzeiten → Ludwigs XIV. nicht gegeben – Tugend! Gefühl! Aufrichtigkeit! Wo gibt's denn so was?

Das gibt's in Samuel Richardsons Briefroman «Pamela» (1740) – und zwar samt einem neuen Trend, der Aufklärung. Und im Fall der keuschen Pamela ist es gewissermaßen sogar die kleine Schwester der Aufklärung: die Empfindsamkeit. Gefühl, Tugend und natürliche Vernunft sind auf einmal kein Makel mehr, sondern Prädikate, die den Menschen erst zum Menschen machen. Und zwar immer in glasklarer Abgrenzung zum barock-höfischen Leben mit seinen skrupellosen Ränkespielen, miesen Intrigen und seiner kalten Berechnung (haben Sie die «Gefährlichen Liebschaften» gesehen? Ja, genau wie da). Immer weniger Menschen wollen da mitspielen. Kein Wunder – wer es als Privileg empfindet, dem König beim Pinkeln zuzugucken (→ Ludwig XIV.), der kann ja auch nicht mehr alle Murmeln im Regal haben!

Also zieht man aufs Land, zurück zur Natur! Dort ist der Mensch nicht mehr abhängig von den Hofschranzen, vom Adel, den Moden, Zwängen und Obrigkeiten, sondern kann sich seines eigenen Verstandes bedienen. Und hier haben wir gleich zwei Schlagwörter der Epoche: Das eine ist von Jean-Jacques Rousseau und heißt: «Zurück zur Natur!», und das andere ist von Immanuel Kant und heißt: «Sapere aude!», «Trau dich – denk selber!»

Gut, jetzt sitzen also Tausende von vernünftigen Menschen in ihren Landhäusern und räsonieren rum wie Donald Sutherland in «Stolz und Vorurteil». Gibt's auch als Buch von Jane Austen, aber Keira Knightley als Elizabeth Bennet ist schon süß. Wenn nun aber jeder sein Süppchen kocht – wie soll denn *da* ein vernünftiges Staatswesen entstehen? Das fragte sich die Philosophie-Entwicklungsabteilung damals auch schon und entwarf mal ein paar Modelle. In England spielen vier Philosophen in der Champions League:

Thomas Hobbes kennen wir schon (→ Ludwig XIV.). Der sagt: Der Mensch ist schlecht! Deshalb tut er gut daran, sich freiwillig unter die Knute des Staates zu begeben. Das ist aber nicht neu und hat zum Beispiel in Versailles bis jetzt nur so mitteldufte funktioniert.

Der Earl of Shaftesbury behauptet das Gegenteil: Der Mensch ist gut! Und der Weg zum persönlichen Glück führt über emsige Tätigkeit für das Gemeinwohl. Das klingt hübsch – und es ist äußerst bedauerlich, dass diese These falsch ist, denn sonst wäre Straßenkehren ein Massenhobby.

Dass Shaftesbury unrecht hat, findet auch Kandidat Nummer drei, Bernard Mandeville. Der sagt, der Mensch ist schlecht, und das ist gut so! Wie ein Bienenstock, in der sich jede Biene nur um sich selbst kümmert, so aber das Gemeinwohl unterstützt, ermöglicht der Mensch erst durch seine privaten Laster öffentlichen Wohlstand. «Private Vices, Public Benefits» lautet der Untertitel von Mandevilles «Bienenfabel». Also: Völlerei, Gier und Ballerspiele sind super, würde Mandeville sagen – denn sie unterstützen die Industrie und sichern Arbeitsplätze.

Kandi Nummer vier schließlich heißt John Locke – und der drückt sich ein bisschen drumrum, indem er sagt: Der Mensch ist weder schlecht noch gut! Er ist wie ein weißes Blatt Papier, das durch die jeweilige Bearbeitung, also durch persönliche Prägung und Erfahrung, entweder zu einem Stück Schmierpapier oder aber zu einem großen Kunstwerk wird. Durch individuelle Erfahrung muss der Mensch seine Talente ausloten, um schließlich entscheiden zu können, wohin das Pferd reiten soll.

Ha! Individualität! Noch so eine Entdeckung der Aufklärung. Der

«Adel der Seele» ersetzt den «Adel des Bluts» – aber diesen Seelenadel muss sich jeder selbst verdienen: Auf einmal lernen Tausende von jungen Männern, wie toll die eigenen Gefühle sind. Goethe denkt diese Idee konsequent zu Ende, und lässt Werther sich schließlich vor lauter Gefühligkeit am Ende eine Kugel in den Kopf jagen. Noch verrückter geht es in Johann M. Millers «Siegwart» zu, in dem auf gut 1000 Seiten knapp 800-mal geweint wird – das ist öfter als in «Nur die Liebe zählt»!

Aber zurück zum «Werther», einem Text des sogenannten Sturm und Drang, das man sich vorstellen muss wie Aufklärung auf Ecstasy. Werther verstellt sich nicht, er gibt sich ganz seinen Gefühlen hin: Entweder ist er lerchenhochjauchzend oder eben froschlaichtrüb drauf. Im ersten Fall scheint die Sonne, und im zweiten Fall hagelt es ihm in die Suppe. «Herbst ist draußen, Herbst ist in mir», jammerlappt er in Briefen an seinen Freund – und jetzt wird's spannend: Bei Hofe wirkt von außen alles so prunkvoll, aber innen ist alles moralisch verderbt. Gegen diesen Widerspruch von Außen und Innen lehnt sich die Aufklärung auf: «Außen» und «Innen» müssen korrespondieren – draußen Herbst, drinnen Herbst: Dass wir bis heute wie selbstverständlich davon ausgehen, im Film habe es gefälligst zu regnen, wenn der Hauptdarsteller leidet, ist ganz klar ein Produkt der Aufklärung! Was für das Wetter gilt, gilt auch für den Charakter: Ein hübsches Äußeres korrespondiert mit dem hübschen Inneren. Von Heidi Klum, auch wenn sie ihre Kandidatinnen noch so gouvernantenhaft durch «Germany's Next Topmodel» quält, denkt man automatisch: Boah, was ist die nett: Wer so hübsch ist, kann doch kein schlechter Mensch sein! (Na ja, vielleicht

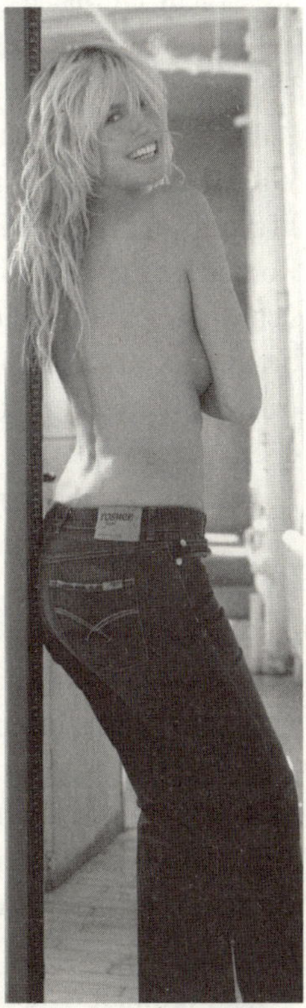

doch – aber das wissen wir erst seit der → Romantik und der *femme fatale.*) Die «Physiognomie» – also vom Aussehen des Menschen auf seinen Charakter zu schließen: auch das eine Folge der Aufklärung!

In der Aufklärung ist die Welt klar: Tugendhafte Mädchen sind natürlich, hübsch und leben in Bergisch Gladbach, lasterhafte Mädchen sind künstlich, verderbt und leben am Hof in Paris oder London. Transparenter geht's nicht! Transparenz! Ob auf Englisch, Französisch oder Deutsch – *enlightenment, siècle des lumières* –, die Aufklärung will das Dunkle, den Schatten aus der Welt verbannen und alles mit der Fackel der Erkenntnis erhellen! Kein Wunder, dass Papeterie, Silhouetten und chinesisches, fast durchsichtiges Porzellan auf einmal schwer in Mode kommen! Klingt super. Funktioniert aber nicht einmal im Dekobereich: Wer eine Kerze mehr aufstellt, hat statt eines auf einmal zwei Schatten. Aufklärung ist also eigentlich Kokolores.

Ei, wieder die Klappe aufgerissen. Also ran an die Begründung. Wieso? Immer muss man alles begründen! Auch das übrigens ein Ergebnis der Aufklärung, seufz. Also los: Was wäre denn das für ein Roman, in dem ausschließlich die Tugend gepriesen und die Natürlichkeit geschildert würde? Langweilig. Öde. Kassengift. Irgendwann braucht es einen Mr B. – den Bösewicht, der die Tugend auf die Probe stellt, damit sie sich beweisen kann! Ohne Teufelchen kein Engelchen!

Und die Pamela aus Richardsons Roman ist bei weitem nicht so «natürlich», wie man denken sollte: Geht die etwa gänzlich ungeschminkt aus dem Haus? Niemals! Die ist bloß auf «Natürlichkeit» gestylt, mit ihrem hübschen Baumwollkleidchen und den Bändern im Haar! Außerdem: Statt zu sagen «Flossen weg, du notgeiler Lurch!», fällt sie lieber «in Ohnmacht», um sich der Zudringlichkeiten von Mr B. zu entziehen. Zwar verständlich, aber geschauspielert und damit verstellt – für ein Mädchen der Aufklärung eigentlich eine Todsünde. Das Problem lässt sich bis in den Gartenbau verfolgen: Es kann mir keiner erzählen, dass im Gegensatz zum «barocken» französischen Garten im «aufgeklärten», vermeintlich «natürlichen» englischen Landschaftsgarten nicht auch Tag für Tag irgendwelche

Gärtner am Schnippeln, Unkrautjäten und Rasenmähen sind! Natur schön und gut – aber Brennnesseln dürfen nicht mitspielen!

Wir reden also gar nicht von echter «Natürlichkeit», sondern von der «Kunst einer gewollten Kunstlosigkeit».

Außerdem: Sind durch die Freisetzung des mündigen Bürgers heute vielleicht Dummheit, Dunkelheit und Intrige in der Welt ausgestorben? Hm?

Na ja, das haben Freunde der Aufklärung natürlich auch gemerkt. Also haben sie aus der Idee der «*Epoche* der Aufklärung» (durch die → Französische Revolution 1789 abrupt beendet) kurzerhand das «*Projekt* der Aufklärung» gemacht, das bis heute noch nicht abgeschlossen sei.

Je länger das mit der Aufklärung dauert, desto öfter fragen sich die Aufklärer: Warum zum Teufel sind nicht alle Menschen so erzvernünftig wie wir? Jetzt müssen wir die Vernunft aber langsam mal mit Gewalt durchsetzen! Da mit dem Verstand auch Waffentechnologien und Unterdrückungsmechanismen entwickelt werden können, schlägt das mit der Vernunft schnell um: Aus Vernunft wird Terror.

Die Erfindung des systematischen, sauberen und sicheren Tötens mit der Guillotine (→ Französische Revolution) ist das schaurige Ergebnis einer konsequenten Rationalisierung (*ratio* = Vernunft).

Dieser Prozess wurde von zwei Gentlemen namens Max Horkheimer und Theodor Wiesengrund Adorno in ihrem Buch «Dialektik der Aufklärung» beschrieben. Ihr Schüler heißt Jürgen Habermas, und bei aller Dialektik ist er dem unvollendeten Projekt der Weltverbesserung treu geblieben. Das Ganze hat aber noch einen Haken zusätzlich: Es gibt ja die berühmte Aufklärungs-Definition von Immanuel Kant, sicher schon mal in der Schule damit gefoltert worden, oder?

> «AUFKLÄRUNG ist der Ausgang des Menschen aus seiner selbstverschuldeten Unmündigkeit. UNMÜNDIGKEIT ist das Unvermögen, sich seines Verstandes ohne Leitung eines anderen zu bedienen. SELBSTVERSCHULDET ist diese Unmündigkeit, wenn die Ursache derselben nicht am Mangel des Verstandes, sondern der Entschließung und des Mutes liegt, sich seiner ohne Leitung eines andern zu bedienen.» (Beantwortung der Frage: Was ist Aufklärung? Berlinische Monatsschrift. Dezemberheft 1784, S. 481)

Das klingt wie ein Lexikon-Eintrag. Links steht das zu erklärende Wort («Aufklärung»), und rechts kommt der Erklärbär. Jetzt müssen aber auch einige Wörter von rechts erklärt werden («Unmündigkeit», «selbstverschuldet»). In der Erklärung zu diesen Begriffen stehen wieder Worte, die ihrerseits wiederum definiert werden müssten («Verstand», «Mut»), usw. «Aufklärung» ist also auch ein *Gegenstand* der Aufklärung – und da liegt das Problem: Je mehr man aufklärt, desto mehr kommt dazu, was man aufklären müsste. Siehe das Beispiel mit der zweiten Kerze und dem zweiten Schatten.

Es ist also nicht so, dass das Projekt der Aufklärung zwar groß, aber prinzipiell abschließbar ist – im Gegenteil: Hinter jeder Tür, die man aufstößt, tun sich zwei neue Türen auf, hinter denen zwei neue Türen stecken, usw.! Kein Wunder, dass aus der 1750 in Angriff genommenen fünfbändigen «Encyclopédie», in der das Wissen der Welt gesammelt werden sollte, erst fünfunddreißig und dann später gar 206 Bände wurden. Und natürlich ist sie bis heute nicht fertig.

Mit jeder neuen Erkenntnis verkleinert sich also nicht der Rest dessen, was man wissen kann, sondern er vergrößert sich. Diese Erkenntnis kann befreiend sein! Nie mehr ein schlechtes Gefühl haben: Oh, ich habe «Krieg und Frieden» noch nicht gelesen, ich muss noch den Kanon abarbeiten (also das Inventar des Wissens, das man angeblich unbedingt auf der Pfanne haben muss). Es gibt keinen Kanon, den man abarbeiten muss, denn mit jedem gelesenen Buch vergrößert sich der Kanon, in welche Richtung auch immer. Wer «Krieg und Frieden» gelesen hat, interessiert sich vielleicht auf einmal für das Spiel «World of Warcraft» – oder umgekehrt. Also: Mit jeder neuen Erkenntnis hellt sich die Welt nicht nur ein Stückchen auf, sondern man sieht noch zwei weitere dunkle Ecken.

Diese fröhliche Erkenntnis der Unmöglichkeit vollkommener Vernunft wird, als Gegensatz zum Aufklärer Habermas, von einem Mann namens Niklas Luhmann vertreten, der nicht vorgibt, wie die Welt auszusehen hat, sondern sie beobachtet, wie sie ist. Und jedes System urteilt eben verschieden: Die Kunst unterscheidet in schön/hässlich, die Wissenschaft nach interessant/uninteressant, die Wirtschaft nach zahlen/nicht zahlen und der Hip-Hopper in Eastcoast/Westcoast.

Für den habermasischen Aufklärer heißt «mündig» aber immer auch «mündig und gebildet». Wenn der mündige Bürger aber auf einmal seine Mündigkeit nutzt und sich entscheidet, als «Mausibär 5000» im Knuddels-Chat abzuhängen, gilt er auf einmal nicht mehr als mündig, sondern als verblendet! Der Luhmannianer argumentiert anders: Egal, ob man sich den «Crazy Frog» als Klingelton runterlädt oder sich durch die Kant-Gesamtausgabe ackert – es kommt auf die jeweils angelegte Leitdifferenz an: So ein Klingelton kann einen ebenso zur Erkenntnis führen wie die Kantlektüre, wobei man fairerweise sagen muss, dass die «Kritik der Urteilskraft» vermutlich eine höhere Anschlussfähigkeit hat als der Crazy Frog.

Je heller das Licht der Aufklärung strahlt, desto mehr Schatten, Dunkles und Unbewusstes gibt es auch, das wussten einige schon im 18. Jahrhundert – und der phantastische Maler Francisco de Goya hat nicht nur seine sonnendurchfluteten Picknickgemälde gemalt,

sondern auch seine «Schwarzen Bilder»:

Das Verdrängte schlägt zurück – und so kommt's zur → Romantik. Aber erst später: Zunächst werfen wir einen Blick auf den Alten Fritz – einen Aufklärer der alten Schule!

Friedrich II. von Preußen

Narren und Windbeutel

Hmm, diese höfische Gesellschaft war eigentlich ganz praktisch: Man konnte ohne schlechtes Gewissen Hummer, Kaviar oder Doppel-Cheeseburger schlemmen und gleichzeitig sagen: Jaja, das mache ich nicht etwa zum Spaß, sondern um meine Mitarbeiter zu disziplinieren (→ Ludwig XIV.). Jede Schweinigelei war erlaubt! DAS wäre doch mal eine Ausrede, wenn man von seiner Ehefrau mit der Sekretärin im Bett erwischt wird: Schatz, das hier dient nur der politischen Gestaltung! Ob man damit durchkommt? Eher nicht.

Eher nicht – genau das sagt sich auch der preußische König Friedrich Wilhelm I., dem als Protestant die Auswüchse der höfischen Prasserei zuwider sind. Er hat keine Mätressen («meine Mätresse ist die Pflicht»), lebt nicht in Luxus und verachtet den Prunk. Von den hundert Kammerherren seines Vaters behält er gerade mal zwölf. Wenn Friedrich Wilhelm mit der Kutsche über Land fährt, so steigt er schon mal aus, um in der Mittagspause befindliche Untertanen eigenhändig mit dem Knüppel zur Arbeit zu treiben (zur protestantischen Arbeitsethik mehr im Kapitel → Reformation). Nach barockem Allotria, Schlendrian und Rumgeschlampe erfindet Friedrich Wilhelm I. die sogenannten «preußischen Tugenden» Pünktlichkeit, Fleiß, Disziplin etc. Der EM-Titel 1996 ist also nicht etwa das Verdienst von Berti Vogts, sondern eindeutig von Friedrich Wilhelm I.

Man könnte heute mit Fug und Recht sagen, dass Friedrich Wilhelm der erste Verfechter eines aufgeklärten Absolutismus war – wenn er's denn nicht übertrieben hätte: Friedrich Wilhelm hat nämlich eine Schwäche für Soldaten. Von sieben Millionen Talern Steuereinnahmen gibt er fünf fürs Militär aus, das sind satte siebzig Prozent! Links-zwo-drei-vier! Zum Vergleich: Heute gehen für die Bundeswehr gerade mal zehn Prozent des Bundeshaushalts drauf. Eine besondere Leidenschaft hegt der sogenannte Soldatenkönig für die Langen Kerls – eine Sondereinheit, deren Mitglieder über 1,88

Meter sein müssen – das war damals sehr selten. Heute wird man ja als Riese eher ausgemustert. Die Langen Kerls haben nur in Form einer Würstchenmarke überlebt.

Das passt ganz gut, denn neben Soldaten liebt Friedrich Wilhelm Hausmannskost. Mit seinen Kumpels vom Tabakskollegium (ein edles Wort für den Stammtisch des Königs) isst er am liebsten Weißkohl mit Schweinebauch, grüne Erbsen mit Hammel oder Rindsmaul mit Rindsfüßen. Er hasst alles Feinsinnige – und besonders hasst er Akademiker: Über seinen Tabakskumpel Professor Gundling macht er sich so sehr lustig, dass er ihn aus Spaß in den Burggraben schmeißt, in den Alkoholismus treibt und nach seinem Tod zur letzten Ruhe in ein Weinfass betten lässt, das von acht Schweinen auf den Friedhof gezogen wird. Das Schöngeistige ist Friedrich Wilhelm fremd: So verschenkt er mal eben das Bernsteinzimmer an Zar Peter den Großen – und erhält im Gegenzug dafür ein paar Lange Kerls. Das ursprüngliche Bernsteinzimmer ist ja verschollen – wer die Rekonstruktion bewundern will, kann sich gegen ein unverschämtes Eintrittsgeld in 30er-Gruppen durch das Zarenschloss Zarskoje Selo in der Nähe von St. Petersburg schleusen lassen.

Jetzt könnte man sagen: Haha, ein Bauernrüpel mit kotigen Stiefeln auf Preußens Thron, bruahaha! Und tatsächlich – die Kaiser- und Königskollegen aus Österreich und Frankreich schlagen sich vor Spaß auf die Schenkel. Aber so fidel ist die Geschichte nur aus der Ferne, denn außer Professor Gundling hat noch jemand unter dem rustikalen König arg zu leiden: Der kleine Kronprinz Friedrich, ein musisch begabtes Kind, soll zu einem Mustersoldaten herangezogen werden. Friedrich wird geprügelt, zu Gebetsexerzitien gezwungen, muss stundenlang strammstehen und bekommt nichts zu essen. Kleine Kinder sind nun einmal nicht vernünftig – also wird die Vernunft in den kleinen Friedrich reingeprügelt (Dialektik der → Aufklärung).

Mit achtzehn beschließt Friedrich zu fliehen. Sein bester Freund, der acht Jahre ältere Leutnant Katte, will mit ihm abhauen. Leider wird der Plan entdeckt. Friedrich Wilhelm ist außer sich und lässt die beiden Freunde wie Deserteure zum Tode verurteilen. Erst in letzter Minute setzt der Alte seinen «Friedrich Wilhelm» unter die Begnadigung seines Sohnes – dafür muss der kleine Prinz der Hinrichtung des geliebten Freundes zusehen. Anschließend wird Friedrich nach Küstrin verbannt, und der König sucht eine Frau für ihn aus. Friedrich willigt ein – aber wie:

> «Ich habe die Gnade gehabt, meines allergnädigsten Vaters Brief zu empfangen, und ist mir lieb, dass mein allergnädigster Vater von der Prinzessin zufrieden ist. Sie mag sein, wie sie will, so werde jederzeit meines allergnädigsten Vaters Befehle nachleben; und mir nichts Lieberes geschehen kann, als wenn ich Gelegenheit habe, meinem allergnädigsten Vater meinen blinden Gehorsam zu bezeigen, und erwarte in alleruntertänigster Submission meines allergnädigsten Vaters weitere Ordre.»

Klingt, als wäre Friedrich ein gebrochener Mann – aber wer ein bisschen Sinn für Sarkasmus hat, der versteht diesen Brief als Superverarsche.

Durch die Heirat mit der ungeliebten Prinzessin Elisabeth Christine von Braunschweig-Bevern ist Friedrich rehabilitiert: In Rheinsberg verbringt er ein paar unbeschwerte Jahre mit Philosophie (und seinem damaligen Kumpel Voltaire), Flötenspiel und Musik. Dort schreibt er auch seinen «Antimachiavel» (→ Machiavelli), in dem er Lüge und Verstellung geißelt und die Ideen der Aufklärung feiert. Aber hier liegt auch der Grundkonflikt in Friedrichs Charakter: Wenn er seinen despotischen Vater überleben will, darf er nicht ehrlich und aufrichtig sein, wie es die Aufklärung verlangt, sondern er muss sich verstellen, wie Machiavelli es fordert! In seinem oben zitierten Brief wendet er genau die machiavellistischen Kriterien an, die er in seinem «Antimachiavel» verurteilt.

Irgendwann röchelt der Alte seinen letzten Röchler, und Friedrich ist König: Wer sich jetzt auf einen aufgeklärten Philosophen freut, sieht sich zunächst bestätigt: Friedrich schafft die Folter ab und gewährt

Religionsfreiheit – was kein Wunder ist, fällt Toleranz in Religionsfragen wohl demjenigen leichter, der als Kind mit Bibel-Exerzitien gequält wurde.

Aber ganz machiavellistisch hat Friedrich auch Preußens Vorteil im Blick, und zwar jenseits aller Toleranz und Aufklärung. Also nutzt er die erste sich bietende Gelegenheit, sein Reich zu vergrößern: Als der österreichische Kaiser Karl VI. stirbt, ist nicht ganz klar, ob seine Tochter Maria Theresia Kaiserin werden darf. In dieses Machtvakuum stößt Friedrich, marschiert nur ein halbes Jahr nach seiner Krönung in Schlesien ein und behauptet: Das ist jetzt meins. Damit kommt er sogar ein paar Jahre durch, aber Maria Theresia hat die ganze Zeit die Faust in der Tasche und nennt Friedrich nur «den bösen Mann»: Sie verbündet sich mit Russland und Frankreich – der Siebenjährige Krieg beginnt. Preußen gegen den Rest der Welt. Und der Rest der Welt haut die Preußen ordentlich aus der Hose. Friedrich scheint vernichtet. Nach der verlorenen Schlacht von Kunersdorf berichtet er 1759 von der Front:

> «Mein Rock ist von Schüssen durchlöchert [...]; mein Unglück ist, dass ich noch lebe [...]. In dem Augenblick, in dem ich schreibe, flieht alles, und ich bin nicht mehr Herr über meine Leute. Man wird guttun, in Berlin an seine Sicherheit zu denken. Ich habe keine Hilfsmittel mehr, und, um nicht zu lügen, ich glaube, dass alles verloren ist; ich werde den Untergang meines Vaterlandes nicht überleben. Adieu für immer!»

Aber dann geschehen sage und schreibe gleich drei Wunder: Zuerst prallt eine Kugel an Friedrichs Tabaksdose ab, die ihm so das Leben rettet – Wunder eins. Dann können sich die Russen und die Österreicher in Kunersdorf nicht entschließen, den Preußen nachzusetzen und sie endgültig zu schlagen – Wunder zwei. Wunder drei: In Russland stirbt 1762 Zarin Elisabeth. Und ihr Nachfolger, Peter III., ist ein großer Fan von Friedrich! Yippieyeah! Peter wechselt die Seiten, Maria Theresia ist gekniffen, Friedrich zieht in letzter Sekunde seinen Kopf aus der Schlinge und darf Schlesien behalten. Der «Frieden von Hubertusburg» beendet den Siebenjährigen Krieg. Uff. Gerade nochmal davongekommen. Im Gegensatz zu Peter III. Der wird noch vor Unterzeichnung des Friedensvertrags von der russischen Garde zur Abdankung gezwungen und ermordet.

Friedrich beschließt, nie wieder «auch nur eine Katze anzugreifen», was er auch fast fünfzehn Jahre durchhält. Bloß einmal noch, in den «Kartoffelkriegen», unterstützt er die Bayern gegen Österreich. Ansonsten kungelt er mit Österreich und Russland die Teilung Polens aus, macht seiner Bevölkerung den Kartoffelanbau schmackhaft und spielt im Thronsaal von Sanssouci Querflöte. Seine Minister und Beamten beschimpft er als «Narren», «Windbeutel», «Esel» und «Erzschäkers». Er lässt seine Windhunde vom Personal siezen und blickt verächtlich auf jeden herab, der länger schläft als er (sein Wecker klingelt um drei Uhr früh).

1786 stirbt Friedrich, inzwischen besser bekannt als «der Alte Fritz». Er möchte neben den Windhunden bestattet werden, bekommt aber gegen seinen Willen ein Grab an der Seite des verhassten Vaters. 1944 werden die Särge zunächst nach Marburg und dann auf die Burg

Hohenzollern gebracht. Erst 1991 findet Friedrich II. seinen Weg zurück nach Sanssouci, in der Art und Weise allerdings wieder gegen seinen Willen: Eigentlich wollte er in der Nacht mit kleinem Gefolge und nur beim Schein einer Laterne begraben werden – ganz wie es seiner asketischen Lebensweise (hierin eiferte er seinem Vater tatsächlich nach) entsprach. Hätte Friedrich das pseudobarocke Gepränge der Überführung von 1991 noch erleben müssen – er hätte ordentlich gegrantelt.

Knigge
Beim Friseur: Klappe halten!

Ach, herrlich, Kinder: Erst mit den Fingern schön die Fischgräten abknuspern, dann das Messer ablecken und zum Abschluss kräftig in die Serviette schnäuzen. So wird's gemacht!

«Da hat wohl einer seinen Knigge nicht gelesen», sagt man da gerne und fühlt sich überlegen. Aber ganz abgesehen davon, dass man natürlich nicht in die Serviette schnäuzt (sondern ins Tischtuch, haha), hat das alles mit Knigge überhaupt nichts zu tun!

Knigge nicht gelesen!

Im Gegenteil: Als Adolph Freiherr Knigge sein Buch «Über den Umgang mit Menschen» schrieb, hatte er Tischsitten und Kleiderregeln nicht im Sinn – er hat sie sogar im Vorwort ausdrücklich ausgenommen. Sein Anspruch war viel höher, als kleine Tugenden wie «Hand beim Gähnen vorhalten» oder «Frauen nicht in den Ausschnitt starren» zu lehren. Knigge hat nichts weniger als einen Ratgeber geschrieben, wie man glücklich wird – eine sogenannte Klugheitslehre.

Er gibt Ratschläge für die Kommunikation zwischen Verliebten, zwischen Alten und Jungen, Vorgesetzten und Untergebenen, Wirt und Gast oder Schuldner und Gläubiger. Er hat Tipps, wie man mit Besoffenen umgeht, wie man sich mit seinem Friseur unterhält, was man mit Frauen spricht, die klüger sind als man selbst – ja ein paar Zeilen widmet er sogar dem Umgang mit Prostituierten (meiden «wie die Pest»!).

Dabei ist er ganz den Idealen der → Aufklärung verpflichtet und sieht sich in größtmöglicher Absetzung zu → Machiavelli. Also: Statt Tarnen, Tricksen, Täuschen favorisiert Knigge Toleranz, Transparenz und Treue. Knigge wendet sich also ausdrücklich gegen höfische Schmeichelei und Hinterlist und plädiert für bürgerliche Aufrichtigkeit. Das ist natürlich ganz im Trend des 18. Jahrhunderts! Die Verbesserung der Welt mit Hilfe von Herzensbildung ist Knigges Ziel – und zwar im Sinne von Freiheit, Gleichheit und Brüderlichkeit. Kein Wunder, dass er ein führendes Mitglied des Illuminaten-Ordens war, die auch für die Ideen der Französischen Revolution warben und der absolutistischen Fürstenherrschaft an den Kragen wollten. Lustig, dass Freiheit, Gleichheit, Offenheit und Transparenz mit Hilfe eines Geheimbundes erreicht werden sollen.

Dass die Illuminaten allerdings Auslöser für die Französische Revolution waren, ist mal wieder eine Verschwörungstheorie, deren Fans in den Illuminaten die geheimen Nachfolger der → Tempelritter sehen. Aber vermutlich war es ein Illuminat, der nach der Hinrichtung Ludwigs XVI. (→ Französische Revolution) aufs Schafott sprang und rief: Jacques de Molay, endlich bist du gerächt!

Woher nimmt Knigge seine Abscheu gegen den Blutadel, und warum plädiert er so für einen «Adel der Seele»? Er ist doch selber ein Freiherr! Es ist vielleicht interessant, mal ein bisschen biographisch in die Jugend des Freiherrn zu schielen: Ja, Adolph Knigge ist adelig. Sein Vater stirbt 1766, als Adolph vierzehn Jahre alt ist, und hinterlässt ihm 130 000 Reichstaler – Schulden.

Weil die Familie pleite ist, wird Adolph nach Hannover in die Obhut eines Hausvaters gegeben – Johann Adolf Schlegel, Vater von Friedrich und August Wilhelm, den Mitbegründern der → Romantik. Adolph wird zusammen mit bürgerlichen Kindern erzogen und muss feststellen: Sein Adelstitel hilft ihm nix – die anderen Jungs sind besser. Das stachelt seinen Ehrgeiz an – er wird der beste Jurastudent Göttingens und ist sich wohl bewusst, dass er diesen Erfolg nicht durch die Gnade seiner hohen Geburt erreicht hat, sondern durch eigene Anstrengung.

Dennoch reizt ihn das Höflingsleben. Er versucht eine Karriere am Hof Friedrichs von Hessen-Kassel – und fällt auf die Schnauze: Als Scherz gemeint, mopst er der Hofdame Henriette von Baumbach einen Schuh, die daraufhin zum Hofball hinken muss und zum Gespött der Gesellschaft wird. Der Fürst ist empört und lässt sich von seiner Mätresse und späteren Ehefrau Philippine von Brandenburg verleiten, Knigge zur Heirat mit ebendieser Henriette von Baumbach zu zwingen. Mit Henriette bekommt Adolph eine Tochter, die er aus Satiregründen «Philippine» nennt.

Da er sich noch durch andere «gesellige Misshelligkeiten» bei Hofe «unmöglich gemacht» hat, wird er gefeuert. Er findet eine neue Stelle bei → Goethes Chef, Herzog Carl-August von Sachsen-Weimar-Eisenach und gilt dort als geselliger Spaß- und Faxenmacher. Zunächst kitzelt das seine Eitelkeit, er muss sich aber auch hier allerlei Demütigungen gefallen lassen, wendet sich schließlich angewidert vom «Geschmeisse» bei Hofe ab und zieht 1783 nach Heidelberg, um sich dort frustriert dem Schreiben seiner Bücher und ein paar hübscher Klavierlieder zu widmen.

Tja, selbst ist er nicht so glücklich geworden, der Knigge. Aber wie weit her ist es denn überhaupt mit seinen Idealen der Offenheit und Ehrlichkeit, mit dem «Sei, was du bist, immer und ganz»?

Nicht so weit – und das weiß der Freiherr auch selber: Entgegen seinem Credo, stets Wort zu halten und immer wahrhaftig zu sein, ist ihm klar, dass Wahrhaftigkeit auch nicht immer angesagt ist: Wenn einem jemand vorgestellt wird, der eine auffallend große Nase hat, würde die Wahrhaftigkeit ja verlangen, ihn darauf anzusprechen. Hier rät der Freiherr richtigerweise aber dazu, einfach mal die Klappe zu halten. Genau wie er übrigens auch dazu rät, prinzipiell verschwiegen zu sein, hier und da eine elegante Schmeichelei ins Gespräch einzuflechten und sich für andere zu interessieren, wenn man wünscht, dass sich andere für einen selbst interessieren. Auch wenn der Freiherr das nicht gerne hört: Da ist schon ziemlich viel Berechnung dabei. Außerdem lässt sich das Leben nicht so scientologymäßig (oder illuminatenmäßig) planen, dass man immer charakterlich den Anforderungen eines wahrhaftigen Menschen genügen kann – auch Knigge selber scheitert an diesen Ansprüchen:

Knigge verguckt sich nämlich in Fränzel, seine Ziehtochter und Mitschülerin seiner eigenen Tochter. Knigges Frau Henriette packt, wie Mia Farrow bei Woody Allen, empört die Koffer. Anders als Mia Farrow aber schickt Henriette ihren Bruder nach Heidelberg, um den treulosen Ehemann im Duell zu töten. Knigge ist schockiert. Was tun? Dafür gibt es keine Anleitungen im «Knigge»! Er ist Pazifist und weiß nicht einmal, wie man den Hahn einer Pistole spannt. Schnell ändert er noch sein Testament zugunsten von Fränzel, besorgt sich eine Wumme und trifft seinen Duellgegner. Der aber fällt ihm heulend in die Arme und sagt ihm, er habe seiner Schwester hoch und heilig versprochen, ihrem Mann nichts anzutun. Die Kontrahenten versöhnen sich – und Fränzel wird nach Hamburg abgeschoben. So ist das mit der Empfindsamkeit – wenn sich zwei Gefühlswallungen widersprechen und eine saubere Lösung mit aufrechter Haltung unmöglich ist, muss eben die eine Hälfte der Aufrichtigkeit über die Klinge springen. Immerhin, so schlecht ist eine glimpfliche Lösung auch nicht.

Bei aller Liebe zur Aufklärung: Man kriegt das Dunkel einfach nicht aus der Welt eliminiert. Verdammte Hacke!

Johann Wolfgang von Goethe
Die Welt ist ein Sardellensalat

Heutzutage müsste Friederike Brion aus Sesenheim im Elsass vor dem ersten Kuss mit dem jungen Goethe erst einmal eine Einverständniserklärung unterschreiben. Damit träte sie alle Rechte am Geschehen ab: Das Recht, aus dem Kuss ein Gedicht zu machen. Das Recht, das Gedicht zu veröffentlichen, in TV-Shows zu vermarkten, auf Kreuzfahrtschiffen vorzulesen, die DVD-, Internet- und Satellitenrechte etc. Damals ging's noch ohne – aber Goethe, der Fuchs, hatte im Kopf sicher schon beim ersten Kuss die Rechte der «Sesenheimer Lieder» an iTunes vertickert.

«Erlebnislyrik» heißt das Stichwort – aber eigentlich gibt's das gar nicht. Denn natürlich hat Goethe nicht Friederike geküsst und im gleichen Moment gedichtet, wie er Friederike küsst. Da sich die Sesenheimer Lieder aber so lesen, als wären sie im Moment des Kusses entstanden, klingen sie aufregend anders als der gedrechselte Quark, den die Leser des 18. Jahrhunderts bis dahin gewöhnt waren. So entstand der Mythos «Erlebnislyrik», des unmittelbar Erlebten, Gefühlten, Empfundenen im Gedicht. Kein Wunder, dass Goethe damit erst die elsässische Pfarrerstochter und später ganz Europa beeindruckt. Also mit den Gedichten jetzt, nicht mit dem Kuss.

Bevor Goethe aber den Rest seines Lebens als Friederikes Ehemann bei Gewürztraminer und *choucroute garnie* (Goethe hasste das Zeug, Sauerkraut aß er nie!) versauert, macht er sich lieber aus dem Staub: Er bricht dem jungen Mädchen das Herz und kehrt zurück nach Frankfurt. Friederike wird unverheiratet sterben. Vorher muss sie aber noch einen Verrückten abwimmeln: Jakob Michael Reinhold Lenz, einen Goethe-Groupie, der es sich in den Kopf gesetzt hat, nicht nur dichterisch das zu vollenden, was Goethe angefangen hatte. Er will Friederike heiraten – aber bevor sie den irren Psychotypen nimmt, bleibt sie lieber allein.

Dass Goethe sich später immer wieder entzieht und nicht festlegen will, das macht wahrscheinlich den Reiz seiner Texte aus, die sich auch nie so richtig festlegen lassen: Das haben schon viele versucht, und deshalb ist das Regal mit der Goethe-Forschung in der Stadtbibliothek auch so lang.

Der junge Goethe ist aber nicht nur ein Drückeberger: Er ist durchaus fähig und gewillt, sich Herausforderungen zu stellen: Krankheitsbedingt befällt ihn zum Beispiel öfters der Schwindel – und um den zu kurieren, klettert er auf das Straßburger Münster und hockt zitternd in der Spitze! Konfrontationstherapie – tsjakka!

Dort oben entdeckt er auch die Freiheit – Freiheit im Leben und Freiheit in der Kunst: Sein erstes Theaterstück ist das Freiheitsdrama «Götz von Berlichingen». Der Briefroman «Die Leiden des jungen Werthers» macht ihn schlagartig weltberühmt, sogar die Chinesen haben bald von Werthers tragischer Geschichte gehört. In beiden Texten nimmt sich Goethe die Freiheit, mit den literarischen Gesetzen zu brechen: Die Einheit von Ort, Zeit und Handlung, in der ein Theaterstück damals eigentlich spielen soll, sind dem jungen Wilden egal – und dass Werther, der Held seines Briefromans, gar zum Selbstmörder wird, löst einen Skandal aus.

1775 verlobt sich Goethe mit der Bankierstochter Lili Schönemann – bevor es aber zum Äußersten kommt, verdrückt er sich wieder. «Wie froh bin ich, dass ich weg bin!» – so beginnt auch der «Werther». Goethe verdünnisiert sich erst in die Schweiz, und dann an den Hof des achtzehnjährigen Herzogs von Weimar, Carl-August (übrigens wie → Knigge ein Illuminat). Der Herzog war wohl ein Fan vom «Werther» und lädt den jungen Dichter ein, in Weimar ein Amt zu bekleiden. Goethe nimmt an. Ähnlich wie die Besteigung des Straßburger Münsters ist der Job in Weimar für ihn eine echte Herausforderung. Als künstlerischer Revoluzzer berühmt, muss ihm das Leben als Geheimrat bei Hofe eigentlich verhasst sein. Aber er will auch gern was Neues ausprobieren, und es klappt.

In Weimar hat er eine Geliebte namens Charlotte von Stein. Manche sagen, eine «Bekannte». Aber wer das sagt, muss sich dabei schon mit dem Zeigefinger das Augen-Unterlid herunterziehen. Charlotte von Stein ist quasi schuld an der Weimarer Klassik. Denn als es unserem Freund, der es ja nie irgendwo lang aushält, mit der Frau einmal zu frustig wird, packt er die Koffer und fährt nach Italien. Dort studiert er die klassischen Skulpturen aus Marmor und die weibliche Anatomie am lebenden Objekt. Von einer seiner zahlreichen Freundinnen, der «schönen Mailänderin», weiß er nicht einmal den Namen. Fleißige Philologen identifizierten sie später als Maddalena Riggi. Das ist verdienstvoll, denn wenn Sie mehr über Maddalena wissen wollen, googeln Sie lieber ihren Namen. Unter «die schöne Mailänderin» werden Sie nämlich gefragt: ‹Meinten Sie: «die schöne Thailänderin»?› – und von dort kommen Sie auf zweifelhafte Seiten … Mein lieber Freund!

Aber wir waren bei der Klassik. In Italien entwickelt sich der Schriftsteller Goethe anders als seine Kollegen in Deutschland. Während die deutschen Dichter schon fleißig an den Vorläufern der wilden und maßlosen → Romantik basteln, entdeckt Johann Wolfgang das Maßvolle, die Ruhe der antiken Statuen. Man wird ihm später übelnehmen, dass er (als Erfinder der dichterischen Freiheit) sich nicht den freiheitlichen Idealen der → Französischen Revolution anschließt. Den Enthusiasmus, mit dem Schiller, aber auch Wieland und Herder die Revolution begrüßen, kann Goethe nicht teilen. Man wird ihm Verrat an den Idealen seiner Jugend, am Ideal der Freiheit vorwerfen. Na, immerhin ließ Papa Goethe sich später nicht abhalten, seinem Sohn August eine Spielzeugguillotine zu schenken.

In Italien setzt Goethe mehr auf Evolution statt auf Revolution: Die Idee einer Urpflanze kommt ihm in Palermo in den Sinn: Er denkt an eine Pflanze, aus der sich alle anderen Pflanzen entwickelt haben könnten. Später wird daraus die Schrift «Die Metamorphose der Pflanzen», aber meint nicht nur Botanisches: Wie die Pflanze sich verändert, so verändert sich auch Goethe. Nur wer sich ändert, bleibt sich treu! Goethes neue Leidenschaft sind Knochen, Pflanzen und Mineralien – geschrieben hat er in Italien kaum etwas, jedenfalls wenig Poetisches.

Zurück in Weimar, nervt er alle Freunde mit den italienischen Urlaubsdias: Keiner kann ihn verstehen, alle wenden sich von ihm ab. Die Stein ist eh sauer, weil er damals bei Nacht und Nebel abgehauen ist. Zwei neue Menschen treten in sein Leben: Christiane Vulpius und Friedrich Schiller.

Die Hutmacherin Christiane ist die Schwester von Christian Vulpius, einem Schriftsteller, der mit der abenteuerlichen Räuberpistole «Rinaldo Rinaldini» einige Bekanntheit erlangte. Mit der fröhlichen Christiane lebt Goethe nun in wilder Ehe, hat mit ihr fünf Kinder, von denen allerdings nur eines überlebt. Und Schiller, dieser aufrechte Geselle? Der bedauert an Goethe, er sei wie ein Aal, durch nichts zu fassen, und er fürchtet ihn als seelenlosen Egoisten. Goethes Antwort: Der Dichter ergreift das Schöne, wo er es findet, deshalb kann er sich nicht binden.

Trotzdem entwickelt sich eine Freundschaft: Goethe mäßigt Schillers philosophische Spinnereien, Schiller holt dafür Goethe wieder weg von den Steinen und Knochen hin zur Dichtkunst und Philosophie.

Diese AG ist mehr oder weniger der Kern dessen, was man heute «Weimarer Klassik» nennt. Den Übertreibungen der Romantiker ins «Bizarre und Fratzenhafte» setzen die beiden ihre Balladen entgegen, das Drama «Wallenstein» (→ Der Dreißigjährige Krieg) oder den Roman «Wilhelm Meister». 1805 endet diese fruchtbare Zusammenarbeit, weil ausnahmsweise mal nicht Goethe, sondern Schiller sich verdrückt: Er verabschiedet sich in den Olymp.

Ein Jahr später marodieren Napoleons Franzosen durch Weimar – und Goethes Haus am Frauenplan bleibt nur deshalb verschont, weil Christiane sich den Besetzern mutig entgegenstellt. Zur Belohnung wird geheiratet – nach achtzehn Jahren wilder Ehe! Hier verdrückt sich Goethe mal nicht, sondern nimmt die Herausforderung des Ehelebens an. Das hindert ihn allerdings ein paar Jahre später nicht an einer heißen Affäre mit einer Frau namens Marianne von Willemer. Tja, man muss sich eben immerfort verändern, verjüngen, um nicht zu verstocken. Keine schlechte Ausrede fürs Fremdgehen! In der Pflanzenwelt wäre Goethe sowohl flatterhafter Laub- als auch beständiger Nadelbaum, also ein *ginkgo biloba*, der tatsächlich beides ist, Laubbaum und Nadelbaum, ein Zwitterding mit Blättern, von denen man nicht weiß: Ist es ein Blatt aus zwei Hälften? Oder sind es zwei Blätter, die zu einem zusammengewachsen sind? Wahrscheinlich beides. Und so heißt es auch am Ende des berühmten Gedichts «Ginkgo Biloba»:

Fühlst du nicht an meinen Liedern
Dass ich eins und doppelt bin?

Das Gedicht steht in der Sammlung «West-östlicher Divan», in der ein Gutteil der Gedichte nicht von Goethe, sondern von ebendieser Marianne von Willemer stammt. Am Tag, als er «Ginkgo Biloba» verfasste, verschwand Goethe endgültig aus Mariannes Leben – mal wieder futschikato.

1816 stirbt Christiane, und 1817 endet Goethes Arbeit am Weimarer Theater – und schuld daran ist ein Hund. Goethe weigerte sich, einen Pudel auftreten zu lassen. Die Schauspielerin und Favoritin des Herzogs, Caroline Jagemann (nebenher die einzige Frau, in die der Philosoph und Frauenfeind Arthur Schopenhauer je verliebt war), aber setzt sich durch. Der Hund tritt auf und Goethe als Theaterdirektor ab. Mal wieder entzieht er sich. Die Jagemann wird von Goethe fortan nur verächtlich «die Verjagemann» genannt. Die Story mit dem Hund klingt wie eine nette Anekdote, hat aber durchaus einen künstlerischen Hintergrund: Goethe trennt Kunst und Leben – und ein Hund gehört nicht zur Kunst, sondern zum Leben. Hunde sind nicht steuerbar, sie können plötzlich auf der Bühne bellen, Beinchen heben, wasauchimmer. So kann ein Hund die Kunst zerstören, Gelächter hervorrufen, alle Aufmerksamkeit auf sich ziehen – also hat er auf der Bühne nichts verloren. Bis heute gilt auch für TV-Moderatoren: Gegen Kinder und Tiere hast du keine Chance!

1823 macht sich der Vierundsiebzigjährige noch einmal zum Deppen, weil er der neunzehnjährigen Ulrike von Levetzow hinterherstolpert und einen Heiratsantrag macht, den das junge Mädchen, Überraschung!, ablehnt. Am Boden zerstört, verfasst Goethe die «Marienbader Elegie». Um ihn herum sterben die Leute, 1828 der Gönner Herzog Carl-August, 1830 Goethes einziger Sohn August. 1831 drohen Feierlichkeiten zum zweiundachtzigsten Geburtstag des berühmten Dichters. Zum vorletzten Mal kneift Goethe. Mit dem Berginspektor Johann Mahr besucht der gebrechliche alte Mann lieber eine Hütte auf dem Kickelhahn, einem Berg in der Nähe von Ilmenau. Fünfzig Jahre zuvor hatte er hier ein Gedicht an die Wand geschrieben. Mit zitternder Hand fährt Goethe nun über die verblasste Schrift, hält inne und schaut in die Ferne. Mit Tränen in den Augen wiederholt er leise die letzten beiden Verse:

Warte nur, balde
Ruhest du auch.

Ein halbes Jahr später entzieht sich der Alte zum letzten Mal, und nun für immer: Am 22. März 1832 stirbt er.

Mittlerweile ist die Romantik *en vogue* – Goethe gilt als altmodisch, er bleibt ein Held des Bürgertums. Da ein durchschnittlich gebildeter Bürger aber natürlich die umfassende Bildung Goethes nur bruchstückhaft erfassen kann, wird die Welt des Universalgelehrtentums bald Gegenstand der Parodie: Wilhelm Busch oder Carl Spitzweg vermitteln eine resignativ-belustigte Sicht auf die großen Ziele von → Aufklärung und Klassik, aber auch der Romantik. Haben Sie's nicht eine Nummer kleiner?, fragt man gegen Ende des 19. Jahrhunderts.

Für die Nazis war Goethe ideologisch völlig unbrauchbar, weil er «keine Diktatur eines Gedankens anerkennen wollte», so der fiese NS-Chefideologe Alfred Rosenberg. Gut so! Nach 1945 konnte

Goethe dafür umso mehr als Vorbild für ein besseres, humaneres Deutschland stehen – in beiden Deutschländern. Auf jedem Lehrplan: Goethe. Wer aber keinen Bock auf den «Faust» hat, der ja gemeinhin als allumfassendes Welt- und Menschenerklärungsmodell gilt – der kann die Welt von Goethe auch einfacher erklärt bekommen:

Die Welt ist ein Sardellensalat;
Er schmeckt uns früh, er schmeckt uns spat.

Französische Revolution
Froschschenkel als Henkersmahlzeit

Kleines Revolutionsquiz gefällig? Ja? Prima, dann hätten wir drei Quizfragen! Und hier ist die Spielregel: Wer alle drei falsch beantwortet, wird, sagen wir mal, mit der Guillotine geköpft. Okay? Los geht's:

Frage 1: Welches Ereignis feiern die Franzosen an ihrem Nationalfeiertag, dem 14. Juli?

Frage 2: Was war der Wahlspruch der Französischen Revolution?

Frage 3: Welche Farben hat die französische Nationalflagge?

Haben Sie Ihre Antworten notiert? Dann weiter zur Lösung:

Frage 1: Haben Sie geantwortet: «Den Sturm auf die Bastille»? Mööóp! Falsch! Am 14. Juli feiert Frankreich den Jahrestag des Föderationsfestes von 1790, also den Tag, an dem sich die Revolution ein neues Selbstverständnis gab. Na gut, dieses Föderationsfest fand nicht ganz zufällig am Jahrestag der Bastille-Stürmung statt – aber der heutige Nationalfeiertag erinnert eben an dieses Fest, nicht an den Sturm auf die Bastille. Erbsenzählerei? Sorry, aber die Regeln macht hier der Revolutionsrat, also gaanz vorsichtig!

Frage 2: Haben Sie geantwortet: «Liberté! Égalité! Fraternité!» oder «Freiheit! Gleichheit! Brüderlichkeit!»? Mööóp! Wieder falsch! Während der Revolution tauchten die Begriffe zwar schon auf, aber erst 1848 wurde «Liberté! Égalité! Fraternité!» zum Motto der Französischen Republik erhoben. *Merde!*

Haben Sie jetzt zwei falsche Antworten? Dann denken Sie doch schon mal über Ihren letzten Wunsch nach. Vielleicht eine Gauloises ohne Filter? Oder eine Portion Froschschenkel mit Knoblauchsauce als Henkersmahlzeit? Na gut, warten wir noch die dritte Frage ab – vielleicht kann die Sie retten.

Antwort 3: Haben Sie geantwortet: «Blau – Weiß – Rot»? Bing! Rrrichtig!!!

Flitter, Feuerwerk, Champagnerkorken knallen, die Guillotine wird von der Bühne geschoben, die «Marseillaise» erklingt.

Herzlichen Glückwunsch! Aber gerade noch so, *mon dieu*! Anders freilich ging es den etwa 20 000 Franzosen, die in der Revolutionszeit unter die Guillotine kamen.

Speck weg! 5 kg runter in nur zwei Sekunden!

Blau – Weiß – Rot: Das sind seit der Revolution die französischen Nationalfarben. Blau und Rot sind die Farben der Stadt Paris, Weiß war die Farbe des Königs, der von Blau und Rot ordentlich in die Zange genommen wird. Und die Musik, die wir gerade gehört haben, war natürlich Frankreichs Nationalhymne, die deshalb «Marseillaise» heißt, weil Soldaten aus Marseille unter Absingung ebendieses Liedes zum Föderationsfest 1792 in Paris einmarschieren. Am 14. Juli 1795 wird die «Marseillaise» dann zur Nationalhymne erklärt. Vorher gab es die «Königshymne» deren Text, frei übersetzt, mir persönlich eigentlich ziemlich gefällt:

Es lebe Heinrich IV., es lebe der wackere König! Dieser Hansdampf hat drei Talente: Saufen, Fechten und die Jagd nach Unterröcken!

Und genau deshalb kommt es zur Revolution: Weil die französischen Könige nichts anderes im Kopf hatten als Saufen, Raufen und Weiber. Und das sollte sich rächen: 1781 veröffentlicht der Finanzminister Necker das erste Mal überhaupt die Staatsfinanzen – mit verheerenden Zahlen. Ludwig XVI. ist geschockt, aber statt eines mannhaften «Die Schulden, das bin ich!» (→ Ludwig XIV.) will der Feigling die Steuern erhöhen. Um das durchzukriegen, tut er etwas, was seit 175 Jahren nicht mehr geschehen war. Er beruft die Generalstände ein, also die Versammlung der drei Gesellschaftsklassen, aus denen die Bevölkerung besteht: die kirchlichen Würdenträger (stellen 1 Prozent der Bevölkerung), den Adel (stellt auch 1 Prozent der Bevölkerung), die Bürger (stellen 98 Prozent der Bevölkerung). Pi mal Daumen wird geschätzt – und jeder Stand stellt jetzt 300 Abgeordnete. Faire Versammlung, oder?

Die Abgeordneten des Dritten Standes machen einen Aufstand, irgendwie fühlen sie sich benachteiligt. Warum bloß? Kurzerhand erklären sie sich im Juni 1789 durch den sogenannten «Ballhausschwur» zur «Nationalversammlung». Zwei Tage später schließt sich der Klerus dieser Erklärung an. Der Adel ist gekniffen und fordert vom König, die Revoluzzer rauszuschmeißen. Ludwig XVI. reagiert, na ja, wieder mannhaft: «Wenn sie nicht gehen wollen, sollen sie eben bleiben!»

Trotzdem lässt er vorsichtshalber die Truppen aufmarschieren. Die Pariser Bevölkerung kriegt es mit der Angst, rottet sich zusammen und will sich zumindest wehren können. Waffen lagern in der Bastille, dem Pariser Stadtgefängnis. Am 14. Juli 1789 wird die Bastille gestürmt, die Horde besorgt sich die Waffen, befreit sieben ganz ordinäre Kriminelle und zieht mit dem aufgespießten Kopf des Kommandeurs durch die Straßen.

Am 17. Juli verlässt der Bruder des Königs das Land, weil er merkt, woher der Wind weht. Der König selber aber steckt sich eine blau-weiß-rote Kokarde an den Hut und lächelt süßsauer in die Menge.

Währenddessen plündern Bauern in ganz Frankreich Klöster und Schlösser, um die alten Urkunden zu verbrennen, die die Besitztümer des Adels und die Pflichten des Dritten Standes bezeugen. Am 26. August 1789 erklärt die Nationalversammlung deshalb schnell die Menschen- und Bürgerrechte, die inhaltlich der Unabhängigkeitserklärung der USA von 1776 folgen. Freiheit, Eigentumsrechte, Religions-, Meinungs- und Pressefreiheit werden darin gewährt – aber auch das Recht, Tauben zu züchten. Damit wäre der absolutistische Staat Geschichte – der König müsste das Dokument nur noch unterschreiben, aber er zögert. Na so was. Also macht sich eine Horde von Bauern und Marktfrauen auf nach Versailles. Soll schön sein da.

Mit Mistforken und Dreschflegeln wird der König von der Richtigkeit der Erklärung überzeugt. Und deshalb nimmt ihn die Meute vor Begeisterung gleich mit nach Paris. Zu melden hat er ab sofort nichts mehr, denn 1791 gibt sich die Nationalversammlung eine Verfassung. In der Versammlung sitzen die wenigen verbliebenen Royalisten ganz rechts, die gemäßigten in der Mitte und die radikalen Gegner des Königtums ganz links vom Parlamentspräsidenten. Diese Sitzordnung begründet bis heute «rechts»- und «links»-Begriffe für politische Richtungen.

Im selben Jahr wird der König daran gehindert, seinen Urlaub anzutreten – und wer würde da nicht sauer werden? Er beschließt zu fliehen, verkleidet sich aber so schlecht, dass jeder merkt, wer da unterwegs ist. Das Fluchtfahrzeug stellt die Baronin von Korff zur Verfügung, übrigens eine Ururgroßtante des Schriftstellers Vladimir Nabokov («Lolita», → Die Russische Revolution). In Varennes wird der König gestellt und zurück nach Paris verfrachtet. Dieses Mal lächelt er gar nicht mehr, nicht mal süßsauer.

Jetzt wird den restlichen Fürsten in Europa langsam mulmig. Nicht dass ihnen irgendwann Ähnliches widerfährt! Man muss diesem Treiben Einhalt gebieten! Aber die Revolutionsarmee kommt ihnen zuvor – mit dem Ziel, die Revolution in Europa zu verbreiten. Frankreich erklärt Preußen und Österreich den Krieg. In der Nacht der Kriegserklärung (vom 25. auf den 26. April) komponiert der Offizier Claude Rouget de Lisle übrigens die spätere Nationalhymne.

Zuerst sieht es schlecht aus für die Franzosen, aber in der berühmten «Kanonade von Valmy» (ca. hundert Kilometer westlich von Luxemburg) im September 1792 siegt die Revolutionsarmee gegen Preußen/Österreich. → Johann Wolfgang von Goethe schaut dieser Schlacht an der Seite des Herzogs von Weimar aus sicherer Entfernung zu und ruft den herzoglichen Soldaten auf dem Rückzug zu: «Von hier und heute geht eine neue Epoche der Weltgeschichte aus, und ihr könnt sagen, ihr seid dabei gewesen.» Na ja, es gibt allerdings auch Ereignisse, da wäre man lieber nicht dabei gewesen. Eine in die Grütze gerittene Schlacht zum Beispiel.

Aber Goethe behielt natürlich recht. Ludwig XVI., der in Paris festsitzt und den Österreichern und Preußen fest die Daumen und beide großen Zehen dazu gedrückt hatte, wird nach der Schlacht des Hochverrats angeklagt und vier Monate später geköpft. Die Revolution hat gesiegt. Jetzt ist der größte Feind beseitigt – und sofort hat man andere Probleme. Unter den Revolutionären gibt es Radikale und Gemäßigte – die Radikalen heißen «Jakobiner», weil ihre Meetings zunächst in einem alten Jakobinerkloster stattfanden, die Gemäßigten «Girondisten», weil viele ihrer Mitglieder aus der Gegend um Bordeaux, der Gironde, stammen. Vielleicht hat die ja der gute Wein milde gestimmt.

Die radikalen Jakobiner unter ihrem Chef Robespierre setzen sich bald durch. Die Girondisten werden hingerichtet, so wie Tausende Bürger, die den Jakobinern nicht «tugendhaft» genug waren (zu dieser «Dialektik der Aufklärung» siehe das Kapitel → Aufklärung). «Die Revolution frisst ihre Kinder» lautet der letzte Satz des Girondisten Vergniaud, als er aufs Schafott steigt. Irgendwann hat die Bevölkerung aber die Nase voll von der Schreckensherrschaft Robespierres – auch er wird seinerseits einen Kopf kürzer gemacht.

Mittlerweile haben sich die Fürsten Resteuropas ausgeschüttelt und führen wieder Krieg gegen die Revolutionsarmee. In diesen Kriegen profiliert sich auf Seite der Franzosen ein General namens Napoleon Bonaparte – und der eilt von Sieg zu Sieg, bis er so mächtig ist, dass er das französische Volk darüber abstimmen lässt, ob er Kaiser werden darf oder nicht. Das Ergebnis: 3,5 Millionen dafür, 2500 dagegen. Gewählt mit 99,92 Prozent, einem Ergebnis wie bei den Staatsratswahlen der DDR! Da muss man nicht noch ein zweites Mal die Stimmen auszählen. Am 2. Dezember 1804 krönt sich Napoleon selbst zum Kaiser. Den König haben sie geköpft – und einen Kaiser haben sie demokratisch gewählt. Komisches Volk, die Franzosen. Aber der Wein ist spitze.

Romantik

Wie heißt das Zauberwort?

Haben Sie schon mal nachts am Strand gesessen, den geliebten Menschen im Arm? Und im mondbeglänzten Zaubermeer brachen sanft die Wellen ans Ufer? Ja? Sie Glückspilz! Sie können das Kapitel «Romantik» überspringen – Sie sind bereits praktizierender Romantiker! Und wenn Sie während Ihrer romantischen Strandnacht nach einiger Zeit einen leicht strengen Geruch bemerkt haben und feststellen mussten, dass Sie die ganze Zeit in einem Hundehaufen gesessen haben, sind Sie auch beim Thema «Realismus» mitten im Stoff. Das Leben hat Sie gestählt und klug gemacht – Sie brauchen keine öde Theorie mehr!

Für alle anderen: Die Freude an lauschigen Sonnenuntergängen, wilden Bergbächen, Waldeinsamkeit, die Lust an einem Glas Landwein mit Sennerkäse am Holztisch – wer das mag, sollte sich bewusst sein, dass all diese lauschigen Stimmungsmacher eine Mode aus der Zeit um 1800 sind. Aber wie kam es dazu?

Vulkanausbrüche waren ein beliebtes Motiv der frühromantischen Maler, denen es hierbei nicht nur um ein Naturschauspiel ging, sondern um unverkennbare Symbolik: Gemeint war die Französische Revolution, die man als Eruption empfand. Im Vulkan wie in der Gesellschaft bricht sich Bahn, was bisher nur unter der Oberfläche gärte – das Feuer der Vernunft, die Kraft des Volkes. Kein Frühromantiker, der nicht auch ein Revolutionsfan gewesen wäre. Leider lief die Revolution etwas aus dem Ruder, Verstand und Vernunft wurden rationalisiert: Wer auch nur eine Spur zu unvernünftig war, dem schnitt die Guillotine den Kopf sauber und rückstandsfrei ab.

Aus der Aufklärung war plötzlich ein Terror der Vernunft und eine Tyrannei des Lichts geworden. Dabei stand doch fest, dass die Ratio («Vernunft») nur ein Teilaspekt des Lebens ist und durch ihre Überschätzung elementare Bedürfnisse und Gefühle des Menschen ausgeblendet werden: Mitleid, Träume, Hoffnungen, Erinnerungen, Begierden, Klingeltöne runterladen etc.

Anmache in der Frühromantik: Haste mal Feuer?

Das Ignorieren der Ganzheitlichkeit des Menschen gilt nicht nur für die Ratio, sondern auch für anderweitige Rationalisierungen: Durch die beginnende industrielle Revolution und ihre Arbeitsteiligkeit wird der Mensch nicht mehr in seiner Ganzheit, sondern nur noch als Arbeitsmaschine gefordert. Die Vernunft, die ursprünglich zum Triumph der Freiheit, zum Ausweg aus selbstverschuldeter Unmündigkeit führen sollte, raste in ihrer konsequenten Durchsetzung direkt in die verengte Sackgasse fremdbestimmter Arbeit, in die versklavenden Leinewebereien, Bergwerke und Kokereien. Welche Enttäuschung!

Der Romantiker wendet sich von den Ideen der Revolution ab: Napoleon Bonaparte als Repräsentant der Revolution wird von der meistverehrten zur meistgehassten Figur Europas. Er, der einfache Mann, der kraft eigener Leistung die revolutionären Träume wahr werden lässt, wandelt sich zum despotischen Kaiser, zum Imperialisten und Unterdrücker. Die Vulkanmaler ändern ihre Motive – vor und während der Revolution stehen oft interessierte Forscher und staunende Reisende im Vordergrund der Ausbrüche; auf späteren

Bildern sieht man oft klagende Fischer und entsetzte Tagelöhner. Die Geburt des Marxismus aus dem Geist der Romantik folgt sogleich: Beides entspringt der Ablehnung des reinen Zweckdenkens und der Entfremdung in einer rationalisierten Welt. Marx stellt das Konzept der Romantiker, so ein berühmtes Zitat, vom «Kopf» (der Forscher auf den Vulkanbildern, der Dichter und Denker) auf die «Füße» (der Fischer, Tagelöhner und Arbeiter). «Etwas vom Kopf auf die Füße stellen» heißt dann eben nicht nur «aus Spintisiererei ein politisches Programm machen», sondern auch das Konzept der Romantiker von den Philosophen zu befreien und es den Arbeitern zu geben.

Wer das Leben ausschließlich durch die mittlerweile diskreditierte Vernunftbrille sieht, ist für die Romantiker fortan nur ein armer Tropf, ein sogenannter «Philister». Der Philister ignoriert die Nacht- und Schattenseiten in sich. Indem er ganz auf Fortschritt setzt und nur nach vorne schaut, blendet er Archaisches und Vergangenes aus. Und hier setzt der Romantiker die Schubumkehr ein, nämlich die Sehnsucht nach: Vergangenheit! Ursprung! Poesie! Nacht! Ruinen! Alkohol! Frauen! Klaviersonaten!

Ruinenmalerei als Verweigerung des Fortschrittsdenkens feiert große Erfolge. Traumschilderungen, Nachtwanderungen und Gespenstergeschichten werden modern. Märchensammlungen wie «Grimms Märchen» entstehen – das sind Texte «aus der Kindheit der Menschheit», also unverbildet von Vernunft und Philistertum. Erst später werden die Märchen für die Identitätsstiftung der deutschen Nation instrumentalisiert (→ Märzrevolution), genau wie der Rhein als «deutscher Fluss» und Abgrenzung zu Frankreich.

In England entsteht mit Mary Shelleys «Frankenstein» die *gothic novel*, in Deutschland wird Caspar David Friedrich zum Mr Romantic gewählt – hier eines seiner Bilder vom Kölner Dom nach Fertigstellung der U-Bahn:

Das empfindsame, hellblonde Fräulein der Aufklärung wird ersetzt durch die dunkelhaarige *femme fatale* der Romantik – sogar der gemütliche Dorfpfarrer Eduard Mörike verfällt Hals über Kopf einer geheimnisvollen schwarzhaarigen Landstreicherin namens Maria, die mit einem fahrenden Bordell über die Lande zieht. Über die Liebe zu dieser «Peregrina» wird Mörike fast wahnsinnig. Zum Glück nur fast, sonst hätte er nicht den phantastischen Peregrina-Zyklus schreiben können. Unbedingt lesen: Wer je verliebt oder eifersüchtig in seiner Wohnung hin und her getigert ist, weil das hübsche Ding vom letzten Wochenende sich als unheilbringender Vamp entpuppt, der wird verstehen.

Die Romantik entdeckt, dass das Innen und das Außen eben nicht korrespondieren (→ Aufklärung) – ein schönes Äußeres muss keinesfalls einer schönen Seele entsprechen, eher im Gegenteil – in einem Brief an Mörike schreibt ein Freund über Peregrina: «Was ist das für ein Geschöpf! Ihrem Schöpfer gleicht sie von außen, inwendig aber ist sie Chaos!»

Eine ganz besonders folgenreiche Entwicklung dessen, dass die äußeren Zeichen nicht mit den Dingen übereinstimmen, betrifft die Sprache: Die Aufklärung setzt, das sagt ja schon der Name, auf Klarheit, Verständlichkeit, Eindeutigkeit. Der Romantiker bezweifelt, dass Kommunikation ohne Missverständnis möglich sei – und akzeptiert damit die Unverständlichkeit als einen Teil des Lebens; Friedrich Schlegel schreibt sogar ein Essay «Über die Unverständlichkeit». Leider nehmen einige Philosophen das in der Folge allzu ernst und geben sich gar nicht erst die Mühe, verständlich zu schreiben. In der Poesie ist Raunen ja okay – in der Philosophie aber droht man sich zu verzetteln. Deshalb haben wir viel von dem heutigen gestelzten Ton an deutschen Universitäten, in der Sachliteratur und in erhabener Poplyrik wie der von Xavier Naidoo dieser Scharnierstelle der deutschen Kulturgeschichte zu verdanken: Ich persönlich hab keine Ahnung, wovon die reden, aber es klingt irgendwie schwer, erfüllt von heiligem Ernst und Erhabenheit, irgendwas wird schon dran sein.

Auch dem Humor geht es an den Kragen: Die komplizierte Theorie der «romantischen Ironie» kann schnell auch ein fröhliches Gemüt verstimmen, der Versuch lohnt sich aber trotzdem. Also: Völlige Verständlichkeit, so glaubt der Romantiker, sei nicht möglich. Da Schweigen aber meist die noch schlechtere Alternative ist, ist Sprechen nur unter Vorbehalt möglich, also gewissermaßen «ironisch».

Der Philister der Aufklärung würde sagen: Guck mal, die blaue Blume! – dann pflückt er sie und stellt sie in die Vase. Fertig. Der Romantiker sagt: Guck mal, die blaue Blume! – und es eröffnet sich ihm ein Universum aus geheimen Bedeutungen: Die blaue Blume ist das ersehnte Objekt der Begierde, das Symbol für Unsterblichkeit, Erkenntnis, Ruhm und alles Unerreichbare, Unerklärliche, Unendliche. Der Romantiker lädt selbst die banalsten Dinge mit poetischer Bedeutung auf, er «romantisiert» sie: In ALLEN Dingen schläft ein Lied. Und wenn man das Zauberwort trifft, dann hebt die Welt an zu singen.

Aber bevor wir uns ganz im Unendlichen verlieren, machen wir lieber einen kleinen Ausflug nach Berlin! Wenn Sie mal dort sind und den Gendarmenmarkt besuchen, bummeln Sie doch mal an die Ecke Taubenstraße/Charlottenstraße, nur ein paar Schritte zwischen dem Maredo-Steakhaus und dem Hotel Dorint Sofitel! Da treiben sich viele Touristen rum, die das Weinhaus Lutter & Wegner besuchen, einen Blick auf den Deutschen Dom werfen oder einen Drink in der benachbarten Newton-Bar nehmen. Direkt über dem Weinhaus lebte (und starb) 1822 der Schriftsteller E. T. A. Hoffmann. Abends soff er sich die Hucke voll, mit seinem Kumpel, dem Schauspieler Ludwig Devrient. Devrient erfand hier übrigens im Suff das Wort «Sekt» für Schaumwein (er spielte Abend für Abend im Theater den Falstaff, der in → Shakespeares «Heinrich IV.» einen «seak», also einen trockenen Sherry, bestellt. Im Anschluss an die Vorstellung trug Devrient seine Rollenhaltung in den Weinkeller hinüber. Da der Kellner mit dem Wort nichts anzufangen wusste, brachte er einfach eine weitere Flasche Schaumwein). Werfen Sie einen Blick nach oben: Dort schläft ein Lied, man muss nur das Zauberwort kennen, dann hebt die Welt an zu singen! Da oben, über dem Stockwerk mit den Geranien, da ist «Des Vetters Eckfenster». Und anhand dieses Fensters lässt sich anschaulich illustrieren, was es mit der romantischen Ironie auf sich hat:

Auf dem Gendarmenmarkt fand im 19. Jahrhundert ein Markt statt. Die Hauptfigur in Hoffmanns Erzählung «Des Vetters Eckfenster» hat aus seinem Fenster einen hervorragenden Blick auf diesen Markt. So wie dem Romantiker die Welt unverständlich bleiben muss, bleibt dem Vetter aber dieser Markt unverständlich, da der arme Kerl gebrechlich ist und seine Wohnung nicht verlassen kann. Natürlich könnte der Vetter in Schweigen verfallen und resignieren. Als echter Romantiker aber spricht er ohnehin nur «unter Vorbehalt» und kann locker Poesie produzieren. Dem Philister mag das Gewimmel von oben ein eintöniger Menschenauflauf sein. Nicht so dem romantischen Vetter: Er denkt sich Geschichten über die Leute auf dem Gendarmenmarkt aus – aus einem großen Herrn mit altmodischem Rock spintisiert er sich zusammen, dass es sich um einen französischen Pastetenbäcker handeln müsse, der mit seinen drei Freunden (einem Fechtmeister, einem Sprachlehrer und einem Tanzmeister) in einer WG wohne und für deren leibliches Wohl sorge. Die Frau im gelben Baumwollkleid muss einfach die Tochter eines reichen Seifensieders sein – eine rabiate Hausfrau, mit einem hutzeligen Sekretär als Mann, der sich wegen ihrer Knauserigkeit wünscht, er hätte die Alte nie geheiratet.

Der Vetter weckt das Lied in den Dingen – erst durch seine Beobachtung und Phantasie wird aus dem alltäglichen Markt ein Ort der Poesie. Da er dessen «reale» Bedeutung aber nicht kennt, bringt er die Welt zum Singen, indem er sie mit seinen Zauberworten benennt. Das Universum ist unendlich viel größer als der Schein der Sterne, den wir mit unseren Augen erkennen können. Der Weg ist nicht weit von dieser Unendlichkeit zu Gott – und es ist nur konsequent, dass viele Romantiker später zu frömmeln beginnen. Und das war's dann mit der Ironie: Heiliger Ernst wurde draus.

Den beiden Dichtern Wilhelm Wackenroder und Ludwig Tieck will Gott ein paar Jahre zuvor eine rechte Gunst erweisen: Er schickt sie in die weite Welt. Sie unternehmen eine romantische Wanderung durch Franken und entdecken in der Dürerstadt Nürnberg einen Ort, der ihrer Vorstellung von altdeutscher Romantik entspricht – die Geburtsstunde von Nürnberg als kerndeutscher Vorzeigestadt, mit allen späteren Konsequenzen: → Wagners «Meistersinger», Fackelzüge, Reichsparteitage (→ Adolf Hitler), Christkindlesmarkt.

Der Nationalsozialismus hat sich stark auf die Romantik berufen, was freilich auf vielen Missverständnissen fußt: Die Romantiker waren Individualisten, so etwas wie ein «Führerprinzip» oder der «völkische» Gedanke war ihnen fremd: Ihre Märchen- und Volksliedersammlungen beschränkten sich nicht etwa auf Deutschland, sondern waren von der Neugier auf Fremdes geprägt, auf der Suche nach der Ursprünglichkeit und verlorenen Unschuld – von Rassenbiologie keine Spur. Es gab diese Diskussion schon im Dritten Reich, bis Joseph Goebbels ein Machtwort sprach: Die Romantik sei als kulturelles Erbe zu pflegen, weil man «darauf stolz sein könne». In der Folge wurde also das kulturelle Inventar der Romantik missbraucht, ohne die dahinterstehende Konzeption mitzutransportieren. Dadurch ist vieles Romantische in der Nachkriegszeit in Verruf geraten: Wandern, Volkslieder, Lagerfeuer etc. Und so ging das romantische Erbe verloren. Schade drum.

Vormärz und Revolution von 1848
Türkis – Rot – Gold!

Der junge Joseph von Eichendorff ist unzufrieden: Da wedelt man fleißig und seit Jahren mit der blauen Blume, aber dieser Franzosenkaiser Napoleon lässt sich nicht durch romantisches Denken und Dichten aus Deutschland vertreiben – und schon gar nicht von einer imaginären Pflanze! Also greift Eichendorff zu einer anderen Farbe – Schwarz: Er wird Soldat und schließt sich den «Lützower Jägern» an, einem wilden Haufen von Freiwilligen aus allen deutschen Staaten, ohne Sold und einheitliche Uniform. Andere Lützower sind der Schriftsteller Theodor Körner, Turnvater Jahn oder der Erfinder des Kindergartens, Friedrich Fröbel.

Als Erkennungsmerkmal färben die Lützower ihre Zivilklamotten schwarz – die einzige Farbe, die einigermaßen einheitlich zu färben ist. Schwarzer Rock, roter Rockaufschlag, goldene Knöpfe – fertig ist die Uniform. Errät jemand, wo die bunte Reise hingeht? Hierhin:

Gut, dass die Uniformen nicht, na sagen wir mal, türkis waren. Türkis-Rot-Gold, das beißt sich irgendwie. «Aus der Schwärze der Knechtschaft durch blutige (rote) Schlachten ans (goldene) Licht der Freiheit!» – und so wird Schwarz-Rot-Gold zunächst zum Symbol für die Befreiung von Napoleon. Der große Traum aber ist die Abschaffung der deutschen Kleinstaaterei zugunsten eines großen deutschen Nationalstaats – eines Nationalstaats, wie andere Völker ihn auch haben.

Die Lützower Jäger nehmen an der Schlacht von Waterloo teil, in der Napoleon vernichtend geschlagen wird. Der Pulverdampf ist noch nicht verraucht – da haben die deutschen Fürsten schon ausgekungelt, wie es weitergehen sollte: nämlich so, als wäre nichts geschehen. War also erst mal nichts mit dem einheitlichen Deutschland. Beim Wiener Kongress haben die europäischen Herrscher bereits in den Monaten vor dem Sieg über Napoleon geplant, die alten Verhältnisse wiederherzustellen: die Rücknahme von Reformen, die Fortsetzung der deutschen Kleinstaaterei, die Wiedereinführung der Zensur. Der Hauptverantwortliche für dieses muffige Drama namens «Restaurationszeit» wird später Namenspatron einer Flasche:

Zensur, Kleinstaaterei – das war nun gar nicht das Ergebnis, das sich Eichendorff & Kameraden von den napoleonischen Befreiungskriegen erhofft hatten. Da Eichendorff persönlich durchaus konservativ ist und sich auch nach der alten Zeit zurücksehnt (bloß eben nicht so), versucht er, diese in der Poesie wiederzugewinnen. Der Dichter zieht sich zurück und wird zum Beschwörer des Vergangenen (Ruinen, Marmorbilder, Taugenichtse).

Seine Lützower Kollegen sind kämpferischer. So wie die Jägertruppe aus verschiedenen Landsmannschaften zusammengewürfelt war, so gründen einige Lützower Veteranen 1815 in Jena eine Burschenschaft für Studenten aus allen Teilen Deutschlands. Sie wollen die alten Zöpfe abschneiden: Schwarz-Rot-Gold wird zum Symbol für die Einheit Deutschlands. Leider übertreibt es ein Student mal wieder: Karl Ludwig Sand ermordet 1819 den konservativen Dramatiker und Liberalenschreck August von Kotzebue, den man sonst längst vergessen hätte. So sorgt sein Name aber bei Generationen von Schülern immer noch für ein albernes Grinsen.

Sand wird hingerichtet, der Restaurator Metternich jubelt: Der Kotzebue-Mord ist ein prima Vorwand, um unter der aufrührerischen Studentenschaft so richtig aufzuräumen! Metternich setzt die «Karlsbader Beschlüsse» durch: Versammlungsverbote, unangekündigte Überprüfungen, verschärfte Zensur. Als Mitglieder von Turnvereinen getarnt («Turnvater Jahn»), agitieren die Studenten im Untergrund weiter. Bei der Vernehmung nach einer Razzia kreuzt der Leipziger Student Karl Hase zwei Finger hinter dem Rücken und gibt unschuldig lächelnd einen Satz zu Protokoll, der später zum geflügelten Wort wird: «Mein Name ist Hase – ich weiß von nichts!»

Das Problem aber: Was ist das eigentlich – Deutschland? Deutschland besteht um 1840 zum Beispiel aus Preußen, Bayern, Hessen, Anhalt-Dessau, Sachsen-Coburg-Gotha, Schleswig-Holstein-Sonderburg-Glücksburg und Hunderten anderer Operettenstaaten und Duodezfürstentümern – ein Flickenteppich. Duodez ist ein Papier- und Buchdruckformat – die Rede ist also spöttisch von Staaten, deren Territorium die Größe eines DIN-A6-Blattes hat.

Das einzige halbwegs einigende Band der Kleinstaaten ist die deutsche Sprache; Philosophen und Schriftsteller stehen deshalb an der Spitze der Einigungsbewegung und begründen den Ruf von Deutschland als «Kulturnation». Der Begriff bedeutet also nicht etwa, dass Deutschland kulturell mehr draufhätte als andere Länder, sondern dass es eben die Kultur ist, die Deutschland erst zur Nation macht – keine Grenze, kein Territorium (wie in Frankreich) und kein Bekenntnis zur Verfassung (wie in den USA). Deutschland brät sich, mal wieder, eine Extrawurst (oder geht, wie es später immer wieder heißen wird, einen «Sonderweg»).

1841 reicht diese «Kulturnation» nach Ansicht des Burschenschaftlers August Heinrich Hoffmann von Fallersleben, hier eine Autogrammkarte,

von der Maas im Westen (dem Grenzfluss zu Holland, fließt durch Maastricht) bis an die Memel im Osten (dem damaligen Grenzfluss zu Litauen – die litauische Stadt Memel heißt heute Klaipeda), von der Etsch im Süden (in Südtirol) bis an den Belt im Norden (eine Meerenge in der Ostsee, findet sich heute noch im Wort Baltikum).

Das Thema «Deutschland», also die deutsche Einigung, ist der studentischen Protestbewegung um 1840 also wichtiger als alles andere – und nichts anderes besagt der erste «Deutschlandlied»-Vers «Deutschland, Deutschland über alles, über alles in der Welt». Diese Zeilen haben also eine völlig andere Bedeutung, als gemeinhin angenommen wird: Es geht hier gar nicht darum, dass Deutschland viel toller als alle anderen Nationen sei. Nein, nur das Thema «Deutschland», die nationale Einigung, wird wichtiger als alle anderen Themen genommen – die Pressefreiheit, die allgemeinen Wahlen, die Einführung eines Parlaments usw.

150 Jahre Aufregung – um ein großes Missverständnis! Gerade wurde in der Talkshow von Sandra Maischberger wieder unwidersprochen vom «unerträglichen Chauvinismus» dieser Strophe gesprochen. Dabei ist die Einheit Deutschlands (inzwischen die von Ost und West) doch neben der aktuellen weiblichen Begleitung von Boris Becker und Lothar Matthäus bis heute eines der wichtigsten innenpolitischen Themen! Genaugenommen gehört die erste Strophe heute gar nicht mehr zur Nationalhymne. Bis 1991 war sie dabei, wurde aber aus Rücksicht nicht gesungen. Seit 1991 ist nur noch die dritte Strophe die Hymne («Einigkeit und Recht und Freiheit»).

Zurück zu den wackeren Kämpen von 1848. Im März brechen Aufstände in Baden, Bayern und Wien gegen die Restauration los, in Berlin kommt es zu Straßen- und Barrikadenkämpfen, in deren Verlauf über 300 Menschen sterben (wenn Sie schon am Gendarmenmarkt sind, um «Des Vetters Eckfenster» der → Romantik zu besuchen, schauen Sie mal in der Gegend zwischen Rudi-Dutschke-Straße (→ 1968), Friedrichstraße und Unter den Linden an die Hauswände: Die DDR-Regierung hat überall Gedenktafeln angebracht!).

Friedrich Wilhelm IV. bekommt es mit der Angst, zieht sich «freiwillig» eine schwarz-rot-goldene Schärpe über und erweist den Gefallenen seine Ehre. Ganz kurz sieht es so aus, als ob alles gut würde – aber nur ganz kurz: Am 18. Mai 1848 konstituiert sich in der Frankfurter Paulskirche eine Nationalversammlung als Parlament. Diese Nationalversammlung gibt sich 1849 eine Verfassung, deren Inhalte zwar nie umgesetzt wurden, aber 1949, genau hundert Jahre später, teilweise wörtlich in die Verfassung der Bundesrepublik Deutschland eingingen.

Zunächst strebt man 1849 eine «großdeutsche Lösung» an – also eine staatliche Einheit mit Österreich. Der junge österreichische Kaiser Franz Joseph ist davon allerdings wenig enthusiasmiert, also wird eine «kleindeutsche» Lösung ohne die Ösis verfolgt. Franz Joseph wird dann sage und schreibe achtundsechzig Jahre lang österreichischer Kaiser bleiben (→ Erster Weltkrieg).

In Deutschland läuft die Sache anders: Im April 1849 wählt die Nationalversammlung den preußischen König Friedrich Wilhelm IV. zum deutschen Kaiser. Eine Abordnung soll ihm in Berlin die Kaiserwürde antragen. Aber Friedrich Wilhelm lässt die Gesandten durch den Dienstboteneingang herein – und lehnt ab: Er will nicht statt von Gottes Gnaden von einem banalen Parlament die Kaiserkrone empfangen: Von der «Canaille» lasse er sich nicht wählen, das «Hundehalsband» nehme er nicht an! Das Parlament ist damit funktionslos, Einheit und Verfassung sind gescheitert, österreichische und preußische Abgeordnete verlassen das Parlament, das sich damit selbst auflöst. Ein Rumpfparlament zieht 1849 nach Stuttgart, wird aber von württembergischen Truppen vertrieben. Und da war es vorbei mit Revolution und Romantik.

Dafür wird das Geschäft der deutschen Einheit jetzt «von oben» betrieben: Bismarck steigt ein – immer den Vorteil Preußens im Blick – und wird es 1871 schaffen, das Deutsche Reich zu gründen. Zum Dank benennt man später einen Rollmops nach ihm. Die gescheiterte Revolution von 1848 wurde im 20. Jahrhundert von beiden deutschen Staaten vereinnahmt: Während in der DDR der revolutionäre, nach sozialer Gerechtigkeit strebende Aspekt im Vordergrund steht, legt die Bundesrepublik Wert auf die freiheitlich-parlamentarisch-demokratischen Aspekte.

Die Unfähigkeit zur Revolution wird die Deutschen noch verfolgen. Die erste geglückte Revolution auf deutschem Boden findet erst 1989 statt, als die DDR-Bürger in beige- und türkisfarbenen Popeline-Jacken die Grenze stürmen. Aber auch hier hat sich, womöglich aus modischen Gründen, Türkis-Beige-Gold nicht durchgesetzt. Uff.

Die Entdeckung Trojas

Agamemnon im Kinderparadies

Heinrich Schliemann war ein weiches Kind, das am liebsten träumte, sich vor allem fürchtete und viel an den Ohren litt. Er sucht im Garten nach vergrabenen Schätzen und sieht in jedem alten Stein eine geheimnisvolle Ruine – ein echtes Kind der deutschen Romantik. Als Neunjähriger bekommt er zu Weihnachten eine Weltgeschichte für Kinder geschenkt, in der er ein Bild entdeckt, auf dem der Sagenheld Äneas seinen Vater Anchises aus der brennenden Stadt Troja trägt. Später wird Schliemann berichten, dass er sich in diesem Moment entschloss, auf den Spuren des Dichters Homer das historische Troja auszugraben. Der Kampf um Troja war für Jungs im 19. Jahrhundert das, was heute Harry Potter, der Herr der Ringe und Biss zum Morgengrauen zusammen sind. Mit dem Unterschied, dass heute kein Neunjähriger auf die Idee kommen würde, Harry Potters Quidditch-Besen oder Bertie Botts Bohnen jeder Geschmacksrichtung ausgraben zu wollen. Oder?

Dass die Szene mit Äneas und Anchises allerdings gar nicht von dem Griechen Homer, sondern viel später von dem Römer Vergil erdichtet wurde, muss man Schliemann nachsehen – die beiden Poeten sind ja auch kaum auseinanderzuhalten:

Vergil

Homer

Erst mal beginnt Schliemann aber eine Kaufmannslehre, die er 1841 schon wieder abbricht. Er beschließt, nach Venezuela auszuwandern – ohne einen Pfennig in der Tasche. Weit kommt er aber sowieso nicht. Das Auswandererschiff, eine alte Fregatte, strandet schon vor der holländischen Küste. Schliemann robbt an den Strand von Texel und bleibt gleich in Amsterdam. Dort wird er Laufbursche einer großen Firma, erlernt in kürzester Zeit vier Fremdsprachen und steigt schnell auf.

Er eröffnet für seine Firma eine Filiale im russischen St. Petersburg, hat nun aber Blut am Unternehmertum geleckt und macht sich schnell selbständig. Schliemann reist in die USA, gründet 1851 eine Bank für Goldhandel in Sacramento, wo gerade der Goldrausch zu Ende gegangen war. Von dem ist heute nicht sehr viel mehr übrig geblieben als der Name des Footballteams der «San Francisco 49ers» (als «49ers» wurden die Goldgräber von 1849 bezeichnet) und der Mythos, von dem die Lieder singen, «There is plenty of gold, so I've been told on the banks of Sacramento».

Schliemann schreibt die tollsten Postkarten nach Hause: dass der Präsident ihn empfangen und dass er mit dem Gouverneur von Panama parliert habe, dass er das große Feuer von San Francisco mit eigenen Augen gesehen habe und dass ihm sogar die amerikanische Staatsbürgerschaft verliehen worden sei. Das klingt ziemlich dufte, bloß: Es ist alles erstunken und erlogen. Schliemann war ein Hochstapler, ein Aufschneider und Angeber. Zeitgenossen bezeichnen ihn als selbstgefällig, empfindlich, streitsüchtig, egozentrisch, unduldsam, rechthaberisch, schwerfällig, bombastisch, griesgrämig, ahnungslos, pedantisch und unaufrichtig.

Eines stimmte allerdings: Fürs Geschäft hatte Schliemann ein Händchen, mit dem Goldhandel wird er ein wohlhabender Mann. Als der Verdacht aufkommt, Schliemann wiege seinen Goldstaub nicht korrekt, überträgt er die Bankgeschäfte einem Kompagnon, packt 60 000 Dollar in einen Koffer und verschwindet zurück nach St. Petersburg. Plötzlich hat er ganz neue Pläne: Er will heiraten.

Und er geht auf Nummer sicher, indem er gleich zwei Heiratsanträge vorbereitet, die allerdings beide abgelehnt werden, weil die

Frauen sich vor dem peinlichen, egozentrischen – na, siehe oben – Zeitgenossen fürchten. Böh. Geld ist eben nicht alles. Davon hat Schliemann allerdings bald mehr als genug, durch glücklichen Handel versechsfacht er sein Vermögen und wird der erfolgreichste Mann an der Petersburger Börse. 1855 gelingt ihm dann der große Coup. Er umgeht im Krimkrieg eine Seeblockade und liefert der zaristischen Armee einen riesigen Vorrat an Rohstoffen (Blei, Schwefel, Salpeter) zur Herstellung von Munition. Damit wird Schliemann so reich, dass eine der beiden Frauen, die ihn zunächst schnöde abgewiesen hatten, jetzt doch noch mal einen Blick auf die Kontoauszüge wirft, Schliemanns innere Werte entdeckt, sich ganz spontan verliebt und ihn heiratet. Hatte ich schon einmal erwähnt, dass in Russland die Epoche der Romantik gegenüber der des Realismus ziemlich abstinkt?

Die Ehe läuft allerdings mäßig. Schliemann sorgt sich um sein Vermögen wie Onkel Dagobert, kann aber den Stress nicht gut ertragen und fängt wieder an, von den Altertümern Griechenlands zu träumen – ewige Werte, die anders als sein Reichtum nicht der Konjunktur unterworfen sind. Seine Frau lacht ihn dafür nur aus. Als er 1864 einen Rechtsstreit um viel Geld gewinnt, schmeißt er alles hin, lernt Latein und Griechisch und macht eine Weltreise. Er promoviert zum Dr. phil., wird Amateurforscher und erwirbt jetzt tatsächlich die amerikanische Staatsbürgerschaft – allerdings betrügerisch. Das tut er vor allem, um sich von seiner Frau scheiden zu lassen, die für seine romantischen Antiken-Anwandlungen nur Verachtung übrighat.

Nach der Trennung bittet er seinen Griechischlehrer, ihm eine «homerbegeisterte Griechin» zu suchen. Anhand von Fotos dreier Frauen wählt Schliemann Sophia aus, die Nichte des Lehrers, heiratet sie und hat mit ihr einen Jungen und ein Mädchen, die er nach griechischen Helden benennt: Agamemnon und Andromache. Agamemnon Schliemann – den werden sie in der Schule schön ausgelacht haben. «Der kleine Agamemnon möchte im Kinderparadies abgeholt werden» oder so.

Spaß beiseite. 1870 hat die Romantik längst ausgedient – jetzt müssen all die schönen Dichtungen beweisen, was wirklich in ihnen steckt: Literatur wird auf ihren Realitätsgehalt hin überprüft. «Realismus» ist gefragt. Texte werden nicht mehr nur als Erfindungen verstanden – sondern als Abbilder einer wie auch immer gearteten Wirklichkeit. Schliemann übertreibt in dieser Hinsicht maßlos: Beim Baden auf der Griecheninsel Korfu findet er zwei unbehauene Steine und glaubt kurzerhand, dies sei der Platz, wo der schiffbrüchige Odysseus von der Phäakenprinzessin Nausikaa gefunden worden sei. Er findet einen alten Krug mit Dreck, von dem er es für «wohl möglich hält», dass er die «Asche des Odysseus bewahre». Schliemann wäre vermutlich sogar bei der Entdeckung eines Apfelgehäuses in Jubel ausgebrochen – es könnte ja der Apfel gewesen sein, den Paris der Göttin Aphrodite geschenkt hat. Schliemann checkt die ganze Welt auf ihre Verwertbarkeit hinsichtlich der von ihm verehrten antiken Literatur und biegt sich zurecht, was nicht passt.

Und dann Troja: Seit etwa 1850 wird nicht mehr wirklich bezweifelt, dass Troja irgendwo in der Gegend um Hissarlik in der Türkei zu finden sein muss. Darauf hat der Archäologe Frank Calvert Schliemann hingewiesen, Calvert wird aber von Schliemann in dessen Memoiren nicht einmal erwähnt! Mit seinem Geld kann Schliemann sich im Gegensatz zu vielen richtigen Wissenschaftlern aber Ausgrabungen leisten. Und dabei ist er nicht zimperlich:

Wie essen Sie Ihren Berliner/Pfannkuchen/Faschingskrapfen? Erst vorsichtig den Teig essen, sich behutsam bis zur Marmelade vorarbeiten, um dann schließlich den süßen Saft genüsslich zu verputzen? Oder pflügen Sie sich baggermäßig durch das Gebäck, Teig hin oder her, um möglichst schnell ans Eingemachte zu gelangen, ohne Rücksicht auf Verluste? Zweiteres? Ja, Sie sind eher so der Schliemann-Typ.

1870 lässt Schliemann einen Graben mitten durch den alten Stadthügel von Troja treiben und zerstört dabei wichtige Siedlungsspuren. Für spätere Archäologen eine Katastrophe. Schliemann kommt zu dem logischen Kurzschluss, dass er, wenn er Troja nicht an Ort und Stelle finden würde, immerhin bewiesen hätte, dass es Troja gar nicht gibt. Das ist ungefähr so zwingend, wie wenn ein Fischer, der keinen Fisch gefangen hat, die Nichtexistenz von Fischen für erwiesen hält.

Aber Schliemann hat Erfolg: Mit seiner Spitzhacke zertrümmert er wichtige Spuren, behutsamere Methoden sind auch damals schon bekannt. Aber immerhin entdeckt er tatsächlich schnell die Marmelade: Spuren der alten Siedlung Troja.

Bei den Funden handelt es sich, das weiß man heute, nicht um die Stadt Troja, die Homer beschreibt, sondern eher um mehrere «Trojas» aus mehreren Epochen, deren Reste in vielen Schichten übereinanderliegen. Schliemann ist da nicht so kleinlich: Er rennt mit der Stoppuhr um die Mauerreste, um zu prüfen, ob Achilles Hektor wirklich dreimal um die Stadtmauern Trojas habe jagen können, wie Homer erzählt. Es geht – also Volltreffer!

Tja, die Siedlung Troja hat er tatsächlich gefunden, das ist mittlerweile allgemein anerkannt. Aber was soll das mit dem poetischen Epos Homers zu tun haben? New York gibt's ja auch – trotzdem hat es Godzilla auf der 5th Avenue oder King Kong auf dem Empire State Building ja nie gegeben – die hat sich jemand ausgedacht. Aber wie gesagt, Logik ist nicht Schliemanns Stärke.

Homer ist für Schliemann ohnehin nicht der Dichter einer ziemlich gut erfundenen Geschichte, die eine poetische Wahrheit über die Natur des Menschen und sein Schicksal erzählt. Denn das ist ja die eigentliche Leistung der «Ilias». Homer ist für Schliemann der Buchhalter einer Wirklichkeit, die Schliemann weit über 2500 Jahre nach Entstehung des Textes auf Teufel komm raus rekonstruieren will. Als ob irgendetwas über die Qualität von Literatur ausgesagt wäre, wenn man sie als «wirklich wahr» oder als «ausgedacht» qualifiziert.

1873 fand er dann den «Schatz des Priamos», einen Goldschatz, der freilich in einer Schicht lag, die ungefähr 1000 Jahre vor Homers Epos das historische Troja ausmachte, also mitnichten der Schatz des Priamos sein kann. Auch die «Maske des Agamemnon» aus Mykene ist bestimmt nicht die Maske des Agamemnon, dafür wäre sie etwa 300 Jahre zu alt.

Schliemanns nassforsche Zuschreibungen aber begeistern die Weltpresse. Der schlaue Mann ist nämlich ein talentierter Selbstvermarkter, und die Entdeckung eines der berühmtesten Orte der Literatur ist eine Sensation. Behutsamere Kollegen aus der Welt der Wissenschaft kochen – einmal vor Neid über Schliemanns Popularität, dann vor Fassungslosigkeit über seine tatsächlichen Erfolge, und schließlich vor Wut über dessen Skrupellosigkeit.

Auf Vorschlag des Arztes Rudolf Virchow verschifft Schliemann einen Teil seiner Funde nach Berlin, wo man sie bis zum Zweiten Weltkrieg bewundern konnte, seither sind die meisten Preziosen in Russland. Stichwort Beutekunst.

Im Gegenzug für die Berliner Gabe bedrängt Schliemann Virchow, sich für seine Ehrenbürgerwürde einzusetzen, was dieser erfolgreich betreibt. Aber Schliemann, der alte Egomane, zerstört die Freundschaft mit Virchow – wegen eines Streits um eine Sitzordnung. Schliemann, jetzt sehr berühmt, hält bei Tisch große Lobreden auf seine Gäste in einem Französisch, das anwesende Franzosen als Beleidigung empfinden. Gemerkt hat Schliemann das nicht, der Zweifel, gar der Selbstzweifel, war nie sein Ratgeber.

Immerhin hat er mit seiner Großspurigkeit bedeutende Schätze der Antike gefunden, die bei einem behutsameren Zugang so schnell nicht aufgetaucht wären. Das ist vielleicht das bedeutendste Verdienst des Heinrich Schliemann: mit Mut und Phantasterei einen großen Wurf hinzulegen. Aus dem weichen Kind, das gerne träumt, war ein Mann geworden, der seine Träume realisiert. So ist Schliemann eine Figur für den Übergang von der Romantik in eine realistischere Zeit. Sein Ohrenleiden ist er jedoch nicht losgeworden: 1890 stirbt Heinrich Schliemann an einer verschleppten Ohrenentzündung.

Richard Wagner
Post von Wagner

«Weia! Waga! Woge, du Welle, walle zur Wiege! Wagalaweia! Wallala weiala weia!»

Mit diesen Worten der drei Rheintöchter namens Woglinde, Wellgunde und Floßhilde beginnt Richard Wagners sechzehnstündiger Opernvierteiler «Ring des Nibelungen», genauer gesagt, die erste Szene des ersten Teils, «Das Rheingold». Wer nichtsahnend und gutgläubig in eine Aufführung des «Rings» geraten ist, fragt sich wohl in dieser Minute, wie er die nächsten fünfzehn Stunden und neunundfünfzig Minuten überleben soll. Zum Glück wird der «Ring» auf vier Tage verteilt gespielt, man könnte nach dem «Rheingold» also auch flüchten und die restlichen drei Tage schwänzen.

Richard Wagner – was war denn das für ein Vogel? Ein Hallodri, ein Schlawiner, ein Lebemann, ein Frauenheld – aber viele sagen, er war ein Genie. Die Themen seines Lebens und seiner Kunst findet er schon als Kind:

- «Der Fluch des Geldes»: Als Fünfzehnjähriger unterschlägt er das Beichtgeld für den Pfarrer, verjuxt es und kämpft anschließend mit seinem Gewissen. Beichten ging ja nun nicht mehr. Gut, der Nibelungenhort mag etwas größer gewesen sein – aber Unglück bringt der auch (→ Das Nibelungenlied). Wagners Schulden werden im Laufe der Jahre übrigens in etwa auf Nibelungenhortgröße anwachsen.
- «Das Geheimnis hoher Geburt»: Der kleine Richard weiß nicht, wer sein Vater ist: Friedrich Wagner oder Ludwig Geyer, der Liebhaber seiner Mutter, deren Herkunft selbst unbekannt ist. Amtlich eine Bäckerstochter, durfte sie ungewöhnlicherweise ein Internat für Adelige besuchen. Die Kosten dafür übernahm ein Anonymus, der sich später als Prinz Constantin von Sachsen-Weimar entpuppte, übrigens ein Bruder von → Goethes Gönner Carl-August. Da liegt die Vermutung nicht fern, dass Johanna Rosine Wagner

eine «natürliche» (= uneheliche) Tochter des Prinzen war. Das Thema der unbekannten hohen Geburt findet sich später in Wagners Werken wieder, im «Lohengrin», im «Parsifal». Auch Wagner selber pflegt zeit seines Lebens eher einen fürstlichen Stil: Pelzkragen, goldene Manschettenknöpfe, Einrichtung von Opa Versace. Irgendwo müssen die Schulden ja herkommen.
- «Zurückweisung und Verrat»: Der kleine Richard schwänzt die Schule und schreibt stattdessen die Tragödie «Leubald und Adelaide». Das Stück ist so blutrünstig, dass im fünften Akt die Personen ausgehen und Richard sie als Geister wiederkehren lassen muss. Seine fünf Schwestern wälzen sich kreischend vor Lachen auf dem Boden. Später wird Wagners Tannhäuser auf dem Wartburger Sängerfest ebenfalls künstlerische Ablehnung erfahren.

Als Musikstudent in Leipzig wird Richard Wagner Mitglied einer schlagenden Verbindung. Im Suff akzeptiert er die Duellforderung des Studenten Degelow. Angesichts des sicheren Todes (Degelow gilt als routinierter Kämpfer, Wagner als Maulheld) steigert er sich in einen regelrechten Duellwahn: Er legt sich mit fünf weiteren Kommilitonen an und hat plötzlich sechs Duellforderungen an der Backe. Und jetzt geschieht ein Wunder: Degelow wird in einem anderen Duell in Jena getötet, ein weiterer seiner Gegner schwer verletzt. Zwei andere Gegner verschwinden wegen Spielschulden, der fünfte haut ab zur Fremdenlegion. Zum letzten Duell findet sich Wagner pünktlich ein und erfährt, dass sein Gegner in der Nacht zuvor im Bordell von Prostituierten verprügelt und deshalb aus der Studentenschaft ausgeschlossen wurde. Damit ist er nicht mehr satisfaktionsfähig. Wagner hat alle Duelle siegreich bestanden, ohne die Waffe auch nur angefasst zu haben. Ähnliche wundersame Rettungen wird er noch öfter erleben.

Fürs Studieren interessiert sich Wagner nicht sonderlich, mehr schon für das Kartenspiel, besonders aber für die Politik – das liegt vor allem am polnischen Grafen Vincenz Tyszkiewicz, der ihn für die Ideen der Französischen Revolution begeistert. Tyszkiewicz ist ein Mann mit düsterer Vergangenheit: Der Graf hatte daheim im

Schloss auf ein vermeintliches Gespenst geschossen und dabei seine Frau getötet, die ihn mit Geisterschabernack erschrecken wollte.

Noch als Student bekommt Wagner ein tolles Angebot aus der Musikbranche: Die Stelle des musikalischen Direktors in Magdeburg ist frei – Wagner akzeptiert, dirigiert und führt sofort ein champagnerberauschtes Leben, ohne einen Pfennig in der Tasche. Er spielt Roulette, macht Schulden in Restaurants, beim Schneider. Außerdem fängt er eine Liebschaft mit der schönen Minna Planer an, die er aber einem reichen Freund abzutreten bereit wäre, wenn dieser im Gegenzug Wagners Schulden übernähme. Vergeblich. Wagner bleibt auf Minna und seinen Schulden sitzen.

Allerdings sorgt Wagner in Magdeburg für eine zumindest musikalische Revolution: Bisher galten Dirigenten als ordinäre Taktschläger, als die unwichtigsten Mitglieder im Orchester. Damit räumt Wagner auf: Als Erster stellt er sich mit dem Rücken zum Publikum, ackert und rackert, setzt eigene Tempiwechsel, gibt Dynamik und Akzente vor, kitzelt das Letzte aus den Musikern heraus. Die gestenreiche, energische Interpretation eines Musikstücks, die wir heute von Dirigenten kennen, hat Richard Wagner erfunden. Glücklich aber wird er in Magdeburg nicht: Richard und Minna fliehen bald vor den Gläubigern nach Königsberg und heiraten dort. Auch hier lebt der junge Musiker mit Kaviar, Champagner, Lachs über seine Verhältnisse, bald muss er weiter nach Riga, wo man den frischgebackenen Kapellmeister sogar mit einem jungen Wolf durch die Straßen spazieren sieht.

In Riga komponiert Wagner eine Oper, in der ein römischer Plebejer das Volk von der Tyrannei des Adels befreit. «Rienzi» wird später die Lieblingsoper → Adolf Hitlers, der daraus die Inspiration für den Hitlergruß erhält. Mit der «Rienzi»-Ouvertüre werden später die Nürnberger Reichsparteitage (→ Romantik) eröffnet. Heute ist die Ouvertüre die Titelmusik des «SPIEGEL TV Interviews». Irgendwie sind die beim Spiegel besessen von Hitler.

Plötzlich aber wird Wagner in Riga gekündigt! Wegen seiner Schulden muss er sofort abhauen, sicherheitshalber über den Seeweg. Mit Hilfe von Menschenschleppern findet er einen abgewrackten Seelenverkäufer samt zwielichtigem Kapitän, und voilà!, die Idee zum «Fliegenden Holländer» ist geboren! Mit der Idee im Gepäck zieht Wagner frohen Mutes nach Paris, damals Welthauptstadt der Oper.

Dort ist er zunächst einmal völlig pleite und muss sein Klavier verpfänden. Er schreckt nicht einmal davor zurück, einen Arrest im Schuldgefängnis vorzutäuschen, um von Freunden Geld zu erhalten. In Paris freundet er sich immer mehr mit den Ideen der Revolution an, allerdings eher aus eigennützigen Gründen: Den Reichen ihr Geld wegzunehmen erscheint Wagner der beste Weg, um selber an welches zu kommen. Außerdem hofft er, mit der politischen Revolution auch eine Revolution der Oper zu erreichen. Das moderne Musikdrama, das Wagner nebenher erfindet, ist an den konservativen deutschen Theatern kaum denkbar!

Aus Geldnot verschleudert Wagner sein Tafelsilber: Die Rechte am «Fliegenden Holländer» und an «Rienzi» verkauft er für wenige Taler, nur ein Tropfen auf den heißen Stein. Also fort aus Paris! Mit der Kutsche nach Dresden! Auf der A4 bei Eisenach kommt ihm angesichts der Wartburg die Idee zum «Tannhäuser». In Dresden dann die große Überraschung: Dem sächsischen König gefällt der «Fliegende Holländer»! Wagner wird Hofkapellmeister – und hat prompt ein Rudel Gläubiger aus alten Zeiten am Hals: Es geht sogar noch um Schulden aus seiner Schulzeit. Und Wagner gibt nach wie vor das Geld mit vollen Händen aus. 1844 hat er allein in Dresden 20 000 Taler Miese (nach heutigen Maßstäben sind das etwa 500 000 Euro). 1848 kommt es in Deutschland tatsächlich zur Revolution: Bei den Unruhen klettert Wagner begeistert auf den Turm der Kreuzkirche, wird von Scharfschützen beschossen und erwidert einem Mitstreiter, der ihn retten will: «Keine Sorge, ich bin unsterblich!»

Die Dresdner Oper geht indes in Flammen auf. Der exzentrische Wagner, der mit den Opernchefs natürlich längst über Kreuz liegt, treibt sich zufällig in der Nähe rum und wird ab sofort per Haftbefehl gesucht, er ist der Brandstiftung verdächtig. Dem königlichen Hofkapellmeister droht die Todesstrafe. Wagner muss fliehen, zum x-ten Mal. An der Grenze zur Schweiz übt er die ganze Nacht lang den schwäbischen Dialekt, um seine sächsische Herkunft zu verschleiern.

In der Schweiz lernt er das Ehepaar Wesendonck kennen. Die beiden werden Wagner-Fans: Otto Wesendonck unterstützt Wagner finanziell, Mathilde Wesendonck ideell und später auch erotisch. Es entwickelt sich ein Liebesverhältnis, begleitet von hysterischen Ausfällen von Wagners Frau Minna und drohenden Blicken seines Gönners Wesendonck. Zu allem Überfluss kommt nun auch noch das Ehepaar von Bülow zu Besuch: der Dirigent Hans und seine unglücklich verheiratete junge Frau Cosima (die Tochter des Komponisten Franz Liszt), die bei einer nächtlichen Bootsfahrt auf dem Zürcher See einen Freund bittet, sie zu ertränken. Der Freund will lieber mit ihr zusammen sterben, das hingegen wäre Cosima doch ein bisschen zu viel, und so paddeln die beiden ans Ufer zurück, wo sich nun auch Cosima alsbald in Richard Wagner verliebt. Ihr Mann Hans von Bülow verlässt Zürich überstürzt.

Um Gras über die Sache wachsen zu lassen, verdrückt sich Wagner wieder nach Paris. Hier kommt ihm zum zweiten Mal mächtiger Schutz zu Hilfe. Kaiser Napoleon III. (→ Die Gründung des Deutschen Reichs) befiehlt überraschend, den «Tannhäuser» aufzuführen, unter einer absurden Bedingung: Nach der Pause habe im zweiten Akt ein Ballett aufzutreten. Der Grund: Der kaiserliche Jockeyclub pflege bis 22 Uhr zu dinieren und nicht vor 22.05 Uhr das Theater zu betreten. Und da der Jockeyclub schlanke Balletttänzerinnen den gewichtigen Sängerinnen vorzieht, habe eben zu diesem Zeitpunkt ein Ballett über die Bühne zu tanzen. Wagner zeigt dem Jockeyclub den Vogel, sieht sich aber durch den Befehl des Kaisers gezwungen und flickt gegen Ende des ersten Aktes ein tanzbares «Liebesfest im Venusberg» ein.

Die Premiere gerät zur Katastrophe: Der Jockeyclub hat Wind davon bekommen, dass das gewünschte Ballett bereits im ersten Akt stattfinden solle. Konservativ und trotzig treffen die Mitglieder zum zweiten Akt ein und stören die Premiere mit Trillerpfeifen, Entenschnattern und einstudierten Lachsalven an tragischen Stellen. Das

Stück wird abgesetzt – und schlagartig in ganz Europa berühmt: Ganz Europa will diesen Wagner sehen, der die Pariser derart aufgescheucht hat.

Richard Wagner fühlte sich und sein Werk oft missverstanden.

Aus Paris ging's 1864 nach Wien, wo Wagner unverdrossen seinen verschwenderischen Lebensstil pflegt. In Wien wird die Liebesoper «Tristan und Isolde» geprobt – und Wagner verschenkt in der Aussicht auf reichliche Gage Manschettenknöpfe aus purem Gold an seine Freunde. Nach siebenundsiebzig Proben zieht der Intendant aber die Reißleine: Der «Tristan» sei unspielbar, die Musik einfach zu kompliziert! Wagner steht wieder ohne Geld da – und die Gläubiger hetzen die Hunde los: Diesmal flieht Wagner sogar in Frauenkleidern – nach Zürich. Aber dort schmeißen ihn Wesendoncks raus, genau wie sein ehemaliger Gönner Wille, als er entdeckt, dass Wagner ihm die teuren Zigarren wegraucht.

Wagner gesteht einem Freund: «Ich bin am Ende!» Und dann geschieht ein Wunder: Franz Seraph von Pfistermeister, königlich bayerischer Kabinettssekretär, überbringt eine Botschaft des jungen Bayernkönigs Ludwig II.: Wagner sei «fürderhin aller Belästigung des gewöhnlichen Gelderwerbs» enthoben. Der König selber ist Wagners größter Fan, holt ihn an seinen Hof und überschüttet ihn mit Gold. Wagner und Ludwig werden Freunde. Ihre Korrespondenz beginnen sie mit Anreden wie «Geliebter!», «Mein Einziger!», «Heißgeliebter!», «Unermesslich Schöner!» etc. Jetzt könnte man glauben, damals sprach man eben so, mit schwul hat das nichts zu tun, aber nein – König Ludwig war ein Lavendeltarzan, das muss man so deutlich sagen: Jede Post von Wagner liest der achtzehnjährige König mit roten Ohren, ahnungslos, dass der geliebte Komponist gerade ein Verhältnis mit Cosima angefangen hat. Cosima, das ist die Frau aus dem Zürcher Ruderboot, die Ehefrau von Wagners Freund Hans von Bülow. Und während seine Frau mit Richard im Bett liegt, steht Hans von Bülow in der Oper und dirigiert die Werke seines «Freundes», die von Verrat und Ehebruch handeln.

König Ludwig und Richard Wagner haben eins gemeinsam. Beide geben das Geld mit vollen Händen aus, also berät Wagner den König auch in politischen Dingen. In der Bevölkerung kommt es wegen der Verschwendungssucht zu Protesten. Die königliche Bank ist so sauer, dass sie Wagner den vom König gewährten Betrag von 40 000 Gulden in mehreren Säcken kleiner Münzen auszahlen lässt. Wagner ficht das nicht an – er lagert die Säcke in seiner vom König bezahlten Wohnung und rotzt das Kleingeld nur so raus. Doch dann jazzen Hofintriganten Wagners revolutionäre Vergangenheit zu einem Skandal hoch – Wagner muss, wieder einmal, in die Schweiz fliehen. Vor Trauer über den Verlust des Freundes lässt sich Ludwig II. einen Holzschwan bauen, stellt einen als Lohengrin verkleideten Adjutanten hinein und lässt ihn unter den Klängen eines in den Büschen versteckten Orchesters nachts über den Alpsee ziehen.

In der Schweiz beendet Wagner währenddessen seine «Meistersinger». Eines Nachts, an seinem dreiundfünfzigsten Geburtstag, wird ihm ein geheimnisvoller Gast gemeldet, in mittelalterlichem Wams, mit einer Hahnenfeder am Hut – es ist der aus München geflohene König! Bayern hat an der Seite Österreichs soeben den Krieg gegen Preußen verloren (→ Die Gründung des Deutschen Reichs). Ludwig will abdanken, mit Wagner leben, sich nur noch der Kunst widmen. Wagner überredet seinen «König Parsifal», nach München zurückzukehren. Dort verfällt der König alsbald der Bausucht und lässt sich als «Gralsburg» Schloss Neuschwanstein bauen.

Voll Stoff: Ludwig II.

Wagner wird die, nun ja, «Zuneigung» des jungen Königs langsam zu heikel. In der Provinz will er sich ein Theater bauen, wo er alljährlich Festspiele abzuhalten gedenkt. Der Bühneneindruck dieses Theaters ist dann so gewaltig, dass man THX-mäßig mitten in der Musik drinsitzt – wie nebenher hat Wagner mit seinem «Gesamtkunstwerk» so das Kino vorweggenommen. Die Finanzierung scheitert fast, bis in letzter Minute wieder mal der König 100 000 Taler spendiert. Die ersten Bayreuther Festspiele werden ein finanzielles Desaster – aber Wagner setzt alles auf eine Karte: Er komponiert den «Parsifal» und hat, oh höchstes Wunder, zum ersten Mal im Leben einen guten Berater. Der Intendant Angelo Neumann verkauft die Rechte für viel Geld und schickt zusätzlich ein Wandertheater mit dem «Ring» durch Europa: ein Bombenerfolg! Wagner ist reich. Die ewigen Schulden sind nun, endlich, für immer, getilgt!

Um diesen Triumph zu feiern, gönnt Wagner sich und seiner Familie (er hat Cosima mittlerweile geheiratet, nachdem Minna erst vom Hof gejagt worden war und dann an gebrochenem Herzen starb) im Jahr 1883 einen Urlaub in Venedig, zum Karneval. Wie im Rausch stürzt sich Wagner ins Getümmel, unter die Harlekine, die Frauen mit ihren schwarzen Umhängen und den Masken, die Tänzer, die Narren, die Teufel. Als die Turmuhr Mitternacht schlägt, erstirbt das Fest – es ist Aschermittwoch. Wagner kehrt zurück ins Hotel und sagt zum Hotelpagen: «Mein lieber Freund – der Karneval ist vorbei!» Am nächsten Morgen erleidet er einen Herzanfall, von dem er sich nicht mehr erholt. Richard Wagner stirbt eine Woche später in Venedig, am 13. Februar 1883. Der Karneval ist vorbei.

Die Gründung des Deutschen Reichs

Prinz Foffi – um ein Haar König von Spanien!

Schleswig-Holstein: Wiesen, Kühe, lecker Schinken und Bier. Es könnte herrlich sein da oben – aber immer gibt's Ärger: Uwe Barschel, Björn Engholm, Heide Simonis, Peter Harry Carstensen – egal wer regiert, Politik in Schleswig-Holstein ist eine einzige Qual. Und das ist im 19. Jahrhundert nicht anders. Das Problem, ob Schleswig-Holstein zum Deutschen Bund oder zu Dänemark gehört, ist nämlich so verzwickt, dass der britische Premierminister Lord Palmerston behauptet, dass «nur drei Leute es verstehen»: Prinz Albert – doch der sei tot. Ein deutscher Professor – doch der sei darüber wahnsinnig geworden. Und er selber – doch er habe alles vergessen. Lord Palmerston erlebt die Lösung der Schleswig-Holstein-Frage auch nicht mehr: Er stirbt 1865, manche sagen, beim Sex mit seinem Dienstmädchen auf dem Billardtisch seines Landguts Brocket Hall. Aber das ist natürlich Quatsch, so was würde einem britischen Premierminister nie passieren!

Der Schleswig-Holstein-Konflikt wird mit der Axt gelöst: Preußen und Österreich verbünden sich, fallen 1864 über Dänemark her und teilen sich anschließend die Siegesbeute: Schleswig geht an Preußen und Holstein an Österreich. Bald aber wird der kleine Landstrich wieder zum Zankapfel zwischen den beiden Siegern. Aber warum? Kann es wirklich sein, dass zwei Großmächte um ein Ländchen kämpfen, in dem es nicht viel gibt außer unzähligen Kühen, dem Schleswig-Holstein-Festival und ein paar Promi-Bars auf Sylt?

Natürlich nicht, denn in Wirklichkeit geht es um etwas ganz anderes: um die Vorherrschaft im Deutschen Bund – die 1866, im «Deutschen Krieg» zwischen Preußen und Österreich, endlich draußen vor der Discotür zwischen Männern geklärt wird. Es gibt die «Schlacht von Hühnerwasser», es gibt die «Schlacht von Schweinschädel», es gibt die «Schlacht von Königinhof» – bis endlich in der «Schlacht von Königgrätz» die Entscheidung fällt: Preußen gewinnt. Der österreichische Heeresführer Ludwig von Benedek wird verurteilt, sein Leben lang über den Verlauf der Schlacht zu schweigen, so peinlich ist den Österreichern diese Pleite, der Kaiser höchstpersönlich lässt sich herab, Benedek einen «Trottel» zu nennen. Erst 1978, bei der WM in Argentinien, rächen sich die Österreicher mit einem 3:2 gegen Deutschland.

1866 kann Preußen erst mal die Bedingungen diktieren: Der preußische Ministerpräsident Bismarck drängt seinen König klugerweise zu milden Konditionen, andernfalls könnten sich Frankreich oder Russland vor einem allzu starken Preußen fürchten und eingreifen. So dürfen Österreich und seine Verbündeten Bayern, Baden und Württemberg vorerst unabhängig bleiben. Glück für den bayerischen König Ludwig. Statt sich um die Politik zu kümmern, war er ohnehin lieber in die Schweiz gereist, um dort mit → Richard Wagner dessen Geburtstag zu feiern.

Die nördlicheren Staaten Hannover, Sachsen und Hessen aber, die für Österreich kämpften, werden von Preußen einkassiert. Das Vermögen des hannoverschen Königs wird konfisziert, kommt als «Welfenfonds» in die Portokasse und wird später eine wichtige Rolle spielen. Der Deutsche Bund wird aufgelöst – ab sofort strebt Bismarck die Einheit Deutschlands in der «kleindeutschen Lösung» an, also ohne Österreich. Dabei bleibt es dauerhaft, mit Ausnahme der kurzen Zeit zwischen 1938 und 1945, als es unter den Nationalsozialisten ein «Großdeutsches Reich» gab.

Frankreich mit seinem König Napoleon III. aber ist trotz der preußischen Vorsicht alarmiert. Napoleon hatte früher gar nichts dagegen, dass sich Preußen und Österreicher gegenseitig die Schädel einschlugen, jetzt aber ist Österreich raus, Preußen wird immer stärker und wanzt sich sogar mit einem «Schutz- und Trutzbündnis» an Bayern und Württemberg ran. Das gilt zwar nur für den Fall, dass Preußen angegriffen wird und nicht etwa selber angreift, aber wer weiß … Vielleicht, denken die Franzosen nun, kann man ja mit den Österreichern ein Bündnis …? Der österreichische Kaiser Franz Joseph hält von Napoleon III. allerdings nicht viel, denn der unzuverlässige Geselle wollte während des preußisch-österreichischen Kriegs gleich mit beiden Seiten paktieren. Also bleibt Franzl neutral und expandiert sein Kaiserreich lieber nach Osten. Deshalb rollen Karlheinz «Franzl» Böhm und Romy «Sissi» Schneider in ihrer Kutsche auch dauernd durch die ungarische Puszta, wo Sissi dem schneidigen Graf Andrassy den Kopf verdreht.

Frankreich bleibt isoliert. Napoleon III. hat durch eine Reihe innenpolitischer Niederlagen einen schweren Stand bei seinem Volk – und durch zahlreiche Seitensprünge einen schweren Stand bei seiner Frau, der Kaiserin Eugénie. Nur eine ruhmreiche Schlacht in der Tradition seines großen Onkels und Namensvetters könnten ihm noch einen ehrenvollen Platz in den Geschichtsbüchern sichern. Schließlich drängt ihn Kaiserin Eugénie zum entscheidenden Schritt – zur Konfrontation mit Preußen.

Dazu bedarf es eines Vorwands, und langsam wird die Sache verworren: Der spanische Thron steht gerade mal wieder leer, und als Topkandidat zählt Leopold von Hohenzollern-Sigmaringen (übrigens der Urgroßvater von Ferfried, der als «Prinz Foffi» kurzzeitig der «Busenwitwe» Tatjana Gsell hinterherstieg). Als Hohenzoller ist Leopold ein Verwandter des preußischen Kaisers, und für Napoleon gibt es nun weiß Gott Prickelnderes als ein Frankreich, das rechts

Seine Majestät Foffi I. und Königin Tatjana I. – um ein Haar König und Königin von Spanien. Puh!

und unten von deutschen Königen umzingelt ist. Das hatten sie schon mal, zu Zeiten → Karls V.

Also interveniert Napoleon III., allerdings ein bisschen scharf. In einer kaum verhüllten Kriegsdrohung fordert er Preußen auf, auf die Kandidatur Leopolds zu verzichten, andernfalls «wisse das französische Volk seine Pflicht zu tun». Am 12. Juli 1870 verzichtet Leopold tatsächlich auf die spanische Krone – vielleicht gar nicht so dumm, andernfalls wäre Prinz Foffi heute eventuell König von Spanien. Ist ja schon peinlich genug, dass Jürgen Drews der «König von Mallorca» ist.

Jetzt überschlagen sich die Dinge. Vincent Benedetti, der französische Botschafter in Preußen, spricht am 13. Juli 1870 den preußischen König Wilhelm beim Morgenspaziergang auf der Kurpromenade in Bad Ems an und fordert, dass Preußen nicht nur auf die Kandidatur Leopolds, sondern generell und für alle Zeiten auf die Kandidatur eines Hohenzollern für Spaniens Thron verzichten solle. Der König reagiert höflich, aber reserviert. Im Gegensatz zu Benedetti weiß er nämlich noch gar nichts vom Verzicht Leopolds – das Telegramm trifft bei ihm erst im Laufe des Tages ein. Als das geschieht, lässt er den Botschafter wissen, er habe ihm nichts weiter mitzuteilen, über Leopolds Verzicht sei Benedetti ja bereits informiert. Erst mal alles ganz easy. Bismarck allerdings sieht seine Chance und reibt sich die Hände: Aus der höflichen Absage seines Chefs redigiert er eine provokante Pressemitteilung zusammen, die mit den Worten endet:

> Der König hat es darauf abgelehnt, den französischen Botschafter nochmals zu empfangen, und demselben durch den Adjutanten vom Dienst sagen lassen, dass Seine Majestät dem Botschafter nichts weiter mitzuteilen habe.

Das klingt jetzt auf einmal wie eine brüske Beleidigung – und das soll es auch.

Bevor Bismarck den Text an die Presse gibt, erkundigt er sich bei General Moltke über den Zustand der deutschen Armee. Moltke hält zwei Daumen hoch – und raus mit der Meldung. Die wird als «Emser Depesche» in die Geschichte eingehen. Die französische Öffentlichkeit reagiert wie gewünscht: höchst empört. Zu allem Überfluss wird in der schlechten französischen Übersetzung versehentlich aus dem hochrangigen deutschen Adjutanten ein niederrangiger Hauptfeldwebel, ein französischer *adjutant*. Noch eine Beleidigung. Am 19. Juli erklärt Frankreich Deutschland den Krieg. Bismarck hatte bestens geplant: Frankreich steht als Aggressor da, Preußen kann sein «Schutz- und Trutzbündnis» mit den süddeutschen Staaten einfordern und wäre im Falle eines Sieges so mächtig, dass es die deutsche Einigung erzwingen könnte!

Kriegssaison 1870/71, hier der Spielplan (in Klammern der Gewinner):

Schlacht von Weißenburg (Preußen)
Schlacht von Spichern (Preußen)
Schlacht von Wörth (Preußen)
Schlacht von Straßburg (Preußen)
Schlacht von Toul (Preußen)
Schlacht von Mars-la-Tour (Preußen)
Schlacht von Gravelotte (Preußen)
Schlacht von Metz (Preußen)
Schlacht von Beaumont (Preußen)
Schlacht von Noisseville (Preußen)
Schlacht von Sedan (Preußen)

Danach ist es wirklich schwer für Frankreich, Preußen zu einem «Unentschieden» zu überreden. Napoleon III. wird nach der Schlacht von Sedan gefangen genommen, in Kassel interniert, drei Tage später setzen die Franzosen selbst ihn ab. Der Exkönig geht nach dem Krieg ins Exil nach Großbritannien und stirbt dort. Seine letzten Worte: «Waren Sie in Sedan?» Weil Preußen aber auch noch auf Elsass-Lothringen besteht (Sauerkaut! Gewürztraminer! Speckpfannekuchen!), geht der Krieg in die Verlängerung:

Schlacht von Châtillon (Preußen)
Schlacht von Châteaudun (Preußen)
Schlacht von Le Bourget (Preußen)

Schlacht von Coulmiers (Frankreich)
Schlacht von Amiens (Preußen)
Schlacht von Loigny und Poupry (Preußen)
Schlacht von Orléans (Preußen)
Schlacht von Villiers (Preußen)
Schlacht von Bapaume (Preußen)
Schlacht von Le Mans (Preußen)
Schlacht von Saint-Quentin (Preußen)
Schlacht von Buzenval (Preußen)
Schlacht von Paris (Preußen)
Schlacht von Belfort (Preußen)

Danach ist Schluss. Frankreich wirft das Handtuch. Bier schlägt Champagner!

Der Sieg über Frankreich war die eine Sache. Die andere Sache ist die deutsche Einigung. Wilhelm hat als preußischer König eigentlich wenig Lust auf die deutsche Kaiserkrone – er fürchtet eine Schwächung Preußens, wenn die deutschen Fürsten mitreden. Die haben ihrerseits keine große Lust auf die Vorherrschaft Preußens.

Aber da ist ja noch Bismarck: Wilhelm kriegt er schon überredet – und bei den deutschen Fürsten wendet er einen Kniff an: Der ranghöchste unter ihnen ist der bayerische König Ludwig II. Wenn man den rumkriegen könnte, würden die anderen folgen müssen. Ludwig, der alte Schöngeist, hat allerdings mehr Sinn für seine Schlösser und für die Musik Richard Wagners als für die große Politik, aber er hat auch ein Problem: Er ist pleite, und Schlösser kosten Geld! Mit dem Geld aus dem Welfenfonds des Königreichs Hannover macht Bismarck den bayerischen König gefügig: Ludwig kann Neuschwanstein zu Ende bauen! Außerdem gibt er den Bayern ein paar Extrarechte, die bis heute die Sonderrolle Bayerns in Deutschland erklären. Im Gegenzug lässt sich Ludwig von Bismarck den Brief in die Feder diktieren, mit dem er dem preußischen König die Kaiserwürde anträgt.

Endlich! Mit fetter Verspätung gegenüber anderen Ländern gibt es einen deutschen Nationalstaat: Am 18. Januar 1871 wird der preußische König Wilhelm in Versailles zum deutschen Kaiser Wilhelm I. gekrönt.

Bartträger des Jahres 1871: Wilhelm I.

Eigentlich könnte alles ganz prima sein. Aber: Die Idee eines deutschen Nationalstaates war ursprünglich eine romantische, liberale Idee von Einheit! «Alle Menschen werden Brüder»! Als diese Idee 1848 scheiterte (→ Vormärz und Revolution), nahm die Definition des «Nationalen» in Deutschland eine Wendung zum Chauvinismus, der die deutsche Nation arrogant über alles andere stellt, in diesem Fall in Absetzung zu Frankreich. Wem Gott will rechte Gunst erweisen, den schickt er in die weite Welt – aber ab sofort nicht mehr mit Wams und Wanderstab, sondern in Uniform mit Sturmgewehr!

Wilhelm II.
Hamse jedient?

Es muss furchtbar für den kleinen Wilhelm gewesen sein. Welches Kind wäre begeistert, den linken Arm in ein frischgeschlachtetes Kaninchen eingenäht zu bekommen? Eine schlimme Sache, aber so hofft man, die Verkrüppelung des Armes heilen zu können, die Wilhelm seit seiner Geburt hat. Vergebens: Der Arm bleibt verkümmert. Sein körperliches Defizit aber darf Wilhelm nie akzeptieren. Er wird von seinem herzlosen Erzieher Hinzpeter gezwungen zu reiten, zu fechten und zu schießen. Er fällt andauernd vom Pferd und muss so oft erneut aufsitzen, bis er unter Tränen oben bleibt.

Das hat schlimme Folgen, nämlich Wilhelms spätere Überhöhung und Überschätzung seiner Fähigkeiten bis hin zum Wahn vom Gottesgnadentum. Vielleicht war das Wilhelms Art von Selbstschutz – Selbstschutz vor der harten Erkenntnis der eigenen Defizite. Menschlich ist das nachvollziehbar, politisch führt es Deutschland in die Katastrophe.

Prinz Wilhelm redet ohne Pause, er ist egozentrisch, unbeherrscht, geltungssüchtig, sprunghaft. Von siebzehn Klassenkameraden macht er – der Prinzenbonus ist schon mit eingerechnet – das zehntbeste Abitur, na ja. Auf der Hochzeit seines Onkels Edward in England isst er so viel Plumpudding, dass er kotzen muss. Er spielt stundenlang mit seinen Zinnsoldaten und nennt das hochtrabend «Felddienst». Kein Wunder, dass Wilhelms Leidenschaft dem Militär gehört, denn da steht er in der Hierarchie ja ganz oben. Bereits in seiner Jugend zeigt sich das Floskelhafte, Poltrige, Unindividuelle, Steife, Moralisierende, Förmliche – all das, was man später «Wilhelminismus» nennen wird. Victor Herzog von Ratibor bezeichnet den jungen Prinzen als «Moralfatzke», ein anderer Zeitgenosse nennt ihn «diskret wie ein Kanonenschuss».

1884 reist Prinz Wilhelm nach Russland, zur Volljährigkeitsfeier seines Cousins, des späteren Zaren Nikolaus II. Willi und Nicky werden dreißig Jahre später als Feinde Europa verwüsten. 1888 wird als das «Dreikaiserjahr» berühmt: Der alte Wilhelm I. stirbt im März, sein Sohn Friedrich wird Kaiser – aber nur für drei Monate, dann stirbt auch er: Raucher. Kehlkopfkrebs. Der neunundzwanzigjährige Prinz Wilhelm ist auf einmal Wilhelm II., Kaiser aller Deutschen. Noch ist nicht klar, welche von zwei alten Weissagungen wahr werden soll: Die eine besagt, dass Deutschland unter einem einarmigen Kaiser eine Blütezeit erlebe. Die andere Weissagung allerdings lautet, dass die Hohenzollernherrschaft nach 500 Jahren zu Ende gehe (1415 wird der erste Hohenzoller Kurfürst von Brandenburg).

Wilhelm hält sich ganz generell für einen Experten – er kennt alles, ist überall schon gewesen, hat jedes Buch gelesen. Er pflegt eine lächerlich steife Etikette und liebt komödiantische Uniformen: Wie sein englischer Onkel, König Edward VII., zieht er sich bis zu sechs Mal am Tag um. Dass der unterste Knopf eines einreihigen Anzugs bei Männern nicht zugeknöpft wird, haben wir übrigens Edward zu verdanken, der diesen Knopf einmal in der Hektik des Umziehens einfach vergisst und damit Schule macht. Eddie hatte übrigens, aber das nur nebenbei, ein Verhältnis mit der (bildhübschen!) Urgroßmutter von Camilla Parker-Bowles.

Weil die europäischen Herrscherhäuser seit Jahrhunderten nur standesgemäß, also untereinander heiraten, sind alle miteinander verwandt. Der russische Zar Nikolaus II. ist Wilhelms Cousin, über Bande der dänischen Schwestern Dagmar und Alexandra gespielt. Dagmar hat den russischen Zaren geheiratet, und Alexandra den englischen König. Und dessen Schwester ist Wilhelms Mutter Viktoria, die älteste Tochter von Queen Victoria (die auf den blauen Ginflaschen). Wilhelms englische Mutter ist so englandbesessen, dass sie in ihrem Testament wünscht, nackt beerdigt zu werden, nur in einen Union Jack, die britische Flagge, gewickelt – ein Wunsch, der einer deutschen Kaiserin leider nicht erfüllt werden kann. Das wäre ungefähr so, als solle der Mittelkreis in der Schalker Veltins-Arena schwarz-gelb eingefärbt werden.

Der frischgekrönte Kaiser Wilhelm ist ein vielbeschäftigter Mann: Irgendwo gibt es immer ein Schiff zu taufen, eine Parade abzuhalten,

eine Schule einzuweihen oder ein Denkmal zu enthüllen. Zu solchen Anlässen hat seine Majestät gerne Sonnenschein, das sprichwörtliche «Kaiserwetter». Es fehlt nicht viel dazu, dass Majestät dieses Wetter befehlen.

Im Weihen neuer Kirchen tut sich vor allem seine Frau Auguste Viktoria hervor, die mit ihren Hofdamen schnell den Spitznamen «Halleluja-Tanten» weghat, ihr Kammerherr Mirbach hingegen wird scherzhaft «Glocken-August» genannt. Auguste ist so fromm, dass sie die wegen ihrer Lebenslust verrufene Franzosenhauptstadt Paris nicht ausspricht, ohne sich dabei zu bekreuzigen. Was sie wohl heute bei Paris Hilton tun würde? In Ohnmacht fallen?

Viele wackere Deutsche finden im Kaiserpaar ihr Vorbild. Dieser unheiligen Allianz aus bigotter Frömmigkeit, Untertanengeist, Überheblichkeit, Militarismus, Selbstüberschätzung und Intrigantentum hat Heinrich Mann in seinem Roman «Der Untertan» ein Denkmal gesetzt. Die Realität aber ist nicht zu toppen: Am 16. Oktober 1906 kauft sich der Schuster Wilhelm Voigt in Berlin eine ausrangierte Hauptmannsuniform, die sofort ihre Wirkung tut. Voigt bringt in der Verkleidung einen Trupp Gardesoldaten unter seinen Befehl, besetzt das Rathaus von Köpenick und lässt den Bürgermeister verhaften. Alle kuschen, es regt sich kein Protest gegen eine preußische Uniform – Voigts Coup ist ein Triumph des militärischen Kadavergehorsams und gleichzeitig eine Parodie darauf. Als der Kaiser von dieser «Köpenickiade» erfährt, schlägt er sich vor Lachen auf die Schenkel und sagt: «Da kann man sehen, was Disziplin heißt. Kein Volk der Erde macht uns das nach.» Immerhin da bewies er Humor.

Politisch schlägt Wilhelm II. schon früh einen neuen Kurs ein. Er kombiniert Energie und Willensstärke mit Ahnungs- und Ziellosigkeit: Er behauptet von sich selbst, die deutsche Verfassung nie gelesen zu haben, deshalb verfährt er mit dem Parlament gerade so, wie es ihm passt. In der Tat ist der Kaiser Herr über Krieg und Frieden (nur Angriffskriege muss er sich genehmigen lassen) – und über den Reichstag, den er auflösen kann. Dennoch braucht er zum Regieren einen erfahrenen, gewieften Reichskanzler, um die vielfältigen politischen Untiefen auszuloten – und da bietet sich Bismarck an, der schon die graue Eminenz unter seinem Großvater war.

Schnell geraten die beiden aber aneinander – Bismarck bemängelt am jungen Kaiser das fehlende Augenmaß: Lappalien spielt Wilhelm hoch, weitreichende politische Entscheidungen wischt er mit anmaßender Leichtfertigkeit vom Tisch. Vor allem über den aufkommenden Sozialismus sind sich beide uneins. Bismarck ist ein unerbittlicher Sozialistengegner und wirft dem Kaiser «Humanitätsduselei» vor, der doch unbedingt ein Kaiser «der armen Leute sein» will – gewiss nicht aus echtem sozialen Interesse, sondern vor allem, weil er von allen geliebt werden will. Vielleicht zehrt aber auch an ihm, dass man ihn als Teenager im Arbeiterviertel Moabit mal mit faulen Eiern beworfen hat.

Bereits 1890 entlässt Wilhelm den «Eisernen Kanzler» Bismarck. Der «Lotse geht von Bord», schreibt die europäische Presse – und das Schiff fängt prompt an zu schlingern. Der Kaiser aber nennt das sein «persönliches Regiment». Wilhelm II. verdirbt es sich schnell und der Reihe nach mit Großbritannien, Frankreich und Russland.

Mit Frankreich durch den «Panthersprung nach Agadir», mit Großbritannien durch die «Krügerdepesche», mit Russland und allen anderen durch die «Daily-Telegraph-Affäre».

Der «Panthersprung nach Agadir»:
Frankreich besetzt Marokko, was dem Deutschen Reich eigentlich wurscht ist – aber wenn man sich empört gibt, kann man vielleicht woanders was rausschlagen. Also muss Wilhelm in Marokko ein bisschen Staub aufwirbeln. Das Kanonenboot «Panther» nimmt Kurs auf Agadir, offiziell mit der Begründung, deutsche Staatsangehörige vor rebellierenden Berbern zu schützen. Allerdings gibt es in ganz Marokko nur einen einzigen Deutschen – einen Mann namens Wilburg, der fünfundsiebzig Kilometer nördlich von Agadir lebt und sich keineswegs bedroht fühlt. Eilig chauffiert man ihn an die Küste, damit er die deutschen Kriegsschiffe «um Hilfe» rufen kann, die hier vor Anker liegen. Er winkt und schreit, aber die Besatzung hält ihn für einen Teppichhändler. Erst als er frustriert die Hände in die Hüften stemmt (eine Geste, die Araber nicht kennen), erkennt die Besatzung ihn als den «Deutschen in Gefahr» und betritt zu seinem «Schutz» das französische Gebiet. Sehr zum Ärger Frankreichs, das glaubt, das Deutsche Reich wolle in Agadir einen Flottenstützpunkt eröffnen. Erst weitreichende diplomatische Verhandlungen können den Schaden begrenzen.

Die «Krügerdepesche»:
Nach einem britischen Überfall auf die Burenrepublik Transvaal (im heutigen Südafrika), den die Buren abwehren können, schickt Wilhelm II. 1896 dummerweise ein Glückwunschtelegramm an den Buren-Präsidenten Ohm Krüger. Seine britische Verwandtschaft reagiert verschnupft über diese Einmischung, die britische Öffentlichkeit empört. Logischerweise verschlechterten sich die Beziehungen zwischen Deutschland und Großbritannien.

Die «Daily-Telegraph-Affäre»:
1908 erscheint im «Daily Telegraph» ein Interview mit dem Kaiser. Darin behauptet er nicht nur, der einzige Freund Englands in Europa zu sein, sondern auch, er habe Russland und Frankreich davon abgehalten, sich gegen England zu verbünden. Stattdessen solle sich Europa lieber gegen Japan wenden. Langsam sind endgültig alle sauer: England, Frankreich, Russland, Japan. Und innenpolitisch gilt Wilhelm II. als feiger Hansdampf, der viel schwadroniert und wenig handelt. Jetzt hat das Deutsche Reich nur noch mit Österreich eine Allianz.

Die «Hunnenrede»:
Auch als Person wird der Kaiser zur meistgehassten Figur in Europa, und das kommt so: Nach der Entscheidung, ins Kolonialgeschäft einzusteigen, pachtet das Deutsche Reich 1898 die chinesische Kolonie Tsingtao. Im Zuge der Industrialisierung werden viele chinesische Landarbeiter arbeitslos, was 1900 zum «Boxeraufstand» der Chinesen gegen die fremden Besatzer führt, bei dem sich die Deutschen eine blutige Nase holen: Die Eisenbahn wird zerstört und der deutsche Gesandte von Ketteler ermordet (ungeklärt ist übrigens bis heute, warum die Nachricht von seinem Tod bereits zwei Tage vor dem Attentat in Deutschland eintrifft). Wilhelm II. tobt: In einer Rede vor Ministerialbeamten fordert er sein Volk auf, über China herzufallen wie seinerzeit die Hunnen über Europa. Diese «Hunnenrede» wird weltberühmt und führt dazu, dass die Deutschen in Großbritannien bis heute gern als *huns*, «Hunnen», verspottet werden.

Europa ist entsetzt von diesem rüden Kaiser – er selber nennt das jetzt sein «impulsives Regiment» und versteht gar nicht, was daran so schlimm sein soll. Der Kaiser, der doch eigentlich überall beliebt sein will, verfällt angesichts dieser Feindseligkeiten in Depressionen. Zu seiner Erheiterung wird eine Jagd veranstaltet. Am letzten Jagdtag hat sich General Graf von Hülsen, immerhin der Chef des Militärkabinetts, eine besondere Delikatesse ausgedacht: In Damenkleidung, mit einer Straußenfeder am Kopf und einem Fächer in der Hand, tanzt er dem Kaiser ein burleskes Ballett vor. Plötzlich erleidet der General aber einen Herzinfarkt und stirbt – in seinen Frauenklamotten! – vor des Kaisers Augen! Wilhelm II. ist erschüttert, wird krank und legt sich ins Bett, das er theatralisch sein «Schmerzenslager» nennt. Der Arzt bescheinigt ihm einen «kleinen Schnupfen», Willem Zwo aber ist empört. Selbstverständlich habe er einen «großen Schnupfen», bei ihm sei «alles groß»!

Europa aber sitzt auf einem Pulverfass – Wilhelms Vorliebe für Schiffe verleitet ihn zur Hochrüstung der Flotte, nicht zuletzt, um besser in die → Kolonien zu kommen. Großbritannien, bisher Herrscher der Meere, ist alarmiert. Am 28. Juni 1914 wird in Sarajevo der österreichische Thronfolger Franz Ferdinand ermordet, mit dem Wilhelm noch wenige Tage zuvor auf der Jagd war. Dieser Funke bringt das Fass zum Explodieren. Mehr dazu im Kapitel über den → Ersten Weltkrieg!

Wilhelm weiß mal wieder alles besser: «Ich glaube an das Pferd. Das Automobil ist eine vorübergehende Erscheinung.» Kein Wunder, dass mit so einer Fortschrittskanone wie Wilhelm der Krieg verlorengeht, das Reich und sein Kaiser abdanken müssen. Aus dem Hauptquartier im belgischen Spa flieht Wilhelm nach Holland, das ihm Asyl gewährt. Sechsundfünfzig Waggons werden aus Berlin angeliefert, um das prachtvolle Haus Doorn in der Nähe von Utrecht auszustatten. In den folgenden Jahren gibt der Exkaiser nie den Glauben auf, die Deutschen würden ihn eines Tages als Kaiser zurückholen. In Doorn hält er Hof wie in Berlin – nur statt der Jagd hat er sich jetzt aufs Bäumefällen beschränkt: Innerhalb eines Jahres fällt er, das ist verbürgt, 11 000 Bäume – über dreißig Stämme täglich!

Noch vor der sogenannten «Machtergreifung» 1933 (→ Adolf Hitler) besucht Hermann Göring den ehemaligen Kaiser in Holland, um mit ihm die Möglichkeit einer Rückkehr nach Deutschland auszuloten, zu der es aber nie kommt. Wilhelm II., von den Nazis mal angewidert, mal angezogen, stirbt am 4. Juni 1941 – er glaubte bis zuletzt an ein politisches System und eine Welt, deren Untergang er selbst mitzuverantworten hat.

So richtig verzichtet auf den Thron hat Wilhelm ja nie – und wenn wir heute noch eine Monarchie hätten, wäre Wilhelms Ururenkel unser Kaiser, Georg Friedrich Prinz von Preußen. Der ist ein vierunddreißigjähriger BWLer und macht den Eindruck, als wäre er ein netter Kerl. «Ich habe als Chef des Hauses Hohenzollern keine politische Rolle – und strebe dies auch nicht an», sagt er. Das ist nicht ungeschickt formuliert – es klingt bescheiden. Aber als deutscher Kaiser wäre er ja auch nicht Mitglied einer politischen Partei, sondern eben: deutscher Kaiser, und insofern natürlich über die Niederungen der Politik erhaben! Na ja, vielleicht geht's ja auch ohne.

Die deutschen Kolonien

Eine Bratwurst mit Kokosmilch, bitte!

Am 14. März 1964 gibt es auf dem Friedhof im schleswig-holsteinischen Pronstorf eine merkwürdige Beerdigung: Die letzten Schneeflocken des norddeutschen Spätwinters wehen den Trauergästen um die Nase. Die Besucher stehen am offenen Grab und erweisen dem Toten die letzte Ehre – darunter einige Schwarze aus Tansania, gekleidet in deutsche Uniformen aus dem Kaiserreich, Uniformen der deutschen Schutztruppen aus der ehemaligen Kolonie Deutsch-Ostafrika. Der Verstorbene heißt Paul von Lettow-Vorbeck, und er hatte nach 1919 kein leichtes Leben: 1920 wird er aus der Reichswehr entlassen, 1923 verliert er durch die Inflation sein Vermögen, 1940 und 1941 fallen seine Söhne an der Front. 1945 wird er ausgebombt, 1946 verhungert ihm seine Tochter. In seinen letzten Lebensjahren muss er sich als Gärtner durchschlagen und ist so arm, dass seine ehemaligen britischen und afrikanischen Kriegsgegner für ihn eine Rente sammeln, weil die deutsche Regierung ihm keine gewährt.

Und dabei war dieser Paul von Lettow-Vorbeck mal ein Held des Ersten Weltkriegs, ein General und ein Kolonialherr, aber auch ein Reaktionär, vielleicht sogar ein Kriegsverbrecher. Auf jeden Fall aber ein ultrarechter Konservativer, der allerdings 1933 aus Verachtung gegenüber den Nazis einen Ministerposten als «Kolonialminister» ablehnt. Stattdessen erkämpft er für seine schwarzen Hilfstruppen aus Afrika eine Rente, womit er sich bei den rassistischen Nazis höchst verdächtig macht. Eine widersprüchliche Gestalt der kurzen deutschen Kolonialgeschichte (1884 bis 1919), von der nicht viel mehr übrig geblieben ist als das Usambara-Veilchen und der Sarotti-Mohr. Wie kam es dazu?

Nach der Unabhängigkeitserklärung der Vereinigten Staaten 1776 sucht Europa im 19. Jahrhundert nach neuen Möglichkeiten, die Welt auszubeuten. England schnappt sich Indien, Russland sucht in Zentralasien, und Frankreich macht sich in Nordafrika breit. Dem Deutschen Reich fällt erst 1884 ein, dass es seinen «Platz an der Sonne» will. Hilfreich ist dabei sicher der Beschluss der sogenannten Kongo-Konferenz 1884/85, nach dem die bisher noch nicht besetzte Welt einfach als «herrenloses Land» angesehen wird. Die Souveränitätsrechte fremder Staaten und Stämme werden einfach ignoriert, unter dem Deckmäntelchen, «unterentwickelten Ländern die europäische Kultur näherbringen» zu wollen. In Wirklichkeit aber geht es knallhart um Geld.

Für Deutschland bleibt gar nicht mal so viel übrig: Kamerun, Togo, Deutsch-Südwest-Afrika (das heutige Namibia), Deutsch-Ostafrika (in etwa das heutige Tansania), Kaiser-Wilhelm-Land (ein Teil des heutigen Neuguinea und einige Südsee-Atolle) sowie das «Pachtgebiet Kiautschou» in China, das heutige Qingdao, dessen deutscher Name Tsingtao im Tsingtao-Bier der damaligen Germania-Brauerei überlebt hat.

Leider bezahlen die Eingeborenen für die «Segnungen» der deutschen Kultur einen hohen Preis: Zwar haben sie jetzt Eisenbahnlinien (z. B. in Deutsch-Ostafrika, von Tanga nach Usambara), Hafenanlagen und teilweise sogar Fahrradwege (z. B. in Togo) – im Gegenzug dafür wird ihre Arbeitskraft brutal ausgebeutet: Enteignungen, Zwangsarbeit, körperliche Strafen, willkürliche Verhaftungen, Vergewaltigungen und Erschießungen sind an der Tagesordnung. Kein Wunder, dass es bald zu Aufständen kommt:

In Deutsch-Südwest erheben sich 1904 die Herero und töten weiße Siedler. Das Deutsche Reich reagiert mit der Entsendung einer Schutztruppe, die den Herero-Aufstand brutal niederschlägt. Die Armee treibt die Herero in die Wüste, wo viele von ihnen verdursten. Paul von Lettow-Vorbeck nimmt als Adjutant des sadistischen Generals Lothar von Trotha an der Niederschlagung der Herero teil – seine Rolle ist allerdings bis heute nicht vollständig geklärt. Er wird am linken Auge verletzt und bekommt daraufhin einen Schreibtischjob. Bei Ausbruch des Ersten Weltkriegs wird Lettow-Vorbeck reaktiviert und reist per Schiff nach Mombasa, wo er gleich mal Trauzeuge von Karen Blixen und Baron Bror von Blixen (genau: Meryl Streep und Klaus-Maria Brandauer in «Jenseits von Afrika») wird.

Lettow-Vorbeck erhält das Kommando über Deutsch-Ostafrika – und das ist der Beginn eines Husarenstücks: Mit nur 14 000 Mann (davon sind nur 3000 Europäer, der Großteil sind «Askari», also afrikanische Hilfstruppen) und alten Gewehren aus dem Deutsch-Französischen Krieg 1870/71 (→ Die Gründung des Deutschen Reichs) verteidigt er Deutsch-Ostafrika gegen eine bis zu 300 000 Mann starke Armee, bestehend aus Engländern, Belgiern und Indern. Damit bindet er Kräfte der britischen Truppen und hält sie so von den Kriegsschauplätzen in Mitteleuropa fern.

Lettow-Vorbeck entwickelt eine recht eigenwillige Guerillataktik, um den Gegner mürbezumachen. Immer wieder lässt er seine Truppen sich in den Busch zurückziehen, um dann mit kleinen Ausfällen die Gegner zu zermürben. Vom Nachschub abgeschnitten, müssen die Deutschen improvisieren: Ein deutscher Metzger versorgt die Truppen mit Würsten, dazu trinkt man Kokosmilch. Eine Telefonklingel ersetzen die Deutschen durch einen Tierknochen, der gegen einen abgebrochenen Flaschenhals schlägt. Die dazugehörigen Telegraphenleitungen hängt man so hoch, dass Giraffen darunter herlaufen können. In Ermangelung von Munition bewerfen die deutschen Truppen die Briten einmal sogar mit Bienenkörben, mit Erfolg: Von den Bienenstichen geschwächt, ziehen sich die Briten zurück. Lettow-Vorbeck verfolgt höchstpersönlich die fliehenden Truppen mit einem Fahrrad. Es geht auch ohne Tarnkappenbomber und Laserzielführung.

So zieht sich der Krieg in Afrika vier Jahre hin, 7000 Kilometer weit weg von den Schlachtfeldern und Schützengräben in Europa, bis schließlich 1918 die Meldung hereinflattert, Deutschland habe kapituliert. Hä? Was? Wir? Wieso? Lettow-Vorbeck misstraut dieser Meldung – erst eine Woche später dann die endgültige Bestätigung: Deutschland hat den Krieg verloren. So streckt Lettow-Vorbeck die Waffen vor den Briten. Der britische Historiker Charles Miller drückt es so aus: Eine Truppe, die nicht verloren hat, kapituliert vor einer Truppe, die nicht gewonnen hat.

Später wird diese Konstellation zur Basis für die Mär, dass das Deutsche Reich angeblich «im Felde unbesiegt» geblieben sei und stattdessen ein Verrat durch die Politik in der Heimat (vor allem durch die Sozialdemokratie) zur Niederlage im Ersten Weltkrieg geführt habe: Wie «Siegfried unter dem hinterlistigen Speerwurf des grimmen Hagen» (→ Nibelungenlied) sei das deutsche Militär zusammengebrochen, so Feldmarschall Paul von Hindenburg in seinen Erinnerungen.

Das ist mittlerweile als bewusste Geschichtsfälschung entlarvt, denn spätestens seit dem Eintritt der USA war der Krieg für das Deutsche Reich verloren (→ Erster Weltkrieg). Aber die «Dolchstoßlegende» hat zwei verhängnisvolle Folgen: Viele Deutsche sehen den Ersten Weltkrieg als zu Unrecht verloren an und wollen dementsprechend die harten Bedingungen des Versailler Vertrags nicht akzeptieren. Das trägt ein paar Jahre später entscheidend zum Aufstieg der NSDAP bei. Nicht weniger tragisch wirkt sich die unverarbeitete und geleugnete Niederlage im Ersten Weltkrieg noch einmal am Ende des

Zweiten Weltkriegs aus. Selbst als es keine Chancen auf einen deutschen Sieg im Zweiten Weltkrieg mehr gibt, folgen viele Offiziere weiter Hitlers Kriegswahnsinn, um nicht zu einem «neuen Dolchstoß» beizutragen und so als «Verräter» zu gelten.

Im Versailler Vertrag muss Deutschland 1919 alle kolonialen Bestrebungen aufgeben – die deutschen Kolonien sind Geschichte. In jüngster Zeit ist das Thema Kolonialismus im Rahmen der Globalisierung (Erdöl! Müllexporte! Billige Unterhaltungselektronik!) unter anderen Vorzeichen wieder aktuell, und zwar ohne jede deutschtümelnde Spießigkeit. Die relevanten Fragen sind: Wer übt wo Macht aus? Was für Effekte hat wirtschaftliche und kulturelle Einflussnahme auf die Kolonisierten, aber auch auf die Kolonisierenden? Auf einen Nenner gebracht: Ist mein Arbeitsplatz in Deutschland in Gefahr, wenn ich billige Turnschuhe aus Fernost kaufe? Tja, wer das beantworten kann, bekommt von mir ein Usambara-Veilchen.

Der Erste Weltkrieg

Verjuxt: Das Erbe des Ur-Ur-Ur-Ur-Ur-Ur-Ur-Ur-Ur-Urgroßschwipponkels

«Auf in den Kampf, mir juckt der Säbel!», «Ausflug nach Paris» oder «Auf Wiedersehen auf dem Boulevard!» – solche lockeren Sprüche schreiben die deutschen Soldaten mit Kreide auf die Waggons, in denen sie im August 1914 nach Westen fahren, um dem Franzos' eins aufs Maul zu hauen. Nach ein paar Wochen kehren sie siegreich wieder zurück, da sind sie sich sicher. So sicher, dass sie nicht einmal warme Socken und Winterkleidung einpacken. Schließlich ging es 1870/71 (→ Die Gründung des Deutschen Reichs) ja auch schnell.

Die Kriegsbegeisterung ist gewaltig – der Krieg wird zum Ventil für die vielfältigen unerfreulichen Spannungen zwischen den Großmächten (→ Wilhelm II.), die die Welt in Atem halten. Erstaunlicherweise sind auch besonders die Künstler begeistert, sonst ja tendenziell ein Haufen von pazifistischen Weichlingen mit seidenen Einstecktüchlein. Aber nicht hier: endlich Schluss mit dem bieder-geschäftigen Bürgertum, das im Geiste des Wilhelminismus feist und wohlhabend geworden ist.

Sei gesegnet, ernste Stunde,
Die uns endlich stählern eint;
Frieden war in aller Munde,
Argwohn lähmte Freund wie Feind –
Jetzt kommt der Krieg,
Der ehrliche Krieg!

Dumpfe Gier mit stumpfer Kralle
Feilschte um Genuss und Pracht;
Jetzt auf einmal fühlen alle,
Was uns einzig selig macht –
Jetzt kommt die Not,
Die heilige Not!

So dichtet der Lyriker Richard Dehmel, und viele fühlen ähnlich wie er. Was sie noch nicht wissen: Krieg wird nie mehr so sein, wie er früher auch schon nicht war, als man noch «Hurra!» schreien und im bunten Wams mit gezogenem Säbel losstürmen konnte.

Krieg im 20. Jahrhundert, das sind Stahlhelme statt Pickelhauben, Maschinengewehre, Giftgasangriffe, Granatsplitter, Schützengräben und feldgraue Uniformen. Erst im Ersten Weltkrieg fand das mittelalterliche Verb «tarnen» wieder Eingang in den deutschen Wortschatz. Angefangen hat der Erste Weltkrieg ziemlich unübersichtlich: Am 28. Juni 1914 erschießt der bosnische Serbe Gavrilo Princip in Sarajevo den österreichischen Kronprinz Franz Ferdinand. Der fast vierundachtzigjährige Kaiser Franz Joseph, der immerhin schon seit sechsundsechzig Jahren (→ Vormärz und Revolution von 1848) auf dem österreichischen Thron sitzt, wird von seinen Beratern gedrängt, Serbien mit Krieg zu drohen. Der deutsche Kaiser Wilhelm ist so dumm, aus alter Verbundenheit den Österreichern eine «Blankovollmacht» auszustellen, in der er Franz Joseph bedingungslose Unterstützung zusichert. Das Deutsche Reich hält den Konflikt für eine überschaubare Angelegenheit zwischen Österreichern und Serben.

Serbien aber ist mit Russland verbündet. Auch Russland hält den Konflikt für übersichtlich und mobilisiert seine Truppen zur Unterstützung Serbiens. Als Zar Nikolaus mitbekommt, dass sein Cousin Wilhelm den Österreichern zur Seite springt, will er die Mobilmachung zurückziehen, damit die Sache nicht zu groß wird, aber seine Berater hindern ihn. Willy schreibt verzweifelte Briefe an Nicky, doch die Dinge nehmen ihren Lauf: Wegen der Blankovollmacht argwöhnen die anderen Staaten, hinter Österreichs Kriegsdrohungen stecke in Wirklichkeit das Deutsche Reich, das es auf einen Krieg anlege. Deutschland hat sich ja schon länger unbeliebt gemacht, obwohl die Vollmacht doch nur ein weiteres typisches Zeichen von Wilhelms «impulsivem Regiment» (→ Wilhelm II.) ist.

Da Russland mit Frankreich verbündet ist, motzen nun auch die Franzosen ihre Truppen auf – und dem Deutschen Reich droht plötzlich ein Krieg von zwei Seiten: rechts Russland, links Frankreich. Für diesen Fall hatte sich General Schlieffen aber mal den sogenannten «Schlieffen-Plan» ausgedacht, nämlich die Idee, ganz schnell Frankreich zu überrennen, solange das behäbige Russland noch seine Truppen aufstellt, um sich dann, wenn Frankreich besiegt wäre, ganz auf die Ostfront zu konzentrieren. Also quasi erst mit der Linken die Deckung wegräumen, dann mit der Rechten den K. o. vollstrecken. Da Frankreich aber seine Grenzen zu Deutschland seit dem Krieg 1870 (→ Die Gründung des Deutschen Reichs) recht gut gesichert hat, bietet sich nur ein Marsch durch Belgien an, um Paris in einer Art Zangenbewegung von Norden her einzunehmen. Die Belgier aber zieren sich und sagen: Nö, lasst mal gut sein, wir wollen nicht besetzt werden, sondern lieber weiter in Ruhe Comics lesen, Kirschbier trinken und Fritten essen.

Kurzerhand überfällt die deutsche Armee Belgien, was nun Großbritannien auf den Plan ruft, dem Deutschen Reich ebenfalls den Krieg zu erklären. Die Engländer stehen in Flandern auf der Matte, und mit dem schnellen deutschen Vormarsch ist es aus. Das liegt vor allem an der unseligen Kombination von neuer Waffentechnik mit alter Kampfstrategie. Maschinengewehre begünstigen den Abwehrkampf, aber die Deutschen sind altmodisch, ganze Kompanien rennen ahnungslos ins Sperrfeuer – im belgischen Langemarck werden junge Soldaten angeblich unter Absingung der deutschen Nationalhymne von den feindlichen Geschützen niedergemäht – der sogenannte «Langemarck-Mythos» von der Opferbereitschaft der deutschen Soldaten ist geboren.

Die Truppen aber beißen sich fest und graben sich entlang der belgisch-französischen Grenze bis ins südliche Luxemburg ein. Ein verzweigtes System aus Schützengräben und Stacheldrahtverhauen entsteht – die Front bewegt sich mal hundert Meter in die eine oder in die andere Richtung. Auch der in der Geschichte erstmalige Einsatz von Giftgas hilft weder der einen noch der anderen Seite, es sterben dadurch einfach nur noch mehr Menschen. Die Dinge stehen plötzlich still. Da die Zeit aber im Schlieffen-Plan ein entscheidender Faktor ist, wird der Plan aufgegeben – ab sofort gibt es eben keinen Plan mehr. Währenddessen hat die Armee des Zaren genügend

Muße, von Osten nach Deutschland einzumarschieren, wird aber in der «Schlacht von Tannenberg» von den Deutschen unter Generaloberst Paul von Hindenburg geschlagen. Der wird dann bald Oberbefehlshaber der deutschen Truppen. Der ursprüngliche Konflikt zwischen Serbien und Österreich ist inzwischen völlig vergessen.

1916 wollen die Deutschen den Sieg erzwingen: Mit einer riesigen Materialschlacht soll Verdun erobert werden, doch der französische General Pétain verteidigt die Stadt eisern. Mehrere Millionen Granaten explodieren rund um Verdun, bis heute ist die Vegetation dort als Kriegsfolge karg. Um die Franzosen in Verdun zu entlasten, beginnen die Briten eine Schlacht an der Somme, die tatsächlich dazu führt, dass die Deutschen vor Verdun abziehen, aber nicht weniger furchtbar wird. Allein vor Verdun und an der Somme bleiben weit über eine Million Tote liegen.

Inzwischen machen die Deutschen weitere Fehler. Nicht nur, dass sie 1915 das britische Passagierschiff «Lusitania» (mit vielen US-amerikanischen Zivilisten an Bord) versenken – nein, ab 1917 beschließt das Deutsche Reich einen uneingeschränkten U-Boot-Krieg. Als die Gegner dann auch noch ein geheimes Telegramm (die sogenannte «Zimmermann-Depesche») abfangen, in dem das Deutsche Reich Mexiko zum Angriff der USA auffordert, ist das Maß voll: Die USA erklären Deutschland den Krieg.

Spätestens jetzt müssten das Deutsche Reich und Österreich-Ungarn, die sogenannten «Mittelmächte», den Krieg eigentlich verloren geben – aber die politische und militärische Führung lässt sich von anderen Ereignissen blenden: Das alte Russland endet mit dem Sturz des Zaren (→ Russische Revolution), und so gelingt es den Deutschen, der neuen russischen Regierung unter Lenin (die andere Probleme hat) am 3. März 1918 den «Friedensvertrag von Brest-Litowsk» aufzuschwatzen: Russland scheidet aus dem Krieg aus und verliert ein Viertel seines Gebietes. Nun können eine Million deutscher Soldaten an die Westfront verlegt werden – das Töten geht weiter. Auch in Frankreich meutern die Soldaten, und die Deutschen hoffen auf eine Revolution, aber General Pétain, der «Held von Verdun», bekommt seine Truppen in den Griff und wird Oberbefehlshaber des französischen Heeres (→ Zweiter Weltkrieg).

Immer mehr US-Einheiten greifen in den Krieg ein – und → Wilhelm II. ergreift der Frust: Er zieht sich nahezu vollständig aus der Heeresführung zurück und überlässt die Planung seinen Generälen Hindenburg und Ludendorff. In der «Panzerschlacht bei Amiens» erleiden die Deutschen schlimme Verluste, trotzdem gelingt den Alliierten der entscheidende Durchbruch nicht. Aber während die Alliierten frische Truppen aus den USA holen können, blutet die deutsche Armee langsam aus.

In Österreich hatte es 1916 einen Generationswechsel gegeben: Nach achtundsechzig Jahren auf dem Thron war Kaiser Franz Joseph gestorben – und der Nachfolger, sein Großneffe Karl I., bemüht sich als einziger europäischer Herrscher ernsthaft um Frieden. Er findet keine Unterstützung, wird von den Deutschen verachtet und muss im Oktober 1918 abdanken. Das Habsburgerreich seines ruhmreichen Ur-Ur-Ur-Ur-Ur-Ur-Ur-Ur-Ur-Urgroßschwipponkels → Karls V. ist Geschichte. Karl I. flieht ins Exil nach Madeira, sein Urgroßvater war ja einst König von Portugal. Auf Madeira werden die verarmten Habsburger von der Bevölkerung unterstützt. Karl I., der «Letztkönig», stirbt 1922 und ruht aus Dankbarkeit gegenüber den Portugiesen bis heute auf Madeira statt in der Wiener Kapuzinergruft. 2004 wird Karl I. von Papst Johannes Paul II. seliggesprochen. Der kleine Bub im Foto auf der nächsten Seite ist übrigens Otto, der Sohn des «Letztkönigs», und Otto wiederum ist der Vater des aktuellen Chefs des Hauses Habsburg, Karl (der jetzt unter anderem «König von Jerusalem» wäre, → Kreuzzüge).

Die deutsche Heeresleitung befiehlt trotz der aussichtslosen Lage eine Seeschlacht gegen die überlegene britische Marine, um, wortwörtlich, «ehrenvoll unterzugehen». Daraufhin brechen Meutereien aus (der «Kieler Matrosenaufstand»), die schnell auf das ganze Reich übergreifen: In Deutschland gründen sich sozialistische Arbeiter- und Soldatenräte, es kommt zur Revolution. Die Armee verliert ihre Unterstützung. General von Hindenburg schimpft, dass «jetzt die-

jenigen die Suppe auslöffeln sollen, die sie uns eingebrockt haben!», und damit meint er den Reichstag, vor allem die SPD. Reichskanzler Max von Baden überträgt sein Amt an Friedrich Ebert (SPD) und gibt die Abdankung des Kaisers bekannt. Der weiß noch gar nichts davon, muss aber nach Holland fliehen, wo er bis zu seinem Tod bleibt (→ Wilhelm II.). Deutschland ist ab sofort keine Monarchie mehr, sondern Republik.

In einem eiligen Waffenstillstand wird der Brest-Litowsker Vertrag annulliert, das Deutsche Reich muss die besetzten Gebiete räumen. Der Krieg ist beendet. Siebzehn Millionen Tote sind zu beklagen. Ab 11 Uhr am 11. November 1918 schweigen die Waffen. Der Waffenstillstand wird in einem Zugabteil in einem Wald in der

Nähe von Compiègne unterzeichnet, dieses Abteil wird im → Zweiten Weltkrieg noch einmal eine Rolle spielen. Das Militär fühlt sich hintergangen. Mit Hilfe der sogenannten «Dolchstoßlegende» (→ Kolonien) will sich die deutsche Militärführung von jeder Schuld reinwaschen und die Verantwortung anderen in die Schuhe schieben, vor allem der SPD und dem Hirngespinst eines «internationalen Judentums».

Egal ob im Schützengraben oder im Hauptquartier – der Zorn unter den Soldaten auf die politische Führung ist groß: In einem Lazarett in Pasewalk wird ein Gefreiter behandelt, der durch einen Senfgasangriff an der Westfront vorübergehend erblindet war und langsam wieder sehen lernt. Später wird er berichten, dass ihm bei der Nachricht von der deutschen Niederlage wieder «schwarz vor Augen» wurde. Der Name des Gefreiten: Adolf Hitler.

Hindenburg und Ludendorff stellen sich ihrer Verantwortung nicht und schicken den Staatssekretär Matthias Erzberger zur Unterzeichnung nach Compiègne. Mit dem Vertrag unterzeichnet Erzberger auch sein Todesurteil: Er wird drei Jahre später von der rechten «Organisation Consul» ermordet. Für das Deutsche Reich kommt es nach der Niederlage noch mal krass: Im Spiegelsaal von Versailles, also ausgerechnet dort, wo nach dem gewonnenen Krieg 1871 (→ Die Gründung des Deutschen Reichs) Kaiser Wilhelm I. gekrönt wurde, wird ein harter Friedensvertrag unterzeichnet: Deutschland muss die Alleinschuld für den Krieg anerkennen und verpflichtet sich zu einer Reparationszahlung von 269 Milliarden Goldmark – ein Preis, für den man sich mehrere Erdteile hätte kaufen können.

Der Versailler Vertrag, das wissen auch schon die Teilnehmer der Verhandlungen, wird kaum dauerhaften Frieden gewährleisten: Selbst die Siegermächte nennen ihn einen «Raubfrieden» (Lenin) oder einen «zwanzigjährigen Waffenstillstand» (der französische Marschall Foch). In Deutschland wird er als «Schmach von Versailles» oder «Schandfriede» bald propagandistisch ausgenutzt. Im Ende des Ersten Weltkriegs ist der Keim für den Zweiten Weltkrieg schon angelegt. Das Problem: Das Deutsche Reich hat kein Geld mehr – der Krieg war ja schon teuer genug. Dadurch schlittert nicht nur Deutschland, sondern ganz Europa in eine riesige Inflation. Eigentlich haben also alle verloren – bis auf die USA. Dank des Ersten Weltkriegs steigen die Vereinigten Staaten zur Weltmacht auf, fern von den trostlosen Schlachtfeldern Mitteleuropas.

Könige verschwinden nun aus den Geschichtsbüchern und finden ein Exil in der Klatschpresse. Das Zeitalter, in der das Bürgertum eine gemäßigte Klassengesellschaft dominierte, ist mit dem Ersten Weltkrieg vorbei. Die Krise, das Ende des Adels und des Bürgertums mündet bald in zwei europäische Massenbewegungen: in den Faschismus und in den Kommunismus.

Die Russische Revolution
Jagd auf «Roter Oktober»

Spätsommer 1917. Südlich von St. Petersburg glucksen die Fische im Wasser des Flüsschens Oredesh. Libellen surren am Ufer, Schmetterlinge sonnen sich im Abendlicht. In Westeuropa tobt ein entfernter Krieg. Auf einem kleinen Wehr im Fluss steht ein achtzehnjähriger Junge und blickt stromabwärts. Der Junge ist verliebt. Er trifft Walentina in verzauberten Nächten heimlich unter der hölzernen Veranda eines Anwesens, das bis vor kurzem seinem Onkel gehörte. Seit der Onkel gestorben ist, steht das Anwesen leer.

Der Junge hat es geerbt. Die 500 Meter vom Sommerhaus seiner Eltern bis zur Villa des Onkels legt er jeden Abend mit klopfendem Herzen auf einem klapprigen Fahrrad zurück. Heute aber steht er alleine auf der kleinen Brücke über die Oredesh und sieht dem Wasser zu, wie es davonrauscht. Wäre die Brücke ein Schiff, so stünde er am

Heck und blickte zurück – zurück in eine Vergangenheit, die eigentlich fast noch seine Gegenwart ist, eine Gegenwart aber, die gerade vergeht. Der Sommer neigt sich dem Ende zu, heute wird der junge Mann abreisen, heim nach St. Petersburg, wo der Herbst beginnt.

Der Junge wird Walentina nie wiedersehen. Er wird die Villa nie wiedersehen. Er wird Russland nie wiedersehen. Der Junge heißt Vladimir Nabokov.

Vladimirs Vater, Vladimir Dmitrijewitsch Nabokow, ist seit dem Frühjahr 1917 Kanzleichef der provisorischen Regierung unter Fürst Lwow, die zu Beginn des Jahres die Herrschaft von Nikolaus II. beendete. Zar Nikolaus hatte sich in den letzten Jahren fast ausschließlich um Kriegsfragen gekümmert und das Regieren seiner unbeliebten Frau Alexandra überlassen. Die wiederum ließ sich dabei vom zweifelhaften Wunderheiler Rasputin («Ra-Ra-Rasputin, Russias greatest love machine») beraten – jedenfalls so lange, bis Rasputin von anderen Mitgliedern der Zarenfamilie ermordet wurde. Angeblich habe er unwissentlich einen ganzen Zyankali-Kuchen verschlungen, ohne Wirkung zu spüren. Daraufhin erschlagen ihn die Attentäter, die ihn (als Sündenbock) für die russischen Niederlagen an der Front verantwortlich machen. Der angebliche Penis von Rasputin, neunundzwanzig Zentimeter lang und von seinen Anhängern als Fruchtbarkeitssymbol verehrt, ist heute im Erotikmuseum in St. Petersburg zu bewundern.

Die Pechsträhne an der Kriegsfront aber reißt nach Rasputins Tod nicht ab, der Zar muss abdanken und wird nach Sibirien verbannt. Leider können sich Fürst Lwow und die neue Regierung nicht zu

Friedensverhandlungen mit dem Deutschen Reich entschließen, um angesichts von Hungersnot und sozialen Unruhen endlich den Ersten Weltkrieg für die russische Seite zu beenden. Schnell bildet sich neben dem Parlament (der «Duma») ein zweites Machtzentrum: die Arbeiter- und Soldatenräte (die «Sowjets»), die für eine «Diktatur des Proletariats» kämpfen. Wer aber hat nun das Sagen, die Duma oder die Sowjets? Das soll in einer Wahl geklärt werden.

Die deutsche Regierung hat wegen des Krieges durchaus Interesse an einem instabilen Russland – also schleust sie einige im Schweizer Exil lebende russische Revolutionäre in einem «plombierten Wagen» (wahrscheinlich deshalb plombiert, damit sie nicht schon in Deutschland ausbüxen und dort Revolution machen) nach Russland, die dem Fürsten Lwow die Hölle heißmachen sollen. Der Prominenteste der geheimen Reisegruppe im April 1917 heißt Wladimir Iljitsch Uljanow, besser bekannt als Lenin.

Kaum angekommen, fordert Lenin in seinen «Aprilthesen» die sofortige Beendigung des Krieges, den Sturz der provisorischen Regierung und die Enteignung der Großgrundbesitzer. Außerdem übernimmt Lenin den Vorsitz des Zentralkomitees der Sowjets – das streitet gerade darum, ob man an den geplanten Wahlen teilnehmen oder die Macht gleich gewaltsam an sich reißen solle. Man stimmt ab: zehn zu zwei für «Revolution»!

Die Gegenstimmen kommen von zwei Männern namens Grigori Sinowjew und Lew Kamenew. Ihre Geschichte ist bezeichnend: Beide werden zwanzig Jahre später hingerichtet, der Verantwortliche für die Todesurteile, Geheimdienstchef Jagoda, bewahrt die Kugeln, mit denen die beiden erschossen wurden, in einem Säckchen auf. Als Jagoda seinerseits hingerichtet wird, gelangt sein Nachfolger Nikolai Jeschow in den Besitz des Säckchens. Auch Jeschow wird später zum Tode verurteilt – die Kugeln «erbt» sein Nachfolger, Lawrenti Beria, der, man ahnt es, später ebenfalls hingerichtet wird. Wer die Unglückskugeln heute hat – keine Ahnung.

Zurück ins Jahr 1917: Im Juli übernimmt erst mal Alexander Kerenskij die «Provisorische Regierung» vom Fürsten Lwow. Die Regierung tagt im Petersburger Winterpalast (der heute die Gemäldesammlung der Eremitage beherbergt). Allerdings hat die provisorische Regierung deutlich weniger Fans als die Kommunisten: Im Mai hat die bolschewistische Partei noch 80 000 Mitglieder, im August bereits 240 000. Am 6. November ist es so weit: Der Kreuzer «Aurora» gibt mit einem Platzpatronenschuss das Signal zur Revolution. Die «Aurora» liegt übrigens heute noch direkt hinter dem Winterpalast auf der Newa, als Museumsschiff.

Die Bolschewiki stürmen das Winterpalais, und bis auf den ins Exil geflohenen Kerenskij werden alle Regierungsmitglieder verhaftet. Lenin ist innerhalb kürzester Zeit vom Staatsfeind zum Machthaber geworden: «Es schwindelt einem», sagt er noch im Winterpalais auf Deutsch zu seinem Co-Revolutionär Trotzki und macht eine kreisende Zeigefingerbewegung vor der Stirn. Das, so Trotzki später, sei die persönlichste Äußerung gewesen, die er je von Lenin gehört habe. Dann begann das revolutionäre Tagesgeschäft.

Moment, heißt das nicht eigentlich «Oktoberrevolution»? Wieso war die dann im November? Das liegt am Unterschied zwischen gregorianischem und julianischem Kalender. Nach russischem (julianischem) Kalender schrieb man erst den 24. Oktober – man kann also «Oktoberrevolution» oder «Novemberrevolution» sagen, wie man mag.

Die neue Regierung stülpt die Welt um: Jeder Handel wird verboten – Waren werden ab sofort vom Staat verteilt, Banken und Industrie werden verstaatlicht, Schulen werden allen zugänglich gemacht, die Kunst wird der Schaffung eines neuen Menschentypus unterworfen, den sie propagieren soll. Davon sind nicht alle begeistert: In den Wahlen zur Verfassungsgebenden Versammlung am 11. November 1917, mit denen die Bolschewiki ihre Macht sichern wollen, erleiden sie eine verheerende Niederlage und bekommen nur 25 Prozent der Stimmen. Kurzerhand löst Lenin die Verfassunggebende Versammlung gewaltsam auf, mit der Begründung, die «wahren Interessen des Volkes» zu kennen. Es zeigt sich also schon in der Geburtsstunde 1917 ein entscheidendes Problem des Marxismus-Leninismus: die Anmaßung (in der Regel der Partei), die Interessen der Bevölkerung besser zu kennen als die Bevölkerung selbst. Mit so einer Haltung lassen sich auf fragwürdigste Art alle politischen Mittel, auch die schlimmsten, legitimieren. Genau das wird die Kommunistische Partei in den nächsten siebzig Jahren auch beweisen.

Vladimir Dmitrijewitsch Nabokow (dessen Frau übrigens die Ururgroßnichte der Baronin von Korff ist, also der Frau, die König Ludwig XVI. in der → Französischen Revolution ihre Kutsche zur Flucht zur Verfügung stellte) flieht vor den Bolschewiki mit seiner Familie auf die Halbinsel Krim. Dort formiert sich ein Teil der zahlreichen Widerstandsgruppen – es kommt in Russland zum Bürgerkrieg der «Weißen Armee» gegen die «Rote Armee». Die bolschewistische Regierung beschließt beim «Allrussischen Sowjetkongress» die Enteignung aller Kapitalisten und Gutsherren. Ein «Rat der Volkskommissare» unter Lenins Führung wird installiert, und schließlich lassen sich die Sowjets den «Frieden von Brest-Litowsk» (→ Der Erste Weltkrieg) vom Deutschen Reich mehr oder weniger diktieren. Die innenpolitische Stabilisierung der kommunistischen Herrschaft ist momentan wichtiger als außenpolitische Erfolge.

Durch den Frieden kann ein Teil der freigewordenen Soldaten zur Roten Armee stoßen. Die Weiße Armee kämpft allerdings durchaus erfolgreich und steht kurz davor, die Stadt Jekaterinburg einzunehmen. Dort wird im Juli 1918 die russische Zarenfamilie gefangen gehalten, auf ihrem Transport aus Sibirien nach Moskau, wo man darüber nachdenkt, den Zaren in einem Schauprozess zu verurteilen. Weil aber ein Schauprozess gegen Unschuldige auch nach hinten losgehen und Sympathien für die Romanoffs wecken könnte und die Weiße Armee vor Jekaterinburg steht, beschließt der «Rat der Volkskommissare» die Vernichtung der Zarenfamilie:

In der Nacht auf den 17. Juli 1918 führt der Geheimdienstler Jakow Jurowski die Familie in den Keller des Hauses und eröffnet dem Zaren, dass die Familie jetzt hingerichtet wird. Der Zar kann nur noch fragen: «Was?», da erschießt Jurowski ihn eigenhändig. Ein Exekutionskommando metzelt den Rest der Familie nieder und braucht dafür fast zwanzig Minuten, weil die Töchter des Zaren Juwelen in ihre Mieder eingenäht hatten, sodass die Bajonette darin stecken bleiben. Insgesamt werden achtzehn Familienangehörige ermordet, die

Leichen schrecklich misshandelt und im Wald verscharrt. Acht Tage später erobert die Weiße Armee Jekaterinburg – zu spät. Gerüchte darüber, dass Prinzessin Anastasia das Massaker überlebt habe, reißen in den nächsten Jahren nicht ab und rufen Hochstapler auf den Plan, unter anderem eine Frau namens Anna Anderson, die sich immerhin lange als vermeintliche Zarentochter in der Presse hielt.

Erst 1991 findet ein Forscherteam das Grab der Familie – und kann dank einer DNA-Vergleichsprobe die Leichen eindeutig identifizieren. Der DNA-Spender und Verwandte der Zarin, der das ermöglichte, war übrigens Prinz Philipp, der Ehemann von Queen Elizabeth II. Ein Leichnam aber fehlt bis heute – der von Anastasia. Das behaupten zumindest einige alte Zaristen. Aber auch die schlimmste Geschichte lässt sich süßlich verfilmen, hier als Beweis ein Bild aus dem Disney-Film «Anastasia»:

Trotz anfänglicher Erfolge der Weißen Armee ist der Vormarsch der Roten Armee nicht zu stoppen: Die Weißen werden bis auf die Krim zurückgedrängt und 1920 endgültig geschlagen.

Zurück zu den Nabokovs. Die Familie flieht 1919 rechtzeitig ins Exil, wie Tausende andere Russen auch. Über Konstantinopel, Piräus, Marseille, Paris und Le Havre geht es erst nach London, dann nach Berlin, wo Vladimirs geliebter Vater 1922 von einem fanatischen Anhänger des Zaren erschossen wird. Er liegt heute auf dem russisch-orthodoxen Friedhof in Berlin-Tegel begraben. Den Todesschützen wird Vladimir später noch einmal treffen: In der Nazi-Zeit ist der Mörder seines Vaters der zuständige Sachbearbeiter für russische Emigrantenfragen in Berlin. Spätestens jetzt weiß Vladimir: Auch Berlin wird er bald verlassen müssen.

1922 muss sich Lenin wegen schwerer Krankheit aus der Politik zurückziehen. Seinen größten Erfolg kann er nicht mehr genießen: die Gründung der «Union der Sozialistischen Sowjetrepubliken», der UdSSR. Lenin stirbt 1924, sein einbalsamierter Leichnam, ist bis heute im Lenin-Mausoleum auf dem Roten Platz ausgestellt. Die Pflege des Leichnams (bei 7° Celsius gekühlt) und der Unterhalt des Mausoleums kosten bis heute etwa 1,1 Millionen Euro jährlich. An dieser Stelle ein kleiner Haushaltstipp: Der Kühlschrank ist Energiefresser Nummer eins!

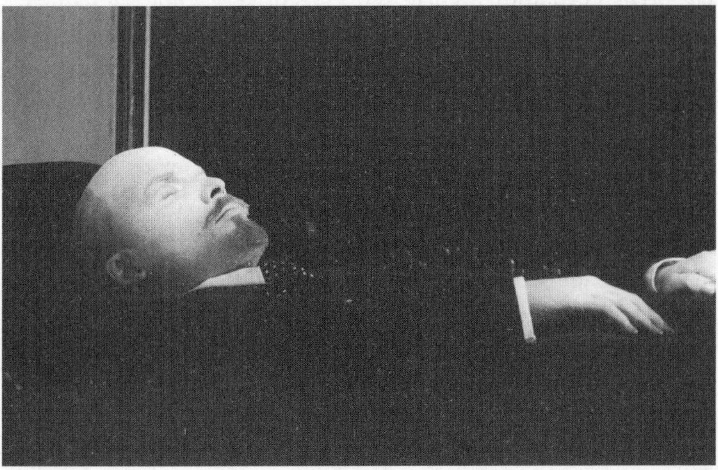

Um Lenins Nachfolge entbrennt ein erbitterter Kampf, in dem sich ein Mann aus Georgien namens Iosseb Bessarionis Dschughaschwili durchsetzen kann. Sein Kampfname: Stalin, der «Stählerne». Die Bolschewisten haben längst bewiesen, dass sie ihre politischen Ziele rücksichtslos durchzusetzen gewillt sind. Die «Außerordentliche Kommission für den Kampf gegen die Konterrevolutionäre und Sabotage» (Tscheka) zum Beispiel wird für den Tod Hunderttausender tatsächlicher oder vermeintlicher Regimegegner verantwortlich sein.

Von 1936 bis 1940 lässt Stalin während der sogenannten «Stalinistischen Säuberungen» geschätzte zwanzig Millionen Menschen ermorden. Das erinnert stark an → Iwan den Schrecklichen: Wer auch nur in den leisesten Verdacht gerät, gegen das Regime zu sein, kommt ins Arbeitslager (Gulag), wird gefoltert oder getötet. Unter den Opfern sind achtundneunzig von 108 Mitgliedern des Obersten Militärrats sowie die vollständige Parteispitze von 1917 – wieder einmal frisst die Revolution ihre Kinder (→ Französische Revolution).

Russland verliert seine gesamte Ober- und Mittelschicht durch Emigration, Arbeitslager oder Tod – und damit den Großteil seiner kulturellen Erinnerung, seiner Vergangenheit. Lenin hat einmal gesagt: «Die Revolution braucht keine Historiker» – und hat damit eines der Hauptargumente gegen den Kommunismus formuliert: Er ebnet Unterschiede ein, verbietet Phantasien und tötet Erinnerung, Kultur und Identität.

Vladimir Nabokov jedenfalls wird Schriftsteller, nach Russland kehrt er nie wieder zurück. Vom Sommerhaus der Nabokovs ist nichts geblieben außer ein paar überwucherten Grundmauern – aber wenn man heute auf der Brücke über die Oredesh steht, rauscht das Wasser noch genauso den Fluss hinab wie im Spätsommer 1917.

In seinen Büchern lässt Nabokov die Erinnerung sprechen und entreißt das Russland seiner Kindheit dem Vergessen. Dinge festzuhalten, die eigentlich nicht festzuhalten sind – das wird das Thema seines Lebens, seiner Literatur: Junge Mädchen werden erwachsen, Schmetterlinge flattern davon, die erste Liebe lässt sich nicht wiederholen. Und immer wieder wird er an damals denken, wie er als Achtzehnjähriger auf der Brücke über der Oredesh stand und dem entschwindenden Wasser hinterherschaut – denken an das Russland, das es einst gab, und an den Jungen, der er einst war.

Die Weimarer Republik

Die Lizenz zum Gelddrucken

Der Maler Max Liebermann ist ein Temperamentsbolzen: Er hat sich mal wieder gestritten, dieses Mal mit dem Germanisten Julius Elias, einem übergewichtigen Diabetiker. Als Versöhnungsgeschenk füllt Elias eine halbe Flasche Cognac in ein Gefäß und gibt dieses seinem Dienstboten, damit er den Cognac Herrn Liebermann bringe. Mit gleicher Post schickt Elias allerdings auch dem Arzt, der seine Diabetes untersucht, eine andere Flasche, in der sich die hierfür übliche Flüssigkeit befindet, farblich dem Cognac nicht unähnlich. Leider vertauscht der Dienstbote die Flaschen – das merkt Elias allerdings erst, als sich der Arzt erfreut für den Cognac bedankt. Hastig ruft Elias bei Liebermann an – zu spät. Der Malerfürst ist außer sich! Eine Beleidigung! Ein Skandal! Nur langsam kann sich Liebermann wieder beruhigen und an eine Verwechslung glauben.

Ein paar Jahre später, am 9. November 1918 (→ Erster Weltkrieg), muss sich Liebermann wieder aufregen – aber diesmal weiß er gar nicht, über wen er sich mehr ereifern soll: über die rechten monarchistischen Truppen, die sein Haus am Brandenburger Tor besetzen und Maschinengewehre ins Fenster stellen – oder über die linken marodierenden Arbeiter und aufständischen Soldaten, die von der Straße «Unter den Linden» her kommen und sein Haus beschießen?

Mit beiden Seiten hat Liebermann nichts am Hut – weder der Kaiser noch die Kommunisten sind seine Freunde. Die Welt des Kaisers (sein Stadtschloss steht am anderen Ende der Straße) gibt es seit jenem Tag nicht mehr, und wenn dieses Kapitel hier zu Ende ist, wird auch die Welt des bürgerlichen, jüdischen Malerfürsten Max Liebermann bald verschwinden.

Nach der Abdankung des Kaisers ist völlig unklar, wie es in Deutschland weitergehen soll: Mit einer Räterepublik nach sozialistischem Vorbild? Oder einer parlamentarischen Demokratie? Die Linke selbst ist über diese Frage zerstritten, und als die Sozialdemokraten sich für eine parlamentarische Demokratie entscheiden, sind die Kommunisten verstimmt: «Wer hat uns verraten? Sozialdemokraten!», heißt es allenthalben, als im Januar 1919 in Weimar eine Nationalversammlung und Friedrich Ebert zum ersten sozialdemokratischen Reichspräsidenten gewählt wird.

Warum Weimar und nicht Berlin? Na, in Berlin tobt der Mob, Weimar dagegen ist militärisch ganz gut abgesichert, außerdem soll auch etwas Glanz der Weimarer Klassik (→ Goethe) auf die neue Regierung abfallen. Die Weimarer Republik ist von Anfang an nämlich recht schwach auf der Brust. Ihr erster Job ist die Unterzeichnung des Friedensvertrags von Versailles (→ Erster Weltkrieg) – und damit die Anerkennung der deutschen Alleinschuld am Krieg. Man verantwortet also gewaltige Reparationszahlungen, Gebietsabtretungen und die fast völlige Entwaffnung der Reichswehr. Kein besonders populärer Start, auch wenn die Republik überhaupt nichts für die Niederlage kann.

Es gibt keine Alternative zu diesen empörenden Bedingungen, und so hat die junge Republik die harte Last der Versailler Verträge in ihrer Geburtsstunde zu schultern. Sie ist bereits jetzt zum Scheitern verurteilt, ein ungeliebtes Kind, eine «Demokratie ohne Demokraten».

Von Beginn an wird die Weimarer Republik von zwei Seiten in die Mangel genommen. Einerseits von der nationalistischen, kaisertreuen, rechten Seite, andererseits von der sozialistischen, revolutionären, linken Seite. Erfolg könnte in so einer Zwickmühle nur jemand haben, der die Ideen der Rechten mit denen der Linken versöhnt, also die Idee des «Nationalen» mit der des «Sozialistischen» (oder zumindest so tut). Das Ganze könnte man Nationalsozialismus nennen und damit ganz groß rauskommen! Genau so wird es auch geschehen – aber erst später.

Immerhin erreichen die Weimarer in der Außenpolitik erste Erfolge: Im «Vertrag von Rapallo» verzichtet Russland auf Reparationen und nimmt im April 1922 mit Deutschland wieder diplomatische Beziehungen auf – die beiden Schmuddelkinder des Ersten

Weltkriegs machen einen eigenen Sandkasten auf. Wie Matthias Erzberger in Compiègne (→ Erster Weltkrieg) unterzeichnet allerdings auch der deutsche Vertreter in Rapallo mit dem Vertrag zugleich sein Todesurteil: Sechs Wochen später wird der liberale Reichsaußenminister Walther Rathenau von Mitgliedern der rechten «Organisation Consul» ermordet. Der spätere Schriftsteller Ernst von Salomon (→ Stunde Null) wird wegen Beihilfe zum Mord zu fünf Jahren Zuchthaus verurteilt.

Zu den größten Problemen der jungen Republik gehören neben Kriegskrediten und Kriegsanleihen die riesigen Reparationszahlungen. 269 Milliarden Goldmark an die Siegermächte! Geld, um so viel Gold zu kaufen, muss man erst einmal haben, man kann es sich ja nicht einfach drucken!

Moment mal, sagt da die Republik und schlägt sich mit der Hand vor die Stirn: Wir sind doch der Staat – NATÜRLICH können wir es uns drucken! Also los: Bündelweise wird Geld gedruckt, kistenweise, waggonweise, die Druckerwalzen laufen heiß, Tag und Nacht, das Papier wird knapp. Logischerweise verliert das Geld, das immer mehr wird, an Wert: Im Januar kostet ein Brot noch viertausend Mark, im Oktober bereits zwei Milliarden. Die Inflation galoppiert so schnell, dass sich im Restaurant während einer Mahlzeit die Zeche verdoppeln kann. Taschendiebe klauen kaum noch Bargeld, weil es in der Zeit zwischen Diebstahl und Kneipe die Hälfte seines Wertes verliert. Wer keine Sachwerte wie Immobilien oder Schmuck hat, verarmt. Im November 1923 endlich kommt es zur Währungsreform durch Gustav Stresemann (ab sofort zahlt man in «Rentenmark»), und außenpolitisch werden im «Vertrag von Locarno» maßvollere Reparationszahlungen durchgesetzt.

Erst jetzt, 1924, beginnen die «Goldenen Zwanziger Jahre»: Es geht wirtschaftlich ein wenig bergauf, Kunst und Kultur nehmen wieder Fahrt auf: Max Beckmann, Otto Dix und Felix Nussbaum werden als Maler einer neuen, harten Sachlichkeit berühmt und verhöhnen Max Liebermann als *old school*, Erich Kästner zieht nach Berlin, Josephine Baker und Anita Berber tanzen nackt auf den Tischen, der Bubikopf wird erfunden, der feine Gehrock wird durch den leichteren «Stresemann» (benannt nach dem Reichskanzler) ersetzt – aber in dunklen Spelunken drücken sich auch Morphinisten und Kokainisten herum. Der «Tanz auf dem Vulkan» wird zum Schlagwort: Durch den Schaden aus der Inflation klug geworden, gibt es viele, die ihr Geld lieber ausgeben, als auf die Bank zu bringen.

Sie sollten recht damit haben, denn das Jahr 1929 bringt eine gewaltige Weltwirtschaftskrise. Und jetzt rasselt alles noch mal richtig den Berg runter.

1925 war Reichspräsident Ebert gestorben, sein Amt übernimmt der alte General Hindenburg (→ Erster Weltkrieg), der in der Präsidentenwahl seinen alten Kriegskumpel Ludendorff vernichtend schlägt. Ludendorff wird dann später regelrecht verrückt: Aus der Zahlenmystik der jüdischen Kabbala versucht er, den Beginn des nächsten Weltkriegs vorauszusagen, den seiner Ansicht nach ein imaginäres «internationales Finanzjudentum» vom Zaun brechen will.

Der alte General Hindenburg als Reichspräsident meistert die Krise allerdings auch nicht gerade heldenhaft. Mit dem reinen Verhältniswahlrecht (ohne Fünf-Prozent-Klausel) sind bis zu siebzehn Parteien im Reichstag vertreten, die sich gegenseitig neutralisieren oder in Kompromiss-Koalitionen handlungsunfähig machen. Vor Hindenburg kamen und gingen die Regierungen, jetzt übt der Alte sein Präsidentenamt eher «monarchistisch» aus und regiert mit sogenannten «Notverordnungen» gegen das Parlament.

Sein neuer Reichskanzler Brüning indes hat einen Plan: Er nutzt die Weltwirtschaftskrise, um die immer noch immensen Reparationszahlungen loszuwerden. Er kürzt die Staatsausgaben und droht im Ausland mit dem Staatsbankrott – dann würden die Siegerstaaten gar nichts mehr bekommen. Das bringt die Westmächte natürlich ins Grübeln und verstärkt den panikartigen Transfer von deutschem Geld ins Ausland. Vor allem aber nimmt Brüning innenpolitisch eine verheerende Verarmung der Bevölkerung in Kauf, um außenpolitisch die Reparationslast loszuwerden. Das treibt die Arbeitslosigkeit nach oben und die Bevölkerung in die Arme der Nationalsozialisten, die 1930 ihre Abgeordnetenzahl im Vergleich zu 1928 fast verzehnfachen (→ Adolf Hitler).

Brünings Versuch, über außenpolitische Erfolge die innenpolitische Stabilität zu erreichen, geht nicht auf. Im Juli 1932 erreicht Brüning zwar sein großes Ziel, die Streichung der Reparationen. Davon profitieren aber später die Nazis, er selber wird sechs Wochen vorher von Hindenburg abgesetzt – vor allem deshalb, weil er Hindenburgs Freunden, den ostelbischen Großgrundbesitzern, mit Subventionskürzungen gedroht hatte. Jetzt ist Hindenburg um einen Reichskanzler verlegen. Da schlägt ihm General von Schleicher einen alten Kumpel vor: Franz von Papen, bisher vor allem als Schwadroneur im Herrenklub berüchtigt. Gesagt, getan. Nach der Ernennung marschiert Papen stracks auf einen Staatsstreich hin, indem er den Reichstag auflöst, ein «Kabinett der Barone» installiert und Neuwahlen anordnet, bei denen sich Nationalsozialisten und Kommunisten gegenseitig neutralisieren. Rohrkrepierer: Der Reichstag ist sofort handlungsunfähig und wird erneut aufgelöst.

In ihrer Verzweiflung bieten die beiden Generäle von Hindenburg und von Schleicher sowie der Freiherr von Papen im August 1932 dem gewöhnlichen Gefreiten Adolf Hitler und der NSDAP die Vizekanzlerschaft an, freilich unter einem Kanzler von Papen – was Kandidat Hitler ablehnt: Er will den ganzen Kuchen. Schleicher und Papen sind ratlos. Papen will regieren, zur Not auch mit weiteren Notverordnungen. Schleicher lehnt das ab, aus Angst vor einem Bürgerkrieg. Er setzt auf den inneren Zwist der Nationalsozialisten, bei denen sich ein nationaler Flügel unter Hitler und ein sozialistischer Flügel unter Hitlers Parteirivalen Gregor Strasser herausbilden. Eine Spaltung der Partei könnte neue Mehrheiten schaffen.

Hindenburg aber schmeißt Papen raus und ernennt Schleicher zum Reichskanzler. Darüber ist Papen sauer, der jetzt nur noch eine Möglichkeit sieht, Schleicher auszutricksen: Am 4. Januar 1933 trifft er Adolf Hitler in Köln und signalisiert seine Unterstützung für eine Regierung der NSDAP unter Reichskanzler Adolf Hitler. Der Plan geht auf: Auf der Gegenseite scheitern Schmidtchen Schleichers NS-Spaltungspläne mit Strasser, und er wird zum Rücktritt gedrängt. Für diese Intrige werden von Schleicher und Strasser anderthalb Jahre später von der SA ermordet (→ Adolf Hitler).

Die alte Garde hat gegen die Nazis große Vorbehalte – doch Franz von Papen räumt sie aus. Sozusagen «eingerahmt» von ihm selbst und Hindenburg, so glaubt Papen, könne der ungeliebte Nazi-Prolet Hitler nicht viel Schaden anrichten: «In zwei Monaten haben wir Hitler in die Ecke gedrängt, dass er quietscht!» – eine Einschätzung, die sich würdig einreiht in Weisheiten wie «Niemand will Schauspieler sprechen hören» (Stummfilmproduzent Jack Warner), «Fliegen ist nicht möglich, da die Maschine schwerer ist als Luft» (Physik-Nobelpreisträger Simon Newcomb) oder «Es gibt einen Weltmarkt für nur fünf Computer» (IBM-Chef Thomas Watson jr.).

Am 30. Januar 1933 ernennt Hindenburg Adolf Hitler zum Reichskanzler. Abends feiert die SA den denkwürdigen Tag mit einem Fackelzug durch das Brandenburger Tor.

Aus einem Gebäude grüßt Hitler mit erhobenem Arm. Ein paar Fenster weiter starrt der alte Hindenburg grübelnd auf die vorbei-

marschierenden Massen und schlägt mürrisch den Takt mit seinem Krückstock. Noch ein paar Meter weiter steht der große Maler Max Liebermann im Fenster. Er ist jetzt sechsundachtzig Jahre alt, ein alter Berliner Herr, den mittlerweile eigentlich nichts mehr so leicht aus der Ruhe bringt. Diesmal aber weiß er ganz genau, worüber er sich aufregt – über die neuen Machthaber, die unverblümt ankündigen, was sie vorhaben: eine «nationale Revolution», die «Germanisierung» der Welt und nicht zuletzt die Vernichtung der Juden. Der würdige Herr Liebermann hat nur einen Kommentar: «Ick kann jar nich so ville fressen, wie ick kotzen möchte!»

Adolf Hitler
Wir fahr'n fahr'n fahr'n auf der Autobahn

Adolf Hitler ist gar nicht so toll, wie die Neonazis immer sagen: Wenn man seinen Namen googelt, bekommt man nur 5,7 Millionen Treffer, bei «Paris Hilton» schon 48,2 Millionen, bei «Britney Spears» 69,2 Millionen. Der aktuelle Freund von Madonna, dieser «Jesus», hat sogar 174 Millionen – eindeutig der Beweis: Hitler liegt im Vergleich ganz weit hinten! Oh – ein Hitlervergleich: Werde ich jetzt verklagt?

Adolf Hitler ist aber auch ein merkwürdiger Knabe: Seine Familie kommt aus dem abgelegenen österreichischen Waldviertel zwischen der Donau und Böhmen. Er selber entstammt ungeklärten Familienverhältnissen, inzestuös angehaucht. Seine Mutter war mindestens eine Cousine zweiten Grades vom Vater, womöglich hatten Vater und Mutter sogar denselben Großvater! Grund genug für einen auf Vererbungslehre und Reinrassigkeit fixierten Typen wie Hitler, seine Herkunft später zu verschleiern, die Heimatdörfer seiner Familie plattzumachen und zum Truppenübungsplatz umzufunktionieren.

Seinen Vater beschreibt Hitler als gewalttätig, seine Mutter als hilflos. Psychoanalytiker haben diese Äußerung so gedeutet, dass das Kind Adolf die Mutter beschützen wollte, aber dem Vater gegenüber machtlos war, was zu «innerer Leere, überspielt mit gewalttätigen Fantasien und überzogenen Posen» geführt habe. Na ja, im Nachhinein kann man das leicht behaupten. Aber auf dem Klassenfoto von 1899 hat sich der zehnjährige Adolf tatsächlich ganz schön in Position gebracht – wer von den Bengeln ist es wohl?

Richtig: Der in der letzten Reihe in der Mitte

Zuerst aber wird der kleine Adolf Schulversager – er selber deutet das als Leistungsverweigerung dem Vater gegenüber, der ihn zur Beamtenlaufbahn drängen wollte, obwohl Adolf sich doch zum Kunstmaler berufen fühlte. Der Erfolg ist ihm gewissermaßen gelungen, allerdings recht verspätet: Im September 2009 werden in Nürnberg drei seiner Aquarelle für insgesamt 42 000 Euro versteigert.

1903 stirbt der Vater, 1905 verlässt Adolf die Schule, sechzehnjährig und ohne Abschluss. Sein Zeugnis ist so mies, dass er es als Toilettenpapier benutzt. 1907 stirbt auch die Mutter. Hitler bezieht nun Waisenrente und schlägt sich in Wien mit eigenhändig gemalten Kunstpostkarten durch. Der menschenscheue Einzelgänger lebt im Obdachlosenasyl, später im Männerwohnheim und lässt seine Bilder von Mitbewohnern verkaufen. Zweimal rasselt Hitler durch die Aufnahmeprüfung der Kunstakademie und heult sich jedes Mal die Seele aus dem Leib. Abends begeistert er sich für erhabene Opern (wie «Rienzi» von → Richard Wagner). Tagsüber gibt er sich Träumereien von der eigenen Großartigkeit hin und entwirft monumentale Theaterbauten (in seinen Entwürfen schreibt er «Iede» statt

«Idee», «Teater» statt «Theater»). Überzeugt von seiner Genialität, hält er sich von geregelter Arbeit fern.

Offenbar hat Hitler eine Wahrnehmungsstörung, zwischen Traum und Realität kann er kaum unterscheiden. Eines Tages kauft er sich ein Lotterielos und verbringt die Zeit bis zur Ziehung damit, sich schon mal eine große Wohnung mit Donaublick auszusuchen, Möbel, Stoffe und Dekorationsmuster zu entwerfen und hochherrschaftliche Empfänge zu imaginieren ... Als sein Los sich – Überraschung – als Niete erweist, bekommt er einen Tobsuchtsanfall, verflucht das Lotteriewesen und den Staat überhaupt.

Später wird Hitler Vegetarier, hat die Idee zu einem alkoholfreien Erfrischungsgetränk (nein, keine Cola) und sucht nach einer zu rauchenden Alternative für Tabak (nein, nicht Hanf). 1913 zieht er nach München, um sich vor dem österreichischen Militärdienst zu drücken. 1914 jedoch meldet er sich begeistert freiwillig bei der deutschen Armee zum Kriegsdienst. Hier ist er sogar auf einem Foto vom 1. August 1914 zu sehen, dem Tag der Mobilmachung zum → Ersten Weltkrieg:

Hitler wird Meldegänger an der Westfront und bekommt einige Auszeichnungen (zum Beispiel das «Militärverdienstkreuz dritter Klasse mit Schwertern»), trotzdem bleibt er nur Gefreiter. Womöglich, weil sein Vorgesetzter ihn für einen «Hysteriker» hält.

Seine Kameraden beschreiben «Adi» als «merkwürdig», weil er seinen Vorgesetzten absoluten Gehorsam entgegenbringt, sich blindlings fügt und niemals widerspricht. Bei der dritten Flandernschlacht erblindet er durch einen Senfgasangriff vorübergehend und erfährt im Lazarett von der Abdankung des Kaisers und der deutschen Niederlage. Für den Gefreiten Hitler, der eigentlich nichts vom Leben kennt als Krieg und Wagner-Opern, ist das der Schock seines Lebens. Eine Identitätskrise. Wie viele Soldaten, vom General bis zum Gefreiten, versteht Hitler nicht, warum Deutschland den Krieg verloren haben soll, und fühlt sich von der Politik verraten. Kein Wunder, dass die Legende vom «Dolchstoß» in den Rücken der Front bei ihm auf fruchtbaren Boden fällt.

Als Hitler 1918 aus dem Lazarett entlassen wird, beschließt er, «Politiker zu werden». Das fängt mit noblen Aufgaben an. Er arbeitet als Spitzel für die Reichswehrverwaltung, um neue politische Parteien zu beobachten. In dieser Funktion besucht er bald eine Veranstaltung der neugegründeten Deutschen Arbeiter Partei (DAP), hält dort seine erste Rede und tritt bei. Bereits 1920 kann er von seinen Honoraren als Redner leben. Er kämpft gegen die «Schmach von Versailles», betreibt die Umbenennung der DAP in NSDAP, Nationalsozialistische Deutsche Arbeiterpartei, und übernimmt 1921 ihren Vorsitz. In Bayern wird Hitler schnell eine Art Lokalgröße, die außerhalb Bayerns aber eher mit Belustigung wahrgenommen wird. Ganz stilsicher ist der Nachwuchspolitiker tatsächlich noch nicht: Bei Einladungen süßt Hitler seinen Wein mit einem Löffelchen Zucker und macht auch modisch von sich reden: Sein Weggefährte Ernst «Putzi» Hanfstaengl trifft Hitler einmal mit leuchtend roter Krawatte an – kombiniert mit einem lila Hemd, brauner Weste und blauem Anzug.

Trotzdem findet Hitler langsam Unterstützung im gehobenen Bürgertum und gewinnt den alten General Ludendorff für sich –

immerhin einen der «Helden» des Ersten Weltkriegs. In Gesprächen mit dem General pflegt Hitler nach jedem Satz den Hintern leicht anzuheben und zu sagen: «Sehr wohl, Excellenz» oder «Wie Excellenz meinen». Ludendorffs Unterstützung macht Hitler Mut, und am 8. November 1923 stürmen die beiden mit ein paar Kameraden eine Veranstaltung im Münchner Bürgerbräukeller, um den kommissarischen bayerischen Regierungschef, Ritter von Kahr, auf ihre Seite zu ziehen. Hitler schießt in die Decke und ruft die «nationale Revolution» aus, mit der er die Berliner «Novemberverbrecher» (→ Erster Weltkrieg) der SPD für abgesetzt erklärt. Ritter von Kahr geht auf alles ein, allerdings, wie er einen Tag später behauptet, nur zum Schein, unter dem Zwang der vorgehaltenen Waffe. Sofort lässt Kahr die NSDAP verbieten und die Polizei gegen die Putschisten aufmarschieren – dafür wird Kahr 1934 im KZ Dachau ermordet.

Die Nazis marschieren am nächsten Tag (nach dem Vorbild der italienischen Faschisten, die mit ihrem «Marsch auf Rom» 1922 die Macht an sich rissen) auf die Feldherrenhalle zu. Sie werden auseinandergetrieben und von der Polizei beschossen. Es gibt sechzehn Tote, Göring wird ins Bein geschossen. Ludendorff und seine Gesellen werden verhaftet, Hitler flüchtet und versteckt sich zitternd und zagend am Staffelsee, wo er aber bald gefasst wird.

Ludendorff spielt vor Gericht die Unschuld, redet von einem kleinen Zwischenfall im Bierkeller und wird (auch wegen seiner Verdienste im Ersten Weltkrieg) freigesprochen. Hitler ergreift seine Chance. Er inszeniert sich als Chefstratege und schiebt den «wahren Hochverrat» der Regierung in Berlin zu (Dolchstoßlegende!). Das Gericht lobt daraufhin seinen «vaterländischen Geist» und seinen «edlen Willen» und verurteilt ihn zur milden Mindeststrafe von fünf Jahren, mit der Möglichkeit zur Begnadigung nach, äh, sagenwirmal, sechs Monaten. Noch dazu war es nur eine «Festungshaft», eine Art Urlaub hinter Gittern.

Während der Haft im bayerischen Landsberg schreibt Hitler «Mein Kampf», übrigens auf Briefpapier, das ihm seine glühende Verehrerin Winifred Wagner besorgt, die Schwiegertochter → Richard Wagners. Schon nach neun Monaten wird Hitler wieder entlassen. Er gibt die Putschpläne auf und beschließt den Marsch durch die Institutionen, also auf legalem Weg ins Parlament zu kommen.

Die alten Nationalisten um Franz von Papen, aber auch die erzkonservative Deutschnationale Volkspartei um den Medienmogul Alfred Hugenberg sehen in Hitler und der NSDAP nützliche Marionetten, um die eigenen Pläne durchzusetzen – und so beginnt der Aufstieg der Partei. Durch die Weltwirtschaftskrise verzehnfacht die NSDAP bei der Wahl 1930 ihre Abgeordneten – Hitler bekommt einen Termin bei Hindenburg, den er mit seinen später berühmten Wortkaskaden zulabert. Anschließend äußert sich Hindenburg verächtlich: «Dieser böhmische Gefreite soll Reichskanzler werden? Niemals! Höchstens Postminister!» Hindenburg verwechselt Braunau in Böhmen mit Hitlers Geburtsort Braunau am Inn, und auch bei Hitlers Zukunft verschätzt er sich:

Nach einer Kungelei zwischen Franz von Papen und Alfred Hugenberg ernennt der immer noch zögernde, von dunklen Ahnungen befallene Hindenburg den bösen Mann im Januar 1933 dann doch noch zum Reichskanzler (dazu das Kapitel → Weimarer Republik).

Und jetzt fängt die Geschichte ganz neu an: Hitler ist kaum Reichskanzler, als am 28. Februar 1933 der Reichstag in Flammen steht. Ein Mann namens Marinus van der Lubbe wird vor Ort festgenommen und später hingerichtet. Heute weiß man, dass er ein Einzeltäter war, aber die Nazis behaupten, dass ein «kommunistischer Aufstand» das Feuer gelegt habe. Tatsache ist: Der Brand kommt den Nazis gerade recht. Hitler nimmt ihn zum Anlass, politische Gegner zu verhaften, einzusperren oder erschießen zu lassen.

Vier Wochen später, am 23. März 1933, legt er dem Reichstag (der nun in der Berliner Krolloper tagt) das sogenannte «Ermächtigungsgesetz» vor: Es erlaubt der Regierung den Erlass von Gesetzen, ohne vorher das Parlament und den Reichspräsidenten zu konsultieren. Um das durchzudrücken, braucht Hitler im Reichstag allerdings eine Zwei-Drittel-Mehrheit. Die besorgt er, indem er viele KPD- und

SPD-Abgeordnete vor der entscheidenden Sitzung verhaften lässt. Die verbliebenen 94 SPD-Abgeordneten stimmen zwar gegen das Gesetz – alle anderen 444 Parlamentarier aber dafür, unter anderem auch der spätere Bundespräsident Theodor Heuss (für die Deutsche Staatspartei), der sich trotz Gegnerschaft zu Hitler dem Fraktionszwang seiner Partei beugt. Das Parlament hat sich damit selbst entmachtet.

Das Ermächtigungsgesetz öffnet der Willkür Tür und Tor, und Hitler macht davon ausgiebig Gebrauch: Die Presse wird zensiert, alle anderen Parteien werden verboten, die Nazis proklamieren die Einheit von Staat und NSDAP und beschlagnahmen Gewerkschaftseigentum. Bald gibt es kaum noch ordentliche Gesetzgebungsverfahren, Hitler regiert mittels Parteiverordnungen und «Führerbefehlen».

Homosexuelle, Wehrdienstverweigerer, Kommunisten, Juden, Pazifisten, Zeugen Jehovas, Sinti und Roma werden verfolgt. Wer nicht den nationalsozialistischen Idealen entspricht, dem drohen Konzentrationslager und Ermordung. 1934 kommt es im Zuge des sogenannten «Röhm-Putsches» (in Wahrheit hatte Röhm nie einen Putsch geplant) zur großen Abrechnung mit den Gegnern aus der «Kampfzeit» der eigenen Partei. Nicht nur der schwule SA-Chef Röhm wird ermordet, auch der ehemalige Reichskanzler Kurt von Schleicher und Hitlers Parteirivale Gregor Strasser (→ Die Weimarer Republik).

Deutschland wird «gleichgeschaltet». Das bedeutet, dass das öffentliche Leben komplett der nationalsozialistischen Ideologie unterworfen wird, vom Reichstag bis zur Leihbücherei, vom Generalstab bis zum Sportverein, vom Schriftstellerverband bis zur Jugendgruppe. Nach dem Tod Hindenburgs am 2. August 1934 übernimmt Hitler auch das Amt des Reichspräsidenten, ohne sich allerdings so zu nennen. Der Titel soll Hindenburg vorbehalten bleiben (so wie eigentlich die Nummer 10 der argentinischen Nationalmannschaft seit dem Rücktritt von Diego Maradona nicht mehr vergeben werden sollte). Hitler nennt sich fortan «Führer des Deutschen Reichs», er ist also «Führer und Reichskanzler» und damit auch *de facto* Oberbefehlshaber über die Wehrmacht.

Durch zügige Wiederbewaffnung der Armee und eine Politik der Aufrüstung verstößt er eindeutig gegen Klauseln des Versailler Vertrags (→ Der Erste Weltkrieg), es gibt aber kaum außenpolitischen Widerstand – und mit der Revision von Versailles gibt sich Hitler längst nicht zufrieden. Selbst als das Deutsche Reich sich unter dem scheinheiligen Begriff «Protektorat Böhmen und Mähren» Tschechien einverleibt, halten die anderen Länder still.

In diese Zeit fällt auch ein wirtschaftlicher Aufschwung Deutschlands und ein Abbau der Arbeitslosigkeit, der sich zu einem Teil der Erholung der Weltwirtschaft verdankt, vor allem aber Arbeitsbeschaffungsmaßnahmen, deren Refinanzierung auf die Zukunft verschoben wird: Ein noch nicht mal begonnener Krieg und die nach dem erwarteten Sieg erfolgenden Reparationszahlungen der Verlierer sollen die Zeche zahlen. «Hitler hat aber die Autobahnen gebaut» ist also insofern ein schlimmer und verharmlosender Satz, als dass diese «Leistung» auf der Voraussetzung eines späteren Krieges aufbaut. Ganz abgesehen davon, dass die erste deutsche Autobahn (die A 555) zwischen Köln und Bonn bereits 1932 durch den damaligen Kölner Oberbürgermeister Konrad Adenauer eingeweiht wurde.

Am 11. März 1938 besetzen deutsche Truppen Österreich, am 15. März 1938 erklärt Hitler den «Anschluss» Österreichs an das Deutsche Reich (als «Ostmark»). Damit verwirklicht er, was bisher sowohl den Revolutionären des Jahres 1848 (→ Vormärz und Revolution von 1848) als auch Bismarck (→ Die Gründung des Deutschen Reichs) verwehrt blieb: ein vereinigtes «Großdeutsches Reich». Und was hält Österreich davon? Das zeigt dieses Bild:

Am 9. November 1938 kommt es in ganz Deutschland zu gewalttätigen Ausschreitungen gegen die jüdische Bevölkerung. 1400 Synagogen und Gebetsstuben werden zerstört, 400 Menschen getötet. Das Massaker geht als «Reichskristallnacht» in die Geschichte ein – aber endlich ist das Ausland wachgerüttelt. In England erkennt man, dass die Beschwichtigungspolitik den Nazis gegenüber («Appeasement») gescheitert ist. Als Hitler von Polen das ehemals deutsche Danzig für das Deutsche Reich einfordert, wird allen klar, wohin die Reise geht – in einen neuen Krieg. Aber zu spät. Im Hitler-Stalin-Pakt, einem Nichtangriffspakt, ist die Aufteilung Polens zwischen Deutschland und Russland bereits beschlossene Sache. So kann Deutschland ohne Sorge am 1. September 1939 Polen überfallen. Der Zweite Weltkrieg hat begonnen.

Der Zweite Weltkrieg

Die Peking-Ente in der Reichskanzlei

Victor Laszlo (Paul Henreid) riskiert viel: Als Hitlers Truppen im Oktober 1938 seine tschechoslowakische Heimat besetzen, entschließt er sich zum Widerstand. Er ist bald ein Held des Untergrunds und gewinnt die Liebe der jungen Norwegerin Ilsa Lund (Ingrid Bergman), allerdings wird er bald von den Nazis gefasst. Ilsa hält ihn für tot. Victor aber steckt im KZ und erlebt dort den Überfall auf Polen und den Ausbruch des Zweiten Weltkriegs mit. Es ist der Beginn des größten Dramas des 20. Jahrhunderts – und damit meine ich nicht den Film «Casablanca».

Der Überfall auf Polen am 1. September 1939 ist nicht der Krieg, den Hitler ursprünglich hatte führen wollen. Eigentlich sind seine Ziele von jeher die Vernichtung des Kommunismus und der Sowjetunion. Dazu braucht er natürlich eine direkte deutsch-sowjetische Militärgrenze, doch dazwischen liegt ja Polen. Gut wäre es, die Polen als Verbündete gegen die Sowjets zu haben, die aber spielen nicht mit. Also muss man erst Polen besiegen, um das Land als Aufmarschgebiet gegen die UdSSR zu nutzen.

Durch Deutschlands Einmarsch in die Tschechoslowakei, den Anschluss Österreichs und die Pogrome gegen die jüdische Bevölkerung haben England und Frankreich aber mittlerweile mitgekriegt, dass ihre Beschwichtigungspolitik («Appeasement») nicht so richtig funktioniert. Beide Staaten haben die Nase voll und geben eine Schutzgarantie für Polen ab.

Das bedeutet Stress im Westen. Um wenigstens vorläufig im Osten Ruhe zu haben, schließt Hitler entgegen seinen eigentlichen Plänen einen geheimen Nichtangriffsvertrag mit der Sowjetunion, den «Hitler-Stalin-Pakt», in dem beide Staaten Polen schon mal im Voraus aufteilen, ähnlich wie es 1772 bereits → Friedrich der Große und Zarin Katharina taten.

Statt gegen die Sowjetunion Krieg zu führen, ist Hitler also plötzlich mit der Sowjetunion verbündet!

In Hitlers Augen sind die Westmächte zu blöd, um zu begreifen, dass das Deutsche Reich das letzte «Bollwerk gegen den Kommunismus» in Europa ist, der ja insgeheim trotz des Paktes Hitlers Hauptfeind ist. Deshalb nimmt er den Krieg im Westen erst mal in Kauf, ohne das große Ziel, die Sowjetunion, zu vergessen. Ihr will er sich über Polen nähern, und das funktioniert wie am Schnürchen. In Windeseile ist Polen besiegt, und genauso schnell macht ein Wort Karriere: der «Blitzkrieg». Der startet jetzt auch gegen Frankreich. Als Hitlers Truppen Norwegen besetzen, flieht Ilsa Lund (immerhin die Frau eines Widerstandskämpfers) nach Paris. Dort lernt sie Rick Blaine (Humphrey Bogart) kennen, einen Veteranen des Spanischen Bürgerkriegs.

Am 13. Juni 1940 sind Ilsa und Rick frisch verliebt. Sie verbringen einen wundervollen Tag miteinander. Aber es sind nicht ihre Herzen, die so heftig pochen, dass Paris erbebt – es ist die deutsche Artillerie, die in die Stadt einfährt:

Rick sagt zum ersten Mal zu Ilsa: «Ich seh dir in die Augen, Kleines!» Am nächsten Tag besetzen die deutschen Truppen Paris.

Ilsa und Rick beschließen, gemeinsam zu fliehen, aber am Bahnhof wird Rick von Ilsa versetzt. Ilsa hat erfahren, dass Victor Laszlo, ihr totgeglaubter Ehemann, aus dem KZ fliehen konnte. Sie muss zu ihm! Rick besteigt den Zug nach Marseille am 14. Juni 1940 um 16:56 Uhr – ohne Ilsa.

Ein paar Tage später besucht Hitler zum ersten und letzten Mal Paris: Am 23. Juni 1940 steht er vor dem Eiffelturm. Er wäre ja schon eher gekommen – aber er musste am Tag zuvor noch Geschichte machen, in Compiègne, wo er in einem alten Eisenbahnabteil den bisher größten Triumph seines Lebens feiern durfte. Die Geschichte hat ein gutes Gedächtnis und offenbar einen Sinn für Revanchen:

Im Jahr 1681 hatte der französische König Ludwig XIV. die elsässische Stadt Straßburg annektiert, die bis 1648 deutsch war (→ Der Dreißigjährige Krieg), und dies auf einem Deckengemälde im Spiegelsaal von Versailles verewigen lassen.

Als Revanche ließ sich der preußische König Wilhelm I. 1871 (→ Die Gründung des Deutschen Reichs) im gleichen Versailler Spiegelsaal zum deutschen Kaiser krönen, wobei er sich das Elsass zurückholt.

Als Re-Revanche dafür wiederum lässt Frankreich 1919 das Deutsche Reich im selben Saal den schmachvollen Versailler Vertrag (→ Der Erste Weltkrieg) unterzeichnen, Elsass fällt darin selbstverständlich an Frankreich zurück. Dieser Vertrag basiert auf dem Waffenstillstand, den die Deutschen 1918 nach der Niederlage im Ersten Weltkrieg in einem Eisenbahnwaggon im Wald bei Compiègne unterzeichnen mussten.

Als Re-Re-Revanche zwingt Hitler die französische Armee nun, am 22. Juni 1940 in ebendiesem Eisenbahnwaggon im Wald von Compiègne die Kapitulation zu unterzeichnen – und holt sich das Elsass zurück. Dafür lässt er den Waggon eigens aus dem Museum schaffen und setzt sich an denselben Platz, an dem zweiundzwanzig Jahre zuvor der französische Marschall Foch gesessen hatte.

Die Waffenstillstandsbedingungen sind allerdings relativ milde: Die Südhälfte Frankreichs und die Kolonien bleiben unbesetzt – es gibt sogar eine eigene Regierung für das «unbesetzte Frankreich», das sogenannte «Vichy-Regime», das mit dem Deutschen Reich zusammenarbeitet – oder zusammenarbeiten muss. Der Regierungs-

chef wird der «Held von Verdun», General Pétain (der dafür 1945 noch als Neunundachtzigjähriger erst zum Tode verurteilt und dann, abgemildert, verbannt wird).

Aufgrund der französischen Kollaboration mit den Deutschen ist auch im «unbesetzten Frankreich» niemand vor Verfolgung sicher. Wer 1940 in die USA fliehen will, geht ein hohes Risiko ein: Die französische Atlantikküste ist von den Nazis besetzt, Spanien ist ebenfalls eine faschistische Diktatur. Das Ziel aller Träume ist Lissabon im neutralen Portugal, von wo aus Schiffe in Richtung USA aufbrechen. Der deutsche Philosoph Walter Benjamin bricht von Marseille über die spanische Grenze auf, wird dort verhaftet und nimmt sich das Leben.

Die Alternative ist ein großer Umweg: Über Marseille, eine Passage über das Mittelmeer und eine Zugfahrt durch Nordafrika kann man ins französisch besetzte marokkanische Casablanca gelangen, von wo aus Flugzeuge nach Lissabon starten. Und deshalb treffen in Casablanca alle wieder zusammen: Rick, Ilsa und Victor. Gibt es ein Happy Ending? Im Film nicht so richtig, und in der Wirklichkeit schon gar nicht. Das Drama geht weiter.

Durch die milden Bedingungen für Frankreich signalisiert Hitler Großbritannien, dass es ihm auf Frankreich gar nicht ankommt. So hofft er, mit den Briten ins Geschäft zu kommen. Als Großbritannien sich nicht zum Frieden bewegen lässt, befiehlt er im Juli 1940 die Invasion Englands. Die «Battle of Britain» misslingt, Hitlers Sieg im Westen bleibt unvollständig, und das hat Konsequenzen: Die im Westen gebundenen Truppen können so nicht im Osten eingesetzt werden, im Russland-Feldzug, den die Deutschen erheblich unterschätzen.

Am 22. Juni 1941 beginnt das «Unternehmen Barbarossa», benannt nach Friedrich Barbarossa, dem sagenumwobenen Kaiser des «Ersten Reichs», der auf dem Kreuzzug von 1189 nach Osten expandieren wollte (und dabei starb, → Kreuzzüge). «Unternehmen Barbarossa», das ist der Krieg gegen die Sowjetunion, der nun aber ganz anders läuft als der Feldzug gegen Frankreich.

Bis Oktober 1941 rollen die deutschen Panzer zügig nach Osten und stehen wenige Kilometer vor Moskau, als der russische Winter frühzeitig einbricht. Die Deutschen haben wieder mal keine Winterklamotten mit, weil die Idee vom «Blitzkrieg» ja vorsah, Weihnachten wieder zu Hause zu sein. Hitler aber hat unterschätzt, wie weit die sowjetische Industrialisierung seit dem Ersten Weltkrieg fortgeschritten ist. Die Russen sind längst keine Bauern mehr, und die deutsche Armee frisst sich vor Leningrad, am Don und vor Moskau fest.

Dann begeht Hitler einen zweiten Fehler: Am 7. Dezember 1941 bombardieren die Japaner den US-amerikanischen Stützpunkt Pearl Harbor, vier Tage später erklärt Hitler den USA den Krieg. Warum? Weil er glaubte, die USA seien jetzt im Pazifik viel zu sehr beschäftigt, um sich um Europa zu kümmern? Weil er hoffte, in den Japanern endlich die ersehnten Verbündeten zu finden? Selbst Historiker und renommierte Kenner der Geschichte wie Sebastian Haffner stehen ratlos vor dieser Frage. Aber die Kriegserklärung an die USA markiert die Wende im Zweiten Weltkrieg.

Auch an der Ostfront gibt es einen Wendepunkt: Stalingrad. Für Hitler ist die Stadt, die den Namen des verhassten Widersachers trägt, von großer symbolischer Bedeutung. Außerdem liegen hinter ihr die Ölfelder des Kaspischen Meeres und des Kaukasus. Im Winter 1942/43 werden in Stalingrad 300 000 Soldaten eingekesselt und aufgerieben. Insgesamt sterben eine Million Menschen – durch Kämpfe, durch Erfrieren, Selbstmord, Epidemien und Hunger. Es gibt Fälle von Kannibalismus. Soldaten sollen sich an die Fahrgestelle der letzten Flugzeuge aus dem Kessel geklammert haben, bis sie keine Kraft mehr hatten und in die Tiefe stürzen. Ab 1943 führt der Weg für die deutschen Soldaten nur noch zurück – und der Rückweg wird noch grausamer als der Hinweg. Es kommt zu Massenerschießungen und Gräueltaten an der Zivilbevölkerung. Hitler verfolgt eine «Politik der verbrannten Erde», im sogenannten «Nero-Befehl» (benannt nach dem Brand Roms, → Kaiser Nero) ordnet er an, dem nachrückenden Feind keine intakte Infrastruktur zu hinterlassen und alle Industrie-, Verkehrs- und Nachrichtenanlagen zu zerstören.

Die schlimmsten Folgen von Hitlers Politik haben die Juden zu tragen: Bereits seit 1935 werden sie durch die «Nürnberger Rassegesetze» diskriminiert und entrechtet, die Ehen zwischen Juden und Nichtjuden verbieten, Juden von öffentlichen Ämtern und vom Wahlrecht ausschließen und ihnen, falls sie auswandern wollen, skandalöse Nachteile beim Verkauf von Besitztümern aufzwingen. Ab 1938 denkt man darüber nach, alle Juden aus Deutschland abzuschieben (etwa nach Madagaskar oder Sibirien), ab 1941 müssen alle Juden deutlich sichtbar einen gelben Stern auf der Brust tragen.

Mit dem Überfall auf Russland allerdings schwenken die Nationalsozialisten um – von «Vertreibung» auf «Vernichtung». Auf der «Wannseekonferenz» am 20. Januar 1942 wird die «Endlösung der Judenfrage» beschlossen, die nichts anderes zum Ziel hat als die systematische Ausrottung der Juden. Es beginnt die Deportation in Vernichtungslager: Auschwitz, Treblinka oder Sobibor. Dort werden bis 1945 sechs Millionen Menschen systematisch ermordet. Sechs Millionen Tote: Großeltern, Eltern, Kinder, Ehepaare, Verliebte. Das ist unfassbar. Mit dem Holocaust, einem der furchtbarsten Verbrechen der Menschheitsgeschichte, befasst sich eine eigene Forschung, Literatur und Kunst, die sich zum Beispiel die Frage stellt: Ist das Unfassbare darstellbar – künstlerisch, wissenschaftlich? Und wenn ja, wie? Wird ein Film wie «Schindlers Liste» dem Geschehenen gerecht? Ist das Holocaust-Mahnmal in Berlin «angemessen»? Kann eine Gedenkstätte wie Yad Vashem in Israel, kann das Jüdische Museum in Berlin eine Vorstellung vermitteln von dem, was geschah?

Berichte aus den Konzentrationslagern erschüttern auch die Alliierten. Um den Verteidigungswillen der Bevölkerung im Deutschen Reich zu brechen, beschließen die Alliierten, die deutschen Städte zu bombardieren. Im Mai 1942 wird Köln zerstört – es folgen Hamburg, Dresden, Mainz usw. Die Niederlagen, die Deutschland ertragen muss, sind furchtbar: Stalingrad, Bombardierung der Städte mit Tausenden Toten und noch mehr Obdachlosen, die anrückenden USA – warum gibt das Deutsche Reich nicht einfach auf?

Nun, die irrige Vorstellung, dass der → Erste Weltkrieg nur deshalb verlorenging, weil man ihn nicht konsequent genug geführt habe, sitzt in den Köpfen. Der «Verrat von 1918» soll sich nicht wiederholen, dieses Mal soll es nicht wieder schiefgehen: Das «Durchhalten bis zur letzten Patrone», der Treue-Eid auf den Führer und der bizarre Glaube an die Überlegenheit der «arischen Rasse» führt zur schlimmen Konsequenz des «totalen Kriegs», den Joseph Goebbels am 18. Februar 1943 im Berliner Sportpalast ausruft. Auch von «Nibelungentreue» ist nun oft die Rede, obwohl man im → Nibelungenlied doch schon lesen kann, dass diese Treue sehenden Auges in den Untergang führt.

Am 20. Juli 1944 fassen sich aber dann doch ein paar tapfere Offiziere um Claus Schenk Graf von Stauffenberg ein Herz und versuchen ein Attentat auf Hitler. Das sind zum Großteil Männer, die lange mit dem Regime solidarisch waren, zum Schluss aber nicht mehr an die Lügen und Durchhalteparolen glauben mochten. Das Attentat misslingt, die Verschwörer werden zum Tode verurteilt. Kurz zuvor, am 6. Juni 1944 (dem «D-Day»), sind die alliierten Truppen an der französischen Küste gelandet. Wer keine Zeit hat, in die Normandie zu fahren und ein kleines Camembert- und Calvados-Picknick in alten Bombentrichtern zu machen, möge bitte den «Utah

Beach»-Level im Computerspiel «Medal of Honor» spielen. Einen realistischeren Eindruck von der Landung in der Normandie wird man nicht bekommen.

Von rechts kommen die Russen, von links die Amerikaner, von oben die Fliegerbomben. Nur unten ist es noch sicher, also verkriecht sich Hitler im Berliner Führerbunker und weigert sich, selbst im Angesicht der totalen Niederlage zu kapitulieren. Stattdessen kapitulieren seine Tischgäste vor den endlosen und einschläfernden Monologen, die der «Führer» bis zuletzt zu halten pflegt. Immer noch hängt über Hitlers Schreibtisch ein Bildnis → Friedrichs des Großen, der den Siebenjährigen Krieg gegen Russland 1762 wie durch ein Wunder in allerletzter Sekunde gewinnt. Dieses Wunder wiederholt sich nicht.

Immer noch denkt Hitler in Kategorien von «Vernichtung». Erst geht es um die Vernichtung des Kommunismus, dann um die Vernichtung der Juden – zum Schluss, angesichts der Niederlage, nimmt er die Vernichtung des deutschen Volks in Kauf («ich weine ihm keine Träne nach») und in letzter Konsequenz eben auch seine eigene Vernichtung. Am 19. April 1945 heiratet er im Bunker seine langjährige Freundin Eva Braun – und während die Russen schon die Reichskanzlei beschießen, begehen beide am nächsten Tag mit Hilfe einer Zyankalikapsel und eines Revolvers Selbstmord.

Die Leichen werden im Garten der Reichskanzlei verbrannt, eine Woche später von den Russen beschlagnahmt und in eine Kaserne nach Magdeburg gebracht. Die Asche Adolf Hitlers wird 1970 auf der Schweinebrücke östlich von Magdeburg in das Flüsschen Ehle gestreut. Das steht fest, im Gegensatz zu vielen anderen Hypothesen: Hitler ist nicht mit dem U-Boot nach Argentinien abgehauen. Er lebt nicht, so wie sogar offizielle Akten des FBI lange vermuteten,

- als Messerschleifer in Montana
- in einem Bunker in der Antarktis
- auf einer unterirdischen Farm in Argentinien
- zusammen mit Martin Bormann als Kaufmann in Slowenien.

Mittlerweile wäre er über 120 Jahre alt – aber nur für den Fall, dass er doch lebt und glaubt, wegen seines Alters glimpflich davonzukommen: Wir kriegen dich.

Auf der Rückseite der früheren Reichskanzlei (Wilhelmstraße, Ecke Voßstraße, 1949 bis 1953 abgerissen) ist heute eine unscheinbare Wohnsiedlung mit dem chinesischen Restaurant «Peking-Ente» im Erdgeschoss – der Osten hat tatsächlich gewonnen.

Am 8. Mai 1945 kapituliert das Deutsche Reich. Der Krieg hat mindestens fünfundfünfzig Millionen Menschen das Leben gekostet. Hitler hoffte bis zuletzt auf einen großen Konflikt zwischen den USA und der Sowjetunion – aber das aggressive Deutschland selbst verhinderte, dass die Gegensätze zwischen den beiden Großmächten offen aufbrachen. Nichts schweißt mehr zusammen als ein gemeinsamer Feind. Der ist nun besiegt, das Ziel ist erreicht: Der Zweite Weltkrieg ist vorbei – und der Kalte Krieg beginnt.

Die Stunde Null

Der «Marshall-Plan» und «Der Exorzist»

Die hübsche Liane hat sich mit dem Dschungel arrangiert. Sie ist zwar eine Weiße aus Deutschland, ein Flugzeugabsturz hat sie aber zu einem afrikanischen Eingeborenenstamm verschlagen. Als sie von Forschern entdeckt wird, bringt man sie zurück nach Hause. In der deutschen Zivilisation findet sich Liane jedoch nicht mehr zurecht: Allzu lange hat sie unter Wilden gelebt, sie sehnt sich zurück nach dem Urwald.

«Liane – das Mädchen aus dem Urwald» ist *der* Kinoknüller des Jahres 1956. Okay, ein Grund dafür ist sicher, dass die sechzehnjährige Hauptdarstellerin Marion Michael den halben Film oben ohne durch die Gegend rennt – damals ein echter Skandal.

Aber es gibt noch einen anderen Grund: 1955, ein Jahr zuvor, waren die letzten deutschen Kriegsgefangenen aus der Sowjetunion zurückgekehrt. Jaja, schon gut, die hatten natürlich auch seit zehn Jahren keine Frau gesehen – aber es steckt mehr dahinter: In zehn Jahren Arbeitslager hatten sich auch die Kriegsgefangenen mit ihrer Situation irgendwie arrangiert, sie hatten gelernt, zu überleben, wenn man so will, «im Dschungel» – als sie nun heimkommen, in die Freiheit, finden sie sich nicht leicht zurecht:

Kinder kennen ihre Väter nicht. Ehefrauen haben gelernt, die Familie allein über die Runden zu bringen, oft haben sie ihre Männer tot geglaubt und eine neue Liebe gefunden – wer könnte es ihnen verdenken? Das Wirtschaftswunderland, in das die ehemaligen Soldaten kommen, ist nicht mehr das Land, das sie einst verlassen hatten. Das Land hat sich verändert – aber auch sie haben sich verändert: Manche der Heimkehrer wünschen sich trotz jahrelanger Sehnsucht nach zu Hause auf einmal in den Lageralltag zurück, der viel vertrauter als das neue Deutschland und die lange nicht gesehenen Familien ist. Eine tragische Situation der Entfremdung – und in dieser Entfremdung ist Lianes Rückkehr in die Zivilisation mit der der ehemaligen Soldaten durchaus vergleichbar. Wobei ich die Bedeutung der Brüste Marion Michaels für den Erfolg des Films nicht kleinreden möchte.

Aber was war denn passiert, zwischen 1945 und 1955?

Bevor wir zur «Stunde Null» kommen, zuerst eine schlechte Nachricht für das Jahr 2010: Das Deutsche Reich existiert noch! Das behaupten nicht nur einige obskure Neonazis – nein, das hat sogar das Bundesverfassungsgericht 1973 bestätigt! Schluck! Ja, wieso das denn? Tja, 1945 hat zwar die deutsche Wehrmacht kapituliert, aber nicht das Deutsche Reich als politisches Gebilde. Es ist zwar ziemlich effektiv zusammengebrochen – aber in all dem Trubel nie ordnungsgemäß abgeschafft worden.

Aber kein Grund zur Panik, jetzt die gute Nachricht: Da zum Fortbestand eines Staates auch der Fortbestand seines Territoriums und die Fähigkeit zur Ausübung einer effektiven Staatsgewalt gehören, kann man ruhigen Gewissens davon ausgehen, dass das Deutsche Reich Geschichte ist, ordentliche Abwicklung hin oder her. Seine Nachfolge haben 1949 die Bundesrepublik Deutschland und bis 1990 die Deutsche Demokratische Republik übernommen, legalisiert und legitimiert durch den politischen Willen der Siegermächte. Also, ausatmen und entspannen – der Spuk ist vorbei.

«Stunde Null» ist übrigens durchaus wörtlich zu nehmen: Am 8. Mai 1945 um 23.01 Uhr tritt die von Generaloberst Jodl unterzeichnete Kapitulation in Kraft, die kurz nach Mitternacht, am 9. Mai um 0.16 Uhr, noch vom Oberkommando der Wehrmacht signiert wird. Eine Kapitulation des Deutschen Reichs gab es dann nicht mehr – einfach deshalb, weil jegliche Staatsstruktur zerstört war, die noch irgendetwas hätte unterzeichnen können. Adolf Hitler bestimmt zwar testamentarisch noch Admiral Karl Dönitz als seinen Nachfolger im Amt des Reichspräsidenten, aber nach der (immerhin noch auf dem Papier bestehenden) Reichsverfassung wird das Amt des Reichspräsidenten nicht durch Ernennung, sondern durch Volkswahl vergeben – das Deutsche Reich besitzt also, wenn man es ganz genau nimmt, im Mai 1945 kein Staatsoberhaupt. Den Alliierten ist das nach der militärischen Kapitulation eh schnuppe.

Ansonsten ist der Begriff «Stunde Null» nicht ganz unproblematisch – schwingt in ihm doch immer das vollständige Ausradieren des Gewesenen mit, eine Art Löschbefehl: Lösche Faschismus – setze Demokratie. Und ein bisschen so wird es in der Nachkriegszeit auch kommen. Viele alte Amtsträger behalten ihre Posten und geben sich allzu schnell als geläuterte Demokraten. Zuerst aber haben die Sieger das Sagen: Auf den Konferenzen von Teheran, Jalta und Potsdam wird über die Zukunft Deutschlands entschieden. Schon vor dem Ende des Krieges steht fest, dass man Deutschland in Besatzungszonen aufteilen will. Als Deutschland kapituliert, muss sich die US-Armee teilweise über 150 Kilometer weit zurückziehen und eroberte Gebiete den Russen überlassen. Die sowjetische Besatzungszone ist territorial identisch mit der späteren DDR. Im Potsdamer Abkommen werden im Juli 1945 die «Fünf Großen D» verhandelt: Demilitarisierung, Demokratisierung, Dezentralisierung, Demontage und Denazifizierung.

Das Gebiet um Königsberg, wo übrigens unsere «Liane» Marion

Michael herkommt, wird der Sowjetunion zugeschlagen und zum militärischen Sperrgebiet erklärt. Königsberg, das ab jetzt Kaliningrad heißt, wird nach der Flucht der Deutschen mit Bürgern der Sowjetunion besiedelt, die keinen Bezug zu ihrer neuen Heimat haben. Alte Königsberger nennen ihre frühere Heimat «Säuferkolonie», die Stadt leidet noch heute unter den Folgeproblemen. Die Oder-Neiße-Linie plus Stettin (das westlich der Oder liegt) markiert nun die Grenze zu Polen. Die «ordnungsgemäße Überführung deutscher Bevölkerungsteile» wird leichthin angeordnet, sie ist nichts anderes als die (oft gewaltsame und tödliche) Vertreibung der Deutschen aus den Gebieten östlich der Oder.

Die «Denazifizierung» fällt den Siegern weniger leicht als die Vertreibung: Mit der Umbenennung so manch eines «Adolf-Hitler-Platzes» in «Friedensplatz» (wie zum Beispiel in Bonn) ist es ja nicht getan – die NS-Täter sollen nicht ungestraft davonkommen. Also wird die Bevölkerung unterteilt in «Hauptschuldige», «Belastete», «Minderbelastete», «Mitläufer» und «Entlastete». Aber wie kriegt man raus, wer was ist?

Die Einstufung in die fünf Kategorien erfolgt mittels eines Fragebogens. Diesen Fragebogen füllt der Schriftsteller Ernst von Salomon so ausführlich und sorgfältig aus, dass ein ganzes Buch («Der Fragebogen») entsteht, in dem er ironisch gegen den Fragebogen polemisiert. Die Haltung zum Nationalsozialismus lässt sich eben nicht in 131 Fragen packen, jedenfalls nicht eine so komplexe und widersprüchliche Haltung wie die Ernst von Salomons. In seiner Jugend wurde er wegen Beihilfe zum Mord an Walther Rathenau (→ Die Weimarer Republik) verurteilt. Einerseits war er Mitglied der rechten «Organisation Consul», andererseits sind ihm als preußischem Intellektuellen die derben Nazis suspekt. Er wird vermutlich dennoch 1938 NSDAP-Mitglied, rettet aber später seine jüdische Lebensgefährtin. Nach dem Krieg distanziert er sich von seinen Straftaten, wird aber von den Alliierten bis Ende 1946 eingesperrt. Salomon wird Autor und schreibt nicht nur den «Fragebogen», sondern auch, tja, das Drehbuch zum Kinoerfolg «Liane – das Mädchen aus dem Dschungel»! Außerdem wird er Lektor beim Rowohlt Verlag und engagierter Gegner der Atomkraft. Eine widersprüchliche Biographie, wie so viele dieser Generation – deren Söhne und Töchter werden 1968 ein paar noch unbequemere Fragen stellen als der Entnazifizierungsbogen (→ 1968 und RAF).

Aber natürlich gibt es nicht nur widersprüchliche Biographien, sondern auch eindeutig als Täter identifizierbare Entscheidungsträger, gegen die es Ende 1945 zu den Nürnberger Kriegsverbrecherprozessen kommt. Insgesamt werden in den Westgebieten 486 Todesurteile an Hauptschuldigen vollstreckt, die Prominentesten darunter stehen in Nürnberg vor Gericht: Die Hauptkriegsverbrecher, unter anderem der Wehrmachts-Chef Wilhelm Keitel, der Herausgeber der antisemitischen Ekelpostille «Der Stürmer», Julius Streicher, oder der Gestapo-Chef Ernst Kaltenbrunner werden hingerichtet, Hermann Göring entzieht sich, indem er sich mit einer Zyankalikapsel vergiftet. Es werden aber auch Haftstrafen verhängt. Hitlers Architekt Albert Speer muss für zwanzig Jahre ins Spandauer Gefängnis, Rudolf Heß lebenslänglich, bis er sich 1987 als Dreiundneunzigähriger dort erhängt). Es gibt auch Freisprüche, zum Beispiel für Hitlers Steigbügelhalter von 1933, Franz von Papen (→ Adolf Hitler), oder für den ehemaligen Reichswirtschaftsminister Hjalmar Schacht. Schacht engagiert sich übrigens später in der «Arbeitsgemeinschaft Unabhängiger Deutscher», einer rechtsnationalen Sammlungsbewegung, die in den späten Siebzigern im Rahmen der «Neuen Sozialen Bewegungen» eine ökologische Kehrtwendung macht und sich bizarrerweise in der 1980 gegründeten Partei «Die Grünen» auflöst.

Während die Sieger in Nürnberg noch gemeinsam über die NS-Täter zu Gericht sitzen, verschärfen sich anderswo die ideologischen Konflikte zwischen der Sowjetunion und den USA immer mehr. Es kommt 1947 zur sogenannten «Truman-Doktrin»: US-Präsident Harry S. Truman tritt (auch als aktiver Freimaurer, → Die Templer) für die Ideale von Freiheit, Gleichheit und Brüderlichkeit ein. Laut Truman-Doktrin müssten sich die Staaten zwischen zwei Gesellschaftsformen entscheiden – der freiheitlich-demokratischen (der USA) oder der kommunistisch-totalitären (der Sowjetunion). Und da der Totalitarismus eingedämmt *(contained)* werden soll, müssen die USA den Ländern, auf die sie Einfluss haben, die Freiheit gewissermaßen bringen, also auch Deutschland. Diese Überzeugung lebt bis heute im Anspruch der USA, als «Weltpolizist» auf der ganzen Erde unterwegs zu sein (aktuell im «Krieg gegen den Terror», → 11. September).

Deutschland hat zwar 1945 einen verbrecherischen Angriffskrieg verloren. Das ist schon 1947 aber nicht mehr so wichtig und vom Kampf gegen den Kommunismus überlagert. Die amerikanische Hilfe für Deutschland erfolgt also nicht aus reiner Menschenliebe, sondern aus Eigeninteresse: Hauptsache, der Russe bleibt vor der Tür, und am besten noch mit Zwischenpuffer.

Je frostiger das Klima zwischen den USA und der UdSSR wird, desto mehr setzt sich die Truman-Doktrin durch – und damit ist ein Plan für Mitteleuropa raus aus dem Rennen: Der Plan, den 1944 der damalige US-Finanzminister Henry M. Morgenthau jr. entwarf. Dem Morgenthau-Plan nach sollte Deutschland eine Art europäischer Grünstreifen werden, ein riesiger Bauernstaat als Airbag zwischen West und Ost. Stattdessen gewinnt der Marshall-Plan, der von 1948 bis 1952 ein wirtschaftliches Wiederaufbauprogramm für Westeuropa vorsieht, von dem Deutschland 1,4 Milliarden Dollar erhält, damals eine enorme Summe. Der Marshall-Plan wird ein sagenhafter Erfolg, bis heute finanziert das Bundeswirtschaftsministerium aus seinen Mitteln Förderungen, die die «Kreditanstalt für Wiederaufbau» vergibt (und die KfW geriet im Rahmen der → Finanzkrise 2008 mit einer 350-Millionen-Überweisung an die bereits insolvente Bank Lehman Brothers in die Schlagzeilen).

Der Marshall-Plan propagierte eine freiheitliche Politik, die den Staaten eine marktwirtschaftliche Erholung erlaubt, um damit beide Teufel auszutreiben: den Nationalsozialismus und den Kommunismus. Mit der gleichzeitigen Einführung einer neuen Währung, der «Deutschen Mark» (die Älteren unter uns werden sich erinnern), beginnt das westdeutsche Wirtschaftswunder und der friedliche Aufstieg der Bundesrepublik.

Der Marshall-Plan ist übrigens benannt nach dem General und US-Außenminister George C. Marshall, der 1953 den Friedensnobelpreis erhielt. Marshalls Enkelin Kitty Winn wird später Schauspielerin und spielt im Hollywood-Horrorfilm «Der Exorzist» die Rolle der Sharon Spencer. Die Familie ist ihrer Aufgabe, der erfolgreichen Teufelsaustreibung, also durchaus treu geblieben.

Die Teilung in drei Westzonen und eine Ostzone zementiert sich durch die Währungsreform natürlich noch mehr – es kommt zur Blockade Berlins durch die Sowjets, die aufgrund der berühmten Luftbrücke der Amerikaner mit ihren «Rosinenbombern» allerdings wirkungslos verpufft. Zu einem entspannten Verhältnis zwischen Ost und West führt das natürlich auch nicht.

Die von den Siegermächten definierten West-Länder beschließen in der «Rittersturz-Konferenz» im Koblenzer Hotel Rittersturz vom Juli 1948 die Gründung einer föderalen Republik, die Ausarbeitung eines Grundgesetzes und die Einberufung von Bundestag und Bundesrat. Am 23. Mai 1949 wird das Grundgesetz verkündet. Die Bundesrepublik Deutschland war geboren. Als Reaktion darauf verabschiedet im Osten der Dritte Deutsche Volkskongress eine Verfassung für die sowjetische Besatzungszone. Am 7. Oktober 1949 wird, wie ein verspäteter Zwilling, auch die Deutsche Demokratische Republik geboren. Auf einem Teilgebiet des ehemaligen Deutschen Reichs sind zwei neue Staaten entstanden, auf deren Schultern der Kalte Krieg ausgetragen wird.

Dabei ist doch noch so vieles ungeklärt, vor allem für die Jüngeren: Wie konnte es nur zum Holocaust kommen? Wo warst du von 1939 bis 1945, Papa? Warst du ein Nazi? Oder nur Soldat? Und was hast du als Soldat getan? Warum habt ihr nichts gegen Hitler unternommen? Die ältere Generation aber will nur nach vorne schauen, stürzt sich in die Arbeit und will die schreckliche Vergangenheit so schnell wie möglich vergessen. Hier bleibt vieles unausgesprochen und unaufgearbeitet. Wer in den fünfziger Jahren ein Kind ist, merkt davon nicht viel, aber als junge Erwachsene werden sie nachfragen: 1968 wird dann das ganz große Fass aufgemacht.

Auch Marion Michael, die als «Liane – das Mädchen aus dem Urwald» nicht nur die deutschen Kriegsheimkehrer erfreute, kehrt der Vätergeneration den Rücken. Sie beendet bereits nach ein paar Jahren ihre Schauspielkarriere, wird in den Sechzigern Kommunardin in Berlin-Kreuzberg (→ 1968) und bekommt einen Sohn. Aber das ist ihr nicht genug: 1979 übersiedelt sie in die DDR, im Glauben, dort ein ehrlicheres Leben führen zu können, ohne die Widersprüche der Vätergeneration. 1987 allerdings gehört ihr siebzehnjähriger Sohn zu jenen DDR-Flüchtlingen, die über die ungarische Grenze nach Westdeutschland gelangen. Erst in der Nacht des 9. November 1989 (→ Der Mauerfall) wird sie ihn wieder in die Arme schließen.

Aus ihrem Versuch, ein Leben ohne die Widersprüche der Väter zu leben, wurde ein widerspruchsvolles Leben voll unerwarteter Wendungen. Vielleicht gehört Widersprüchlichkeit zum Leben einfach dazu? Oder geht es doch gerade und kompromisslos? Es gibt jemanden, der so ein Leben ziemlich konsequent zu führen versucht, dabei in die Mühlen des Kalten Krieges gerät, aber durch seine Konsequenz auch zur Ikone der 68er wird. Sein Name: Ernesto Che Guevara.

Che Guevara und Fidel Castro

«Christus mit der Knarre»

Ach, das wär dufte: ein Held sein, immer im Kampf für die Entrechteten und Unterdrückten dieser Welt. Das eigene Bild zierte Millionen T-Shirts, und als Posterboy wäre man in den Schlafzimmern der schärfsten Weiber zu Hause. Man wäre Revolutionär, Stil-Ikone und Superstar mit Eins-a-Street-Credibility. Man wäre Che Guevara.

Leider ist an dieses Heldentum eine notwendige Bedingung geknüpft: Man muss tot sein. Jung und hoffnungslos gestorben. Böh.

Che ist im klassischen Sinne ein → Romantiker. Hätte Che Guevara überlebt, hätte er womöglich den Beweis führen müssen, wie er seine Utopien in die Realität umzusetzen gedenkt. Er hätte Verantwortung übernehmen, Entscheidungen treffen und jede Menge Kompromisse eingehen müssen. Diesen dreckigen Job überließ er lieber seinem Kumpel Fidel Castro. Realismus statt Romantik – das kostet natürlich Sympathie-Punkte: Auf der «Liste der coolen Leute» rangiert Fidel Lichtjahre hinter Che.

Aber von vorne: Ernesto «Che» Guevara entstammt einem gutbürgerlichen Elternhaus im argentinischen Cordoba, das in der Zeit des Spanischen Bürgerkriegs zum Treffpunkt von republikanischen Exilanten wird, von Kämpfern gegen den Faschismus Francos und gegen Hitlers Legion Condor. Ernesto studiert Medizin und reist mit dem Motorrad durch Südamerika, wo er erschüttert ist von der Armut der Landbevölkerung. Er entwickelt einen radikalen Antikapitalismus und entdeckt auf diesem Weg seine Bewunderung für den gerade gestorbenen größten Antikapitalisten seiner Zeit: Josef Stalin (→ Die Russische Revolution). Guevara beschließt, sich trotz seines Asthmas selbst «zu schleifen», geistig und körperlich, und nicht eher zu ruhen, bevor nicht der Kapitalismus vernichtet ist – oder eben er selbst.

1953 fährt er nach Guatemala. Dort bekommt er den Spitznamen «Che», weil man putzig findet, dass er als Argentinier so oft die Partikel «che» in seine Rede einfließen lässt – wie die Bayern manchmal «gell» sagen, gell? In Guatemala hat der Präsident zum Schutz der Landbevölkerung gerade Mindestlöhne eingeführt und Ländereien verstaatlicht – und das ist ganz und gar nicht im Interesse der US-Firma United Fruit Company, die man heute unter diesem Namen kennt:

Che erlebt den Einmarsch US-amerikanischer Söldner, die die wirtschaftlichen Interessen der United Fruit Company wahren: Der guatemaltekische Präsident wird gestürzt, die USA nehmen alle Reformen zurück und errichten eine Militärdiktatur. Viele Freunde von Che werden verhaftet, Che selber verlässt, enttäuscht und voller Hass auf die USA, Guatemala in Richtung Mexiko, wo er 1955 auf Fidel Castro trifft. Aber was hat der in Mexiko verloren?

Fidel will 1952 mit seiner Partei bei den kubanischen Wahlen antreten, als es zu einem Staatsstreich durch Fulgencio Batista kommt. Der ist eine Marionette der US-Mafia, die Kuba bereits in den Vierzigern zu einem Spiel-, Alkohol- und Vergnügungsparadies umgestaltet hatte. Der Mafioso Lucky Luciano, aber das nur nebenbei, stiftete während seines Knastaufenthalts in den USA seinem Gefängnis zwei Original-Schiffstüren der → ersten Weltumseglung Magellans, bevor er sich nach seiner Entlassung der US-Justiz durch seinen Aufenthalt auf Kuba entzieht. Auf Kuba lebt übrigens zu der Zeit auch der Schriftsteller Ernest Hemingway, der sein Haus in der Nähe von Havanna jetzt der Großwildjagd in Kenia auf dem Anwesen von Baron Bror Blixen vorzieht. Bror Blixen – richtig, der Ehemann von Karen Blixen aus «Jenseits von Afrika». Die kennen wir schon durch ihren Trauzeugen Paul von Lettow-Vorbeck aus dem Kapitel → Kolonien. Die Welt ist klein, oder?

Fidel Castro verklagt Batista wegen der abgesagten Wahlen, die Klage wird aber abgewiesen. 1953 bleibt nichts anderes übrig als der bewaffnete Widerstand, mit einer Handvoll Genossen stürmt er die Moncada-Kaserne.

Der Aufstand wird blutig niedergeschlagen, Fidel verhaftet, zu fünfzehn Jahren Zuchthaus verurteilt, aber bereits nach zwei Jahren wieder entlassen. Fidel geht nach Mexiko, wo er von Veteranen des Spanischen Bürgerkriegs für einen weiteren Versuch trainiert wird, das kubanische Regime zu stürzen. Und hier schließt sich Che der Gruppe um Fidel an.

1956 kauft das Häuflein von nur sechsundachtzig Rebellen die Yacht Granma, Che begleitet als Truppenarzt die wilden Jungs, kann aber auch nicht verhindern, dass vor der eigentlichen Revolte erst einmal der Magen revoltiert: Die gesamte Besatzung wird seekrank und kotzt sich die Seele aus dem Leib. Mit zwei Tagen Verspätung landen sie in der Sierra Maestra, werden sofort beschossen, finden aber Unterstützung in der Bevölkerung und führen zwei Jahre lang einen Guerillakampf gegen Batista und die CIA. Nach der Landung wird Che vom Arzt zum Kämpfer und vollstreckt Todesurteile an mutmaßlichen Deserteuren selbst. 1959 siegt die Revolution, wider alle Wahrscheinlichkeit. Cuba Libre! Allerdings werden dabei bis zu zweitausend Batista-Anhänger erschossen.

Fidel Castro wird Regierungschef und bleibt es bis zum Jahr 2008. Che Guevara wird Chef der Nationalbank und später Industrieminister. Er verstaatlicht die Unternehmen nach sowjetischem Vorbild, woraufhin die gesamte Oberschicht Kubas die Insel überstürzt verlässt und nach Florida flieht. Ihre Autos lassen sie einfach zurück – und mit diesen alten Straßenkreuzern fahren die Kubaner bis heute durch Havannas Straßen.

1961 wollen sich die Exilkubaner mit Hilfe der USA Kuba zurückholen. Was in Guatemala mit Söldnern für die United Fruit Company geklappt hat, wollen die USA jetzt auf Kuba wiederholen: Mit Unterstützung der CIA landen 1500 Exilkubaner bei Nacht und Nebel in der Schweinebucht, um Fidel Castro zu stürzen. Die Invasion endet in einem Desaster für die Angreifer: Der Zwerg Kuba hat dem Riesen USA gezeigt, wo der Hammer hängt.

Also versuchen die USA es anders: Sie verhängen ein Handelsembargo gegen Kuba, das bis heute anhält. Die Sowjetunion will Kuba gegen die Amis unterstützen – ein kommunistischer Außenposten, nur 150 Kilometer vom amerikanischen Festland entfernt, hurra! Außerdem braucht man für einen vernünftigen Long Island Ice Tea eben nicht nur russischen Wodka, sondern auch guten kubanischen Rum. Also wollen die Russen auf Kuba Atomraketen stationieren. Das ist der Beginn der Kubakrise: Um ein Haar kommt es zum Atomkrieg zwischen der UdSSR und den USA; erst in letzter Sekunde geben die Sowjets nach und ziehen die Raketen ab. Im Gegenzug verzichten die USA auf eine weitere militärische Intervention auf Kuba.

Che Guevara ist schwer enttäuscht vom Rückzug der sowjetischen Freunde. Chruschtschow ist ein Weichei! Mit Stalin wäre das nicht passiert! Er wird radikaler, fordert die reine kommunistische Lehre und gerät in Konflikt mit Fidel, dem Pragmatiker, und tritt nach einer Afrikareise von seinen Ämtern in Kuba zurück. Konsequent, wie er ist, nimmt er sich ein paar Soldaten und gründet einen Kampfverband im Kongo, um seiner Forderung nach einem «Export der Revolution», den er 1964 vor der UN gefordert hat, Taten folgen zu lassen. Mit seiner Handvoll Kämpfer irrt er ein Jahr lang durch den Kongo, ohne Orts- und Sprachkenntnis, weiß nicht, wen er wann wie unterstützen soll, und kehrt frustriert nach Kuba zurück.

Aber Che gibt nicht auf: 1966 unternimmt er einen neuen Revolutions-Export-Versuch, dieses Mal in Bolivien. Mit vierundvierzig Kämpfern einer sogenannten Nationalen Befreiungsarmee macht er sich auf, darunter ist auch die Ostdeutsche Tamara Bunke. Das Ergebnis: Sage und schreibe zwei Bergbauern schließen sich der Befreiungsarmee an. Che schafft es, noch eine letzte Grußadresse an die sozialistischen Kämpfer in aller Welt loszuschicken, in der er fordert, mit «unbeugsamem Hass» vorzugehen, um eine «effektive, gewaltsame, selektive und kalte Tötungsmaschine» darzustellen. Ohne Kontakt zur bolivianischen Bevölkerung gerät er schnell in Scharmützel mit Regierungstruppen, die Gruppe wird getrennt. Die eine Hälfte um Tamara wird aufgerieben und kommt im August 1967 in einem Hinterhalt um. Ches Gruppe besteht nur noch aus vierzehn Mann.

Am 8. Oktober 1967 wird Che verwundet, verhaftet und am nächsten Tag ohne Verhandlung in Vallegrande erschossen. Der Che Guevara des bolivianischen Dschungels sah infolge von Asthma, Darmkoliken und Depressionen dem Che Guevara der kubanischen Revolution nicht mehr sehr ähnlich, weshalb man der Leiche noch die Hände abgehackt hat, um anhand der Fingerabdrücke den Beweis führen zu können, dass es sich tatsächlich um Che handelt. Che Guevara wird am Rand der Startbahn des Flughafens verscharrt.

Und Fidel auf Kuba? Der macht es nach der Schweinebucht auf die Schweinetour. Während seiner Amtszeit sieht er zehn US-Präsidenten kommen und gehen, und er überlebt (nach eigenen Angaben) 638 Mordversuche, mit vergifteten Zigarren, LSD, Briefbomben, Granaten und so weiter. Acht davon gibt die CIA immerhin sogar zu. Fidel Castro ist in den USA Staatsfeind Nummer eins. Als ewiger Underdog sieht er sich in den letzten Jahren auch immer stärker als

Im Schatten von Che – Fidel Castro

Globalisierungsgegner und Vertreter der Interessen der Dritten Welt. Aber auch wenn die Vorstellung eines sympathischen «Kommunismus unter Palmen» verlockend erscheint: Man darf die Exekutionen von Regimegegnern nicht vergessen, Fidels diktatorisches Regime und die melancholische Hoffnungslosigkeit der Bevölkerung.

Che Guevara – ist er jetzt ein «Christus mit der Knarre» (Wolf Biermann)? Ein Heiliger, der zweimal sein Leben für ein fremdes Land riskierte und es beim dritten Mal sogar verlor? In Kuba und Bolivien gilt er als Volksheld, weltweit als Ikone linker Unabhängigkeits- und Befreiungsbewegungen. Ende 2007 werden seine Haarlocke und seine Fingerabdrücke für 119 500 US-Dollar versteigert.

Oder ist er ein Stalinist, ein kommunistischer Mörder und realitätsferner Spinner, in der Maske des jungen Großvaters von Brad Pitt?

Das ist kaum noch zu entscheiden – die Ikonisierung Ches hat eine ganz andere Richtung genommen: Wie kein Zweiter lebt er in den Sechzigern die sozialen Träume und Utopien einer ganzen Generation. Schwarz oder Weiß: Mit seiner Willenskraft, seiner Konsequenz und seiner Ablehnung von Kompromissen, Widersprüchlichkeiten und Zweifeln wird er zum Polit-Popstar einer Epoche – nie wieder nach ihm wird eine junge Generation so sicher sein, das Richtige zu tun. Der Schritt vom jugendlichen Idealismus zur jugendlichen Anmaßung ist allerdings nur klein. Die Generation der 68er wird sich entscheiden: Werde ich Fundi? Oder werde ich Realo? Werde ich Che Guevara – oder werde ich Fidel Castro? Werde ich Andreas Baader? Oder werde ich Gerhard Schröder? Beide waren mal 68er, die in den folgenden Jahren nichts mehr gemeinsam haben werden – außer der Vorliebe für kubanische Zigarren.

1968
Karl der Käfer wurde nicht gefragt

Manchmal genügt ja ein Blick in die Charts, um die Konflikte einer Zeit zu begreifen: Am 29. Juli 1968 steht auf Platz zwei der westdeutschen Verkaufshitparade Heintje mit «Du sollst nicht weinen». Platz eins gehört den Rolling Stones mit «Jumping Jack Flash».

Damit sind 1968 die Fronten geklärt: Alt gegen Jung – die Kriegsgeneration gegen die etwa Zwanzigjährigen. Wobei paradoxerweise der kleine Heintje natürlich als «alt» und die frühzeitig zerfurchten Rolling Stones als «jung» gelten. In den USA steht 1968 ganz im Zeichen der Bürgerrechtsbewegung und des Protests gegen den Vietnamkrieg – in Deutschland kommt die Auseinandersetzung mit der NS-Vergangenheit dazu. Die Alten stürzen sich nach dem Krieg in die Aufbauarbeit. Sie versuchen, das wirtschaftliche Überleben zu sichern, und ermöglichen so das Wirtschaftswunder. Für das Schockerlebnis des Krieges aber gilt das, was auch schon im → Dreißigjährigen Krieg galt: Darüber spricht man nicht! Lieber Heintje hören – der ist so nett und hat sogar eine anständige Frisur.

Die Jungen dagegen wollen die Elterngeneration zwingen, ihren Verbrechen ins Gesicht zu schauen. Zum anderen streben sie nach Idealen jenseits des Materialismus. Das Leben muss doch aus mehr bestehen als aus Arbeit, Arbeit, Arbeit. «Jumping Jack Flash, yes, yes, yes!»

Sogenannte Sekundärtugenden wie Disziplin, Pünktlichkeit, Fleiß, Treue und Sauberkeit geraten in Misskredit. Als Alternative versuchen es die Jungen mit dem Gegenteil, den Sekundär-Lastern: Unpünktlichkeit, Faulheit, Untreue und Schmuddeligkeit. Am Abendbrottisch entzündet sich der Konflikt oft an der Frisur (lang oder kurz), den Hosen (Jeans oder Falte) oder der aktuellen Uschi (Obermaier oder Glas). Autoritäten werden generell angezweifelt, die verklemmte Sexualmoral thematisiert und die Frage nach der komplikationslos in die Bundesrepublik integrierten NS-Tätergeneration gestellt.

Es entsteht eine zunehmend kritische Öffentlichkeit – der WDR strahlt politische Magazine aus, der SPIEGEL setzt sich bereits 1962 in der nach ihm benannten Affäre gegen Verteidigungsminister Franz Josef Strauß durch, und aus dem Exil heimgekehrte Wissenschaftler empfinden die Politik der CDU-Regierungen unter Adenauer, Erhard und Kiesinger als so restaurativ wie die Politik Metternichs nach dem Sieg über Napoleon (→ Romantik).

Als es 1966 zur Großen Koalition von CDU und SPD kommt, verlagert sich die Opposition aus dem Parlament auf die Straße (APO, die Außerparlamentarische Opposition). Am 1. Januar 1967 bezieht ein Häuflein junger Menschen gemeinsam eine Wohnung. Was heute eine stinknormale WG ist, war damals ein Skandal: nicht miteinander verheiratete Männlein und Weiblein durcheinander! Das ist natürlich empörend, gleichzeitig aber Projektionsfläche für ~~erotische Phantasien~~ politische Strategien, vor allem, als das Münchner Model Uschi Obermaier in die Kommune 1 einzieht.

Die Kleinfamilie gilt den Kommunarden als Kernzelle des Faschismus, der Vater quasi als Führer und die Mutter als SA der Kochtöpfe. Alfred Tetzlaff aus «Ein Herz und eine Seele» ist die perfekte Verkörperung dieses Westentaschen-Adolfs. Die Kommune hingegen sei ein herrschaftsfreier Raum, in der die Privatsphäre vernichtet werde. «Das Private ist politisch» heißt das Schlagwort dazu. Konsequenterweise hängen die Kommunarden die Toilettentüren aus, und jeder muss sich vor den Augen der anderen den Hintern abwischen.

Die Chefs im herrschaftsfreien Raum (ja, an der Formulierung ist was komisch …) heißen Rainer Langhans und Fritz Teufel. Der Maxime «Das Private ist politisch» folgend, stellen Langhans und seine Freundin Uschi ihr Privatleben in der Öffentlichkeit aus, geben Interviews und lassen Fotos machen: die Geburtsstunde der Homestory. Absurd, wenn man bedenkt, dass die Boulevardpresse zum Beispiel der Axel Springer AG heute davon lebt, was die Kommune 1 damals propagierte.

Denn es ist im Grunde paradox – mit der Axel Springer AG haben die 68er eigentlich so ihr Beef: Für die BILD-Zeitung ist das Wirtschaftswunder der Nachkriegszeit natürlich ein Segen – und jetzt kommen die Langhaarigen und wollen alles wieder kaputt machen! Dagegen geht die BILD an und nennt die aufmüpfigen Studenten «akademische Gammler», «geistige Halbstarke», «Linksmob», «Eiterbeule», «Schreier» und «Schwätzer». Dafür gibt es im Gegenzug mehrere Brandanschläge auf Springer-Einrichtungen und die Forderung nach Enteignung der «reaktionären Springerpresse». Die Fronten sind verhärtet.

Uschi Obermaier interessiert das alles gar nicht: Ihr ist der Unterschied zwischen Kommunismus und Kapitalismus völlig wurscht. Rot ist für sie eine Lippenstiftfarbe und keine Ideologie. Für Kalauerfreunde: Statt auf der Straße gegen die Pickelhauben kämpft sie lieber vor dem Spiegel mit Pickelcreme. Ihre Mitbewohner, neben anderen auch Langhans und Teufel, werden verhaftet, als sie im Wald mit Papiertüten, Mehl und Puddingpulver Anschläge simulieren. Terror mit Dany plus Sahne! Wegen des Spaßfaktors und ihrer pseudopolitischen Popularität wird die Kommune 1 von den anderen Studenten des Sozialistischen Deutschen Studentenbunds (SDS) argwöhnisch bis neidisch beobachtet. Denn für den SDS ist nicht nur das Private politisch, für den SDS ist, Überraschung, auch das Politische politisch!

Am 2. Juni 1967 ist der Schah von Persien in Berlin. Der hat sich durch zahlreiche Menschenrechtsverletzungen so unbeliebt gemacht, dass es zu einer Großdemo kommt. Bestellte persische Schah-Fans (die berühmten «Jubelperser») schlagen die Demonstranten zusammen, der Student Benno Ohnesorg wird von einem deutschen Polizisten erschossen. Als dann am 11. April 1968 auch noch der Studentenführer Rudi Dutschke angeschossen und schwer verletzt wird, eskaliert die Situation. Es kommt zu Straßenschlachten, in denen die Studenten die Auslieferung der Springer-Zeitungen verhindern wollen – und zur Diskussion, inwieweit Gewalt ein Mittel des Protests sein darf.

Die Spaßfraktion der Spontis wird zurückgedrängt, die Bewegung politisiert sich stärker und entwickelt verschiedene Entwürfe. Anfang 1970 löst sich der SDS auf und zerfällt in Splitterorganisationen. Nein, nicht in «DSDS», das kommt erst 2002. Aus dem SDS entstehen 1970 die sogenannten K-Gruppen: die Kommunistische Partei Deutschlands/Marxisten-Leninisten, die Kommunistische Partei Deutschlands (Aufbau-Organisation), der Kommunistische Arbeiterbund Deutschlands, der Kommunistische Bund, der Kommunistische Bund Westdeutschlands, die Marxistische Gruppe etc. Das ist ungefähr so wie in «Das Leben des Brian», wo sich die Mitglieder der «Judäischen Volksfront» mit der «Volksfront von Judäa» beharken. Angesichts der eskalierenden Gewalt stellte sich die Frage: Wollen wir Reformen für die Bundesrepublik? Oder wollen wir die Revolution?

Reform oder Revolution? Der Haken: 1969 hat die SPD die Bundestagswahl gewonnen, und SPD-Hoffnungsträger Willy Brandt («Mehr Demokratie wagen») nimmt als Kanzler von Staats wegen den Begriff «Reform» für sich in Anspruch. Für die radikaleren Studenten bleibt nur das große Wort «Revolution». Während also die Realisten den «Marsch durch die Institutionen» gehen, mitentscheiden und im Kielwasser von Willy Brandt an der Macht teilhaben wollen, radikalisieren die Fundamentalisten sich und gehen zum Teil in den Untergrund. Beide Entscheidungen sind nicht unproblematisch: Der Realo muss sich fragen, wie viele von seinen alten Idealen beim Marsch durch die Institutionen absorbiert werden, oder inwiefern es überhaupt gelingen kann, die linken Ideale in die Institutionen zu tragen. Er wird sich immer wieder den Vorwurf anhören müssen, seine «Ideale verraten zu haben» oder der «Genosse der Bosse» zu sein – so wie Joschka Fischer und Gerhard Schröder, die das 68er-Projekt sogar bis in eine gemeinsame Bundesregierung führen (1998 bis 2005), in der aber vom 68er-Geist nicht mehr viel zu spüren war.

Der Fundi hingegen muss sich fragen: Wie weit will ich gehen? Wer die Illegalität wählt, nimmt eventuell gar den Tod anderer Menschen in Kauf. Der Weg der Roten Armee Fraktion um Andreas Baader, Ulrike Meinhof und Christian Klar führt ins Verbrechen. Vierunddreißig Menschen werden von 1971 bis 1993 durch die RAF ermordet, egal ob Familienvater, Generalbundesanwalt, Fahrer, Arbeitgeberpräsident, Leibwächter oder Bankier. Ihre «Schuld» bestand darin, Vertreter des «Schweinesystems» zu sein, Vertreter also des freiheitlichsten und demokratischsten Systems, das es je in Deutschland gegeben hat.

Wer von den Fundis nicht so weit gehen mag, sondern legaler Fundi bleiben will, dem bleiben in der Regel die Türen zur Macht verschlossen, diese linken Vögel bleiben erfolglos, werden zu ewigen «Nein»-Sagern oder, wie zum Beispiel die «Politikerin» Jutta Ditfurth, sogar zur Witzfigur. Allerdings entstehen durch die Zersplitterung der Linken auch neue soziale Bewegungen: Schwule, Frauen, Hausbesetzer, Graue Panther oder Umweltschützer gründen Organisationen, Parteien, Zeitungen oder Kinderläden.

Hier hat die Partei der Grünen ihren historischen Ursprung. Man träumt den Traum von einer ökologischen Graswurzeldemokratie, in der die Schwachen gestützt und die Starken bekämpft werden. Diese Haltung ist natürlich so mehrheitsfähig, dass sie zur rigorosen Überzeugung führt, ohne Wenn und Aber immer auf der richtigen Seite zu stehen. Diese Selbstgefälligkeit führt direkt in das Dogma der *political correctness,* also der Meinungspolizei. Woher aber kommt diese moralische Überheblichkeit, das Autoritäre im Anti-Autoritären?

Der Philosoph Odo Marquard begründet sie mit einer Art Kurzschluss-Impuls, dem «nachträglichen Ungehorsam»: Der ausgefallene Widerstand der Eltern wird jetzt nachgeholt. Weil die Eltern nicht gegen die NS-Diktatur rebellierten, rebelliert die Jugend eben jetzt gegen die Demokratie – «unsere Generation wird nicht schweigen».

Und dabei verwenden die 68er komischerweise exakt das Vokabular des Systems, das sie doch bekämpfen: das des Faschismus. Sie reden von der «Bewegung», die das «herrschende System wegfegen» wird. Wie Adolf Hitler (→ Zweiter Weltkrieg) denken sie in Kategorien von «Vernichtung» – alles, was sie für falsch halten, muss «zerschlagen» werden.

Wie der Nationalsozialismus begeistern sie sich für nationale Erhebungsbewegungen, allerdings nicht für die eigenen, sondern für die in fremden, möglichst exotischen Ländern. Vietnam, Persien, Kuba, Palästina – in einer Art «umgekehrtem Größenwahn» (Hannah Arendt) verdoppeln sie auf paradoxe Weise den Nazi-Irrsinn: Heute gehört uns die ganze Welt – und morgen Deutschland.

Tatsächlich ist der Weg von den Lagerfeuern der freien Liebe in Woodstock zurück zu den Lagerfeuern der in Freundschaftskulten denkenden bündischen Jugend in den 1930ern gedanklich gar nicht so weit, wie man meinen könnte. Dementsprechend hat der ehemalige RAF-Terrorist Horst Mahler auch gar kein Problem damit, kurzerhand die Seiten zu wechseln. Saß er früher wegen Linksterrorismus, ist er heute als aktiver Neonazi und Holocaust-Leugner im Knast. Und wie einst die 68er von ihren Eltern über die Nazi-Zeit, müssen sich heute die Kinder der 68er über die 68er anhören: Wer nicht dabei war, kann über die Zeit nicht urteilen.

Viele Alt-68er stehen der Jugend von heute verständnislos gegenüber, weil sie angeblich keine Visionen, keine Ideale, keine Ziele mehr habe. Vielleicht stimmt das sogar – dann liegt es aber daran, dass die in einer Zeit sozialisiert wurde, in der dem Kampf der 68er die Luft ausging. Lila Latzhosen und Jute-Taschen sind in den Achtzigern eher belächelte Requisiten – und die Musik von Hans Hartz und Ina Deter («Die weißen Tauben sind müde», «Neue Männer braucht das Land»), obwohl durchaus ernst gemeint, klingt wie eine parodistische Reprise auf längst geschlagene Schlachten. Wie gesagt, manchmal genügt ein Blick in die Charts, um die Konflikte einer Zeit zu begreifen. Am 25. April 1983 war die Gruppe «Gänsehaut» mit dem Song «Karl der Käfer» ganz oben:

> «Karl der Käfer wurde nicht gefragt,
> man hatte ihn einfach fortgejagt.
> Dort, wo Karl einmal zu Hause war,
> fahr'n jetzt Käfer aus Blech und Stahl.»

Herzzerreißend. In der Woche drauf kam Michael Jacksons «Billie Jean» auf den Markt. Der Albtraum ist vorbei.

Der Mauerfall
Wir fluten jetzt!

Ja, was ist denn das für ein Land, in dem der Staatsratsvorsitzende Honecker bei der Jagd den Lauf seiner Flinte auf der Schulter eines Leibwächters ablegt, sodass der arme Kerl auf dem rechten Ohr taub wird? Was ist das für ein Land, in dem der Stasi-Minister Erich Mielke 274 Orden besitzt? Was ist das für ein Land, in dem ein Normalbürger fünfzehn Jahre auf einen Trabi warten muss – Honecker aber seinen Range Rover aus dem Westen für 290 000 D-Mark aufpeppen lässt?

Es ist die DDR. Hier werden Kritik oder gar offene Opposition bestraft. Wer nicht regimetreu ist, darf nicht studieren. Seit 1961 hindert eine Mauer die Bürger daran, das Land zu verlassen. Wer es dennoch versucht, wird erschossen. Und auch ganz schlimm: Margot Honeckers lila gefärbte Haare. 1953 werden Proteste gegen die Regierung noch gewaltsam durch die Russen beendet, so wie später in den «sozialistischen Bruderstaaten», 1956 in Ungarn oder 1968 in der Tschechoslowakei. Aber in den Achtzigern wird klar, dass die Schutzmacht Sowjetunion den Kalten Krieg gegen den Westen verliert. Die Sowjets können in der Computertechnologie nicht Schritt halten und verlieren wirtschaftlich den Anschluss. Als Michail Gorbatschow an die Macht kommt, ersetzt er 1988 die Breschnjew-Doktrin durch die «Sinatra-Doktrin». Die lautet, dass die Staaten des Warschauer Paktes sich eigenständig um ihre Angelegenheiten kümmern sollen, ganz wie im Sinatra-Klassiker: «I did it my way.»

In Europa beginnt das politische Tauwetter – nur die DDR tut so, als wäre nichts geschehen. Noch im August 1989 wird Erich Honecker sagen: «Den Sozialismus in seinem Lauf hält weder Ochs noch Esel auf!» Dabei sind schon seit Jahren Ochs und Esel kräftig dabei, den Lauf des Sozialismus aufzuhalten, und zwar unter dem Krippendach der Kirchen. Es gibt Kirchen, die jedes Jahr im November zehn Tage mit Friedensgebeten organisieren. Für diese Friedensdekaden wählen die Organisatoren als Symbol eine Figur, die ein Schwert zu einem Pflug umschmiedet. «Schwerter zu Pflugscharen» ist ein Symbol, das die Sowjetunion der UN geschenkt hatte, also eigentlich nicht zu beanstanden – aber in den Händen der Christen ist es natürlich eine Provokation auch gegen die eigene Regierung. Da Stoffdrucke, anders als der Druck auf Papier, in der DDR wegen einer Gesetzeslücke nicht genehmigungspflichtig sind, tragen viele junge Leute das Symbol auf Stofftaschen oder als Aufnäher auf Jacken. Gewusst wie!

Außerdem haben die Kirchen die findige Idee, «Brückengottesdienste» abzuhalten, und das geht so: Um 18 Uhr ist Messe in Kirche A und um 20 Uhr in Kirche B. Also zieht die ganze Gemeinde nach Ende der Messe A gemeinschaftlich zur Kirche B. Dagegen kann keiner was unternehmen – und man hat ganz legal eine kleine Demonstration veranstaltet!

1989 entscheidet sich Ungarn, die befestigten Grenzen zu Österreich abzubauen («Sinatra-Doktrin»!). In einem symbolischen Akt zerschneiden der damalige ungarische Außenminister Gyula Horn und sein österreichischer Amtskollege Alois Mock am 27. Juni 1989 den Stacheldraht. Wobei man sagen muss, dass die beiden nach einem letzten Schnipsel Stacheldraht beinahe suchen müssen, denn die ungarischen Behörden hatten schon in den Wochen zuvor nahezu den gesamten Draht entfernt. Egal, ist ja nur fürs Foto.

Unzählige DDR-Bürger beantragen ein Visum für eine Ungarn-Reise und nutzen den Campingurlaub am Plattensee zur Flucht in den Westen. Wer kein Visum für Ungarn bekommt und trotzdem ausreisen will, dem bleibt nur der Weg nach Prag oder Warschau – dort stürmen DDR-Bürger die Botschaften der Bundesrepublik. Am 30. September 1989 befinden sich über 4000 Menschen (und nur wenige Toiletten) in der Prager Botschaft und deren parkartigem Garten, als nach zähen Verhandlungen mit der DDR der Bundesaußenminister Hans-Dietrich Genscher verkünden kann, dass die Menschen ausreisen dürfen.

Eine Woche später, am 7. Oktober 1989, jährt sich zum vierzigsten Mal der Jahrestag der DDR-Gründung – und das will die Regierung natürlich feiern. Der sowjetische Staatspräsident Gorbatschow hat sich angemeldet und haut am Vorabend der Feier Honecker einen bald berühmt werdenden Satz um die Ohren: «Wer zu spät kommt, den bestraft das Leben». Über der Frage, wie diese Aussage des sowjetischen Staatspräsidenten zu deuten sei, zerstreitet sich das Politbüro der DDR. Dabei ist das sooo schwer nun wirklich nicht zu verstehen.

Mittlerweile ist auch die Opposition mutiger geworden. Am 7. eines jeden Monats treffen sich Demonstranten auf dem Berliner Alexanderplatz. Am 7. Oktober nun ziehen sie weiter zum Palast der Republik, wo die sozialistischen Staatschefs zur Vierzig-Jahr-Feier tagen. Vor dem Palast rufen die Demonstranten «Gorbi, Gorbi!». Keiner weiß, ob man nicht zusammengeschossen wird, so wie es wenige Monate zuvor in China auf dem Platz des Himmlischen Friedens geschah – SED-Politbüromitglied Egon Krenz hatte dieses Massaker ausdrücklich gutgeheißen. Und dann schlägt die Staatsmacht tatsächlich zu: Mit Schlagstöcken und Wasserwerfern werden Demonstranten vertrieben, eingekesselt oder festgenommen. Zum Glück passiert nichts Schlimmeres.

In der Leipziger Nikolaikirche finden schon länger jeden Montag Friedensgebete statt, entstanden aus den Friedensdekaden. Mittlerweile kommen aber so viele Menschen zu den Gebeten, dass in der Kirche kein Platz mehr ist. So entsteht fast unfreiwillig eine Demonstration auf dem Kirchenvorplatz. Dramatisch wird es am Montag nach der Vierzig-Jahr-Feier: Bis zum Geburtstag würde die DDR-Führung ihr Gesicht wahren und vorsichtig sein, da ist man sicher. Aber sobald alle hohen Gäste wieder weg sind, könnte sie hart zuschlagen. Gerüchte machen die Runde, dass in den Krankenhäusern vorsorglich ganze Stationen freigemacht und Blutkonserven bereitgestellt werden.

Abgesagt werden kann die Demo allerdings nicht – es gibt ja niemanden, der sie organisiert. Der Dirigent Kurt Masur ruft zu Gewaltlosigkeit auf, was viele Menschen als beruhigenden Anlass sehen, erst recht teilzunehmen. Über 70 000 Menschen skandieren nun

«Wir sind das Volk». Die Demonstration verläuft gewaltlos – die Revolution ist nicht mehr aufzuhalten. Am nächsten Montag, dem 16. Oktober, sind es bereits 150 000 Demonstranten.

Zwei Tage später rumst es hinter den Kulissen. Das Politbüro drängt den greisen Honecker zum Rücktritt «aus gesundheitlichen Gründen». Falls er sich weigere, so droht Erich Mielke, werde er kompromittierende Infos über ihn an die Presse geben. Das schockiert Honecker offenbar so, dass er selber für seinen eigenen Rücktritt stimmt. Schade, die Infos hätte ich gerne noch gehabt.

Offenbar glauben die Sozialisten, eine Verjüngungskur würde ihnen die Macht erhalten. Erich Honecker darf seinen Nachfolger noch selbst bestimmen: Egon Krenz, der Mann, der das Massaker in China gut fand und der in der DDR bislang für die Wahlfälschungen verantwortlich war – eine schlechte Wahl. Die Betonköpfe von gestern sollen die Reformer von heute sein? Das macht das Volk nicht mehr mit. Am 4. November, einem Samstag, versammeln sich in Berlin über 500 000 Demonstranten. Es reden der Schauspieler Ulrich Mühe, die Schriftstellerin Christa Wolf, der SED-Anwalt Gregor Gysi. SED-Politbüromitglied Günter Schabowski wird ausgepfiffen, die Menge skandiert «zu spät, zu spät!». Polizei ist keine mehr zu sehen. Das Regime hat kapituliert.

Das größte Trauma der DDR-Bürger ist das Gefühl des Gefangenseins. Was alle vereint, ist das Bedürfnis nach mehr Freiheit, Gedankenfreiheit, Handlungsfreiheit – aber am direktesten zeigt sich Freiheit immer noch darin, ob man reisen darf oder nicht. Eine neue Reiseregelung musste her – gerade die macht der Regierung angesichts der Massenflucht über Ungarn am meisten Angst.

Fünf Tage später, am 9. November 1989, tagt das Zentralkomitee der DDR. Günter Schabowski tagt mit, verlässt den Saal aber immer mal wieder, um zwischendrin mit Journalisten zu sprechen. Deshalb bekommt er die Entscheidungen des ZK nur so halb mit. Dennoch soll er abends in einer Pressekonferenz die Beschlüsse verkünden. Egon Krenz steckt ihm einen Zettel zu: Auf diesem steht eine neue Reiseregelung für DDR-Bürger samt neuer Visums- und Antragsstellung. Es kommt zu Missverständnissen zwischen Krenz und Schabowski, aber auf jeden Fall ist die Meldung erst für den nächsten Tag gedacht, damit man vorher noch die zuständigen Stellen (Visa-Abteilungen und Grenzbehörden) informieren kann. Auf dem Zettel steht ganz deutlich «10. 11. 1989», wie man im Bonner «Haus der Geschichte» nachlesen kann. Dort ist der Zettel heute zu bewundern.

Und dann kommt die Sternstunde von Riccardo Ehrman. Über eine Stunde hatte der italienische Journalist nach einem Parkplatz gesucht. Deshalb ist er zu spät zur Pressekonferenz gekommen und muss sich direkt vor dem Pult auf den Boden hocken und die erzöden Verlautbarungen Schabowskis ertragen. Dann platzt ihm der Kragen: Er spricht Schabowski leicht genervt auf die mangelhafte Reiseregelung der DDR an. Schabowski stottert rum und weiß auch nicht so recht: «Bitte? Also, Genossen, mir ist es hier, also, mitgeteilt worden, dass eine solche Mitteilung, heute schon, äh, verbreitet worden ist, sie müsste eigentlich in Ihrem Besitz sein!»

In seiner Hilflosigkeit nestelt er den Zettel von Krenz heraus und liest einfach vor. Darauf steht, dass es jedem DDR-Bürger möglich gemacht werden solle, «über Grenzübergangspunkte der DDR auszureisen». Ehrman fragt leise «Ab wann?», ein Kollege hakt nach, «Wann tritt das in Kraft?». Schabowski hat keine Ahnung, blättert herum und antwortet: «Das tritt, nach meiner Kenntnis … ist das sofort – unverzüglich!» Geplant war ursprünglich, dass man ab dem 10. November Anträge stellen darf, um mit Reisepass und genehmigtem Visum in den Westen zu reisen – gesagt hat Schabowski das aber nicht. Ehrman schaltet als Erster. Was Schabowski da gesagt hat, heißt nichts Geringeres als: Die Mauer ist gefallen! Er rennt raus und telefoniert nach Rom. Dort hält man ihn für verrückt – aber Ehrman hat durch jahrelange Tätigkeit in der DDR gelernt, das Kommunisten-Sprech zu interpretieren. Schabowskis gestammelte Erklärung ist eindeutig.

Die Pressekonferenz geht noch weiter, aber auch bei den Kollegen ist der Groschen gefallen – und sie fragen Schabowski ganz konkret: «Was wird aus der Mauer?» «Au», sagt Schabowski, «es ist ja schon 19 Uhr, die Pressekonferenz ist beendet», dann aber begreift auch er so langsam, was er da eigentlich vom Stapel gelassen hat – er hat die Mauer überflüssig gemacht. Er kommt noch einmal auf das Thema zurück:

> «Es sind dazu schon Auskünfte gegeben worden, im Zusammenhang mit der Reisetätigkeit, äh, die Frage des Reisens, äh, die Durchlässigkeit der Mauer, also, von unserer Seite, beantwortet noch nicht und ausschließlich die Frage nach dem Sinn also dieser, ich sag's mal so, befestigten Staatsgrenze der DDR, äh, wir haben immer gesagt, dass dafür einige andere Faktoren, äh, mit in Betracht gezogen werden müssen, und die betreffen den Komplex von Fragen, den Genosse Krenz in seinem Referat in der, in Hinsicht auf die Beziehung zwischen der BRD und der DDR geäußert hat, in Hinsicht auf die Notwendigkeit, den Friedenssicherungsprozess mit neuen Initiativen fortzusetzen und äh, sicherlich wird die Debatte über diese Fragen, äh, positiv beeinflusst werden können, wenn sich auch die BRD und wenn sich die NATO zu Abrüstungsschritten entschließt und

sich durchsetzt, so oder ähnlich, wie die DDR das, und andere sozialistische Staaten schon mit bestimmten Vorleistungen getan haben.»

Riccardo Ehrman hat das Pressezentrum längst verlassen – und während Schabowski noch spricht, sind die Ersten schon auf den Straßen und ziehen in Richtung Grenze. Ehrman wird erkannt, auf die Schultern gehoben und gefeiert. Aber noch sind die Grenzen zu.

Die Grenzer werden völlig kalt erwischt. Natürlich haben auch sie Schabowskis Pressekonferenz gesehen, haben aber bisher noch keinerlei Dienstanweisung erhalten – wie auch, die Regelung soll ja erst am nächsten Tag in Kraft treten. Sie fühlen sich von der politischen Führung alleingelassen. Um 22.42 Uhr schaltet Hans-Joachim Friedrichs in den «Tagesthemen» zu seinem Außenkorrespondenten Robin Lautenbach an den Grenzübergang Invalidenstraße. Im Hintergrund sieht man deutlich die geschlossene Grenze. Lautenbach interviewt Westbürger, die berichten, dass die anderen Grenzübergänge offen seien, nur hier, an der Invalidenstraße, werde noch geblockt. Tatsächlich aber hatten die DDR-Grenzer an den anderen Übergängen bisher nur einige «Provokateure» über die Grenze gelassen, um den Rest ruhigzustellen. Die aber sehen, dass Provokation Erfolg bringt, und wollen auf einmal auch Provokateure sein!

Durch die Meldung der ARD kommen nun immer mehr DDR-Bürger an die Schlagbäume – achtzehn Minuten nach der Meldung sind es allein an der Bornholmer Straße 25 000 bis 30 000 Menschen. Der Druck wird so groß, dass in höchster Not um 23.30 Uhr die Meldung der Stasi an die Grenzer ergeht: Wir fluten jetzt!

Die größte Partynacht aller Zeiten beginnt: «Wahnsinn!», «Irre!», «Ick wer' verrück'!»

Ich selber habe am 10. November 1989 mit einem Freund in Helmstedt an der Grenze gestanden und wollte eigentlich nach Berlin. Da die A2 aber auf der gesamten Transitstrecke mit Autos verstopft war, haben wir den nach Westen einfahrenden Trabis vor Freude aufs Dach geklopft. Frauen steckten den DDR-Grenzsoldaten rote Nelken in ihre Gewehrläufe. Neben uns verteilte ein älterer Herr Fünfmarkscheine an die Insassen der Trabis, geknüpft an die Bedingung, dass die Empfänger «jetzt weitermachen müssen!». Diese Geste nimmt im Kleinen die spätere Politik der Bundesregierung unter Helmut Kohl vorweg.

Denn leider folgt auf die Party schnell der Kater: Die neue Reisefreiheit fegt den Kampf für Meinungsfreiheit, Gerechtigkeit und Demokratie ganz schnell von der Agenda. Er wird ersetzt durch den Kampf um Begrüßungsgeld, BMW und Bananen. Mit der Sehnsucht der DDR-Bürger nach der D-Mark wird der Gestaltungsspielraum der Opposition an die Bundesrepublik abgegeben – die Westpolitik übernimmt, ein «dritter Weg», jenseits von DDR und Bundesrepublik, ist so unmöglich. Statt «Wir sind das Volk» kursieren auf einmal Aufkleber (von der West-CDU), auf denen «Wir sind ein Volk» steht. Dieser Slogan trifft viele DDR-Bürger wie ein Donnerschlag – an eine Wiedervereinigung hatten sie bisher noch gar nicht gedacht. Aber der Gedanke eröffnet immerhin die Möglichkeit, die DDR-Führung komplett loszuwerden – als reformierbar gilt der Parteiapparat längst nicht mehr. Am 13. November 1989 macht sich zum Beispiel der Minister für Staatssicherheit, Erich Mielke, vollends lächerlich, als er in der Volkskammersitzung behauptet, die Stasi habe «außerordentlich hohe Kontakte zu allen werktätigen Menschen». Da hatte er wohl recht: Kontakte in Form von Überwachung. Als er für die unfreiwillige Komik ausgelacht wird, setzt er noch einen drauf: «Ich liebe. Ich liebe doch alle. Alle Menschen. Ich liebe doch, ich setze mich dafür ein!» Der Chef der Staatssicherheit im Zustand der Unsicherheit. Mielke wie Honecker werden am 3. Dezember 1989 aus der Partei ausgeschlossen, am gleichen Tag treten Politbüro und Zentralkomitee der SED zurück.

Ein «Runder Tisch» (der eckig war) aus Vertretern der großen Bürgerrechtsorganisationen, der Regierung, der Blockparteien und der Kirche beschließt, dass am 18. März 1990 eine freie und geheime Wahl zur Volkskammer stattfinden wird – aber bereits im Februar treffen sich Bundeskanzler Helmut Kohl und der sowjetische Staatspräsident Michail Gorbatschow, um über die deutsche Einheit zu sprechen. Die Wahlen im März gewinnt die «Allianz für Deutschland» – eine der West-CDU nahestehende Koalition aus Bürgerrechtsorganisationen und Block-CDU. Unter der Leitung von Lothar de Maizière beschließt die neue Regierung eine Währungseinheit mit der Bundesrepublik sowie den Beitritt zum «Geltungsbereich des Grundgesetzes der Bundesrepublik Deutschland». Strenggenommen handelt es sich also nicht um eine «Vereinigung», sondern um einen Beitritt. Die Annäherung von West und Ost verläuft dann auch längst nicht so reibungslos wie in den euphorischen Stunden des 9. November 1989 – schnell machen die Wörter vom «Besserwessi» und vom «Jammerossi» die Runde.

Zum Beitritt ist aber ohnehin noch die völkerrechtliche Genehmigung der Siegermächte des → Zweiten Weltkriegs vonnöten – für die USA ist unabdingbare Voraussetzung, dass das ganze vereinigte Deutschland Mitglied der NATO werde. Dieses Zugeständnis ringt Helmut Kohl Michail Gorbatschow bei einem privaten Wander- und Kamin-Treffen im Kaukasus ab und prägt so den Begriff der «Strickjackendiplomatie».

Im Gegenzug erkennt Deutschland die Oder-Neiße-Grenze als Westgrenze Polens endgültig an, die Sowjetunion bekommt das Recht, ihre Soldaten noch vier weitere Jahre auf dem neuen BRD-Gebiet stationiert zu lassen. Sowjetische Soldaten auf dem Gebiet der NATO – damals eigentlich undenkbar, und es ist ein Wunder, dass beide Seiten sich darauf einlassen. Nach heftigem Widerstand geben auch die Briten und die Franzosen ihre Ansprüche in den «Zwei-plus-Vier-Gesprächen» auf. «Zwei-plus-Vier» deshalb, weil die beiden deutschen Staaten mit den vier Siegermächten Großbritannien, USA, Frankreich und Sowjetunion an einem Tisch sitzen.

Nicht einmal zwölf Monate nach der Maueröffnung wird am 3. Oktober 1990 aus dem geteilten Land ein «Deutschland, einig Vaterland». Der Mauerfall hat die Welt verändert: Sie ist größer geworden – sie ist aber auch kleiner geworden. Ein Prozess hat eingesetzt, der viele gute, aber auch schmerzhafte Erscheinungen mit sich bringt: der Prozess der Globalisierung.

11. September 2001

Rambo III in Afghanistan

Sollten Sie mal zu einem Dinner bei Osama bin Laden eingeladen werden: Sprechen Sie «Al Qaeda» nie wie «Alka-Ida» aus! Mit langem «i» ausgesprochen, heißt Al Qaeda auf Arabisch nämlich «Freundin» und führt bei den Spaßbacken unter den Terroristen zu einem echten Schenkelklopfer. Mit langem «a» und neutralem «e» heißt es jedoch «die Basis» oder «die Datenbank» – und bis heute streiten sich westliche Experten, was eigentlich hinter Al Qaeda steckt: Ein straff organisiertes Terrornetzwerk oder unabhängig agierende Zellen, die lediglich die Idee des «Heiligen Kriegs» gegen den Westen eint.

In zweiten Fall würde der Name «Al Qaeda» von einer Namenliste der ca. 30 000 Besucher im ehemaligen Gästehaus bin Ladens in Peshawar stammen. Dann allerdings stehen Sie nach Ihrem Abendessen bei bin Laden (der vermutlich heute im Niemandsland zwischen Afghanistan und Pakistan haust) auch auf der Liste und wären somit ein Mitglied von Al Qaeda – selbst wenn Sie ihm ordentlich die Leviten gelesen haben sollten! So schnell wird man Terrorist! Und mir ging es auch fast so, heute kann ich es ja zugeben:

Ich bin mitschuldig an den Terroranschlägen vom 11. September 2001. Und das kam so: 1987 standen in der Bonner Fußgängerzone ein paar junge Moslems herum, die für ihre Gruppierung im Kampf gegen die Sowjets in Afghanistan warben. Die Sowjets unterstützten damals die kommunistische afghanische Regierung. Viele Moslems bekämpften aber den säkularisierenden Kommunismus, da im Kommunismus die Religion ja als «Opium des Volks» galt. Die «Mudschaheddin», so nannten sich die jungen Männer in Bonn, zeigten schlimme Fotos von den Grausamkeiten der Sowjets. Ich gab zwei D-Mark für die gute Sache und zog meiner Wege. Dass aus diesem Biotop der Mudschaheddin nur ein paar Jahre später die Terrorzellen Al Qaedas kriechen sollten, konnte ich damals ja nicht ahnen! Zu meiner Entschuldigung muss ich sagen, dass ich neunzehn Jahre alt war, naiv, ahnungslos und vertrauensselig.

Gut, der amerikanische Geheimdienst CIA war weder naiv noch ahnungslos oder vertrauensselig – und trotzdem hat er die verschiedenen Mudschaheddin-Gruppen damals mit drei Milliarden Dollar unterstützt! Außerdem mit Stinger-Raketen, Panzern und anderen Waffen. Davon profitiert auch ein junger Mann, der 1984 aus seiner Heimat Saudi-Arabien ins pakistanisch-afghanische Grenzgebiet gezogen war, um die Mudschaheddin zu unterstützen. Als Dreizehnjähriger hatte er von seinem Vater achtzig Millionen Dollar geerbt. Sein Name: Osama bin Laden. Ein weiterer Unterstützer der Mudschaheddin ist übrigens Sylvester Stallone als John Rambo in «Rambo III», der als «brutalster Film» mit 108 Toten im Guinness-Buch der Rekorde steht. Als der Film 1988 rauskam, gehörten die Mudschas noch zu den *good guys*.

Vielleicht fallen meine zwei Mark da nicht so ins Gewicht, aber unsere (die der CIA, Rambos, Osamas und meine) Unterstützung war erfolgreich. Die Sowjets ziehen sich 1989 zurück, auch weil sie die Lust daran verlieren, anderen Staaten zu erzählen, wo es langgeht (Sinatra-Doktrin!). Sie hinterlassen Afghanistan im Chaos: In einem blutigen Bürgerkrieg zwischen verschiedenen (von der CIA hochgerüsteten) Mudschaheddin-Gruppen setzen sich die fundamentalistischen Taliban durch und errichten einen Gottesstaat. Osama kehrt zurück nach Saudi-Arabien – *mission accomplished*.

Mit dem Kommunismus geht es ja eh langsam zu Ende (→ Der Mauerfall), aber kaum ist ein Jahr seit 1990 vergangen, haben sich weltgeschichtlich neue Feinde gefunden – der Islamismus und die USA. Das vielzitierte «Ende der Geschichte» nach dem Zusammenbruch des Kommunismus – eine These, nach der es in der Weltpolitik keine Widersprüche mehr gebe – hat also exakt ein Jahr gedauert.

1991 überfällt der Irak Kuwait, und in diesem Zweiten Golfkrieg (der Erste war der Krieg zwischen Iran und Irak 1980 bis 1988) besiegen die Amerikaner und ihre Verbündeten den Irak. Da George Bush sen. Saddam Hussein im Irak allerdings an der Macht lässt, sorgt er für intensive US-Militärpräsenz im Nahen Osten, vor allem im verbündeten Saudi-Arabien.

Saudi-Arabien – ein zerrissenes Land: Auf der einen Seite ist es die «Tankstelle des Westens» und mit den USA verbündet, einige Mitglieder des Königshauses pflegen sogar westlichen Lifestyle. Auf der anderen Seite ist Saudi-Arabien die Heimat der «Wahhabiya», einer sehr strengen Richtung des Islam, die den Frauen das Autofahren verbietet, in der öffentliche Auspeitschungen an der Tagesordnung sind. In Saudi-Arabien ist der Wahabismus Staatsreligion. Die Präsenz der US-Amerikaner führt in Teilen der Bevölkerung zu Hass auf den Westen: Sie fühlen sich als Verlierer der Globalisierung, die von vielen als «Amerikanisierung» verstanden wird – und deren Werte sie nicht teilen. Nicht zuletzt das Fernsehen zeigt eine westliche Alltagskultur, in der J.-R.-Ewing-mäßig Sex, Geldgier und Egoismus dominieren. Viel schlimmer als Cruise-Missile oder Stealth-Bomber ist also das hier:

Fünfzehn der neunzehn Attentäter vom 11. September 2001 sind Saudis wie Osama bin Laden. Der wird wegen seines Hasses auf die USA und auf die mit den Amis verbündete saudische Königsfamilie 1992 verbannt. Er geht in den Sudan und 1994 wieder nach Afghanistan. Dort verheiratet er eine seiner Töchter mit dem Taliban-Chef Mullah Omar und begeistert die Taliban für den Plan, die heiligen Stätten des Islam (Mekka und Jerusalem) von den Ungläubigen (für ihn: Amerikaner und Juden) zu befreien und die USA zu bekämpfen.

1993 gibt es einen ersten Anschlag auf das World Trade Center. In der Tiefgarage explodieren 550 Kilogramm Sprengstoff. Die Tat wird als Einzel-Irrsinn eines blinden Scheichs abgetan. 1995 attackieren Terroristen die US-Streitkräfte im saudi-arabischen Riad. Aber immer noch wollen die USA die Taliban für eine Erdgaspipeline (an Russland vorbei!) durch Afghanistan gewinnen. 1998 werden die US-Botschaften in Nairobi und Daressalam in die Luft gejagt, im Jahr 2000 wird der US-Zerstörer «Cole» bombardiert – alles nichts gegen das, was in einer kleinen Hamburger WG geplant wird, in der auch ein Ägypter wohnt, der sich Mohammed Al Amir nennt und unter seinem echten Namen Atta zweifelhafte Berühmtheit erlangen wird. Von 1992 bis 2000 lebt und studiert Atta in Hamburg. 1995 pilgert er ins saudi-arabische Mekka und wird dort zum radikalen Islamisten. 1999 reist er in ein Ausbildungscamp nach Afghanistan. Das Handbuch für Attentäter, das er dort erhält, wird später sichergestellt. Am 3. Juni 2000 reist Atta aus Deutschland über Tschechien in die USA ein und nimmt Flugunterricht.

Er ist der Anführer einer Gruppe von zwanzig Mann, die mehr oder wenig unabhängig voneinander agieren und sich teilweise nicht einmal kennen. Vier «Piloten», dreizehn «Kämpfer» und zwei «Logistiker», die sich um Wohnungen und Geld kümmern – macht zusammen neunzehn Mann. Der ominöse «20. Mann» ist vermutlich Ramzi Binalshibh, der kein Visum für die USA erhält. Wie ein Virus in einem Computer nisten sich die Übrigen in den USA ein und benehmen sich so unauffällig wie möglich, um an einem bestimmten Tag zuzuschlagen. Dieser Tag ist der 11. September 2001.

Osama bin Laden erhält die Nachricht von einem geplanten Anschlag erst ein paar Tage zuvor: Er ist also weder Chefplaner noch Initiator der Anschläge, sondern eher so eine Art Mentor und Geldgeber, er bietet eine Anlaufstelle ohne festgelegte Kommandostruktur. Am Morgen des 11. September 2001 kapern die Täter vier Flugzeuge, die in Boston, Washington D.C. und Newark gestartet waren. Die Kämpfer schneiden einigen Passagieren und einigen Crewmitgliedern mit Teppich- und Keramikmessern den Hals durch, um andere Insassen einzuschüchtern. Ihr erstes Opfer war vermutlich der Fernsehproduzent David Angell – Drehbuchautor der Sitcom «Cheers» und Erfinder des Spin-Offs «Frasier». Dann bringen die Kämpfer vermutlich die Piloten um, sodass sich die Terroristen-Piloten ans Steuer setzen können. Mohammed Atta lenkt American Airlines 11 in Richtung Manhattan, genau wie Marwan El-Shehhi die United Airlines 175. Hani Hanjour lenkt American Airlines 77 von Washington aus in Richtung Pentagon. Ziad Jarrah lenkt United Airlines 93 in Richtung eines unbekannten Ziels.

Um 8.46 Uhr kracht AA 11 in den Nordturm des World Trade Centers, um 9.03 Uhr fliegt UA 175 in den Südturm. Um 9.37 Uhr crasht AA 77 ins Pentagon. Um 9.59 Uhr stürzt der Südturm ein. Um 10.03 Uhr stürzt UA 93 über Pennsylvania ab – vermutlich infolge von Kämpfen der Passagiere mit den Entführern. Um 10.28 Uhr stürzt der Nordturm ein.

In Deutschland ist es gerade früher Nachmittag – und jeder, der es erlebt hat, weiß noch, wo er war, als die Türme fielen. Ich selbst saß zusammen mit Stefan Raab und einigen Kollegen in der Redaktion von «TV total». Wir starrten fassungslos auf den Fernseher. Keiner arbeitete, denn wir wussten recht schnell: Heute Abend würde es keine Sendung geben.

Über 3000 Menschen sterben in den Trümmern: Passagiere, Zivilisten, Polizisten. Einige Menschen springen verzweifelt aus den brennenden Türmen in den Tod. Feuerwehrleute werden bei der Rettung unter den einstürzenden Türmen begraben. Siebenundzwanzig Gebäude stürzen ein oder werden beschädigt. Amerika ist im Krieg.

Aber gegen wen? George W. Bush ruft den «Krieg gegen den Terror» aus, die westlichen Länder erklären ihre «uneingeschränkte Solidarität». Für die NATO tritt zum ersten Mal in der Geschichte der Bündnisfall ein. Die USA bombardieren keine vier Wochen nach dem 11. September Afghanistan, stürzen Ende des Jahres 2001 die Taliban und installieren den USA-freundlichen Hamid Karzai als Präsidenten. Taliban-Chef Mullah Omar und Osama bin Laden können entkommen und sind bis heute nicht gefasst.

Wenn Sie nach Ihrem Dinner-Date wissen, wo bin Laden sich gerade aufhält, können Sie ja überlegen, es dem FBI zu verraten: Es winken siebenundzwanzig Millionen Dollar Belohnung. Ich erhebe übrigens Anspruch auf die Millionen, denn ich weiß, wo Osama ist, nämlich irgendwo hier:

Die USA unter Bush versteigen sich 2003 zu der bizarren Argumentation, dass auch der irakische Diktator Saddam Hussein in die Anschläge verwickelt sei und über Massenvernichtungswaffen verfüge (beides falsch), überfallen den Irak und stürzen Saddam und seine Fedajin-Truppen. Im Irak gibt es keinen Masterplan, wie es nach dem Sturz Saddams weitergehen soll.

Gefasste mutmaßliche Terroristen oder «feindliche Kämpfer» werden ohne Prozess gefangen gehalten, entweder im Kriegsgefangenenlager in Guantánamo oder im irakischen Abu-Ghraib-Gefängnis. Dort werden Gefangene durch US-Soldaten gefoltert und misshandelt – und nach der anfänglichen «uneingeschränkten Solidarität» der Verbündeten merken die USA, dass sie in kurzer Zeit fast den letzten Kredit verspielen. Eine moralische Überlegenheit der USA lässt sich jedenfalls aus den letzten Jahren nicht ableiten.

Die Bundesrepublik Deutschland soll beim Wiederaufbau Afghanistans helfen: Die Bundeswehr soll ein stabiles Umfeld für die zivile Aufbauhilfe gewährleisten. Das Problem: Die Taliban regieren zwar nicht mehr offiziell, sind aber so stark wie nie zuvor. Seit Juli 2008 soll die Bundeswehr auch Offensiven gegen regierungsfeindliche Truppen der Taliban starten. Keiner sagt es ja laut – aber es stimmt: Auch Deutschland befindet sich im Krieg.

Die Situation ist also ziemlich verfahren, was auf zwei Extremen fußt. Die amerikanischen «Verteidiger der Freiheit» sagen: «Es gibt nur ein dauerhaftes Modell für den Erfolg einer Nation – das amerikanische. Es ist für alle Menschen in allen Gesellschaften richtig und vernünftig» (George W. Bush). Ohne dass ich mir anmaßen möchte, George W. Bush die Welt zu erklären: Aber das ist natürlich Quackes.

Ein radikaler Islamist hingegen missversteht seine eigene Religion. Ohne dass ich mir jetzt anmaßen möchte, einem Moslem seine Religion zu erklären: Aber wenn einer fünfundsiebzigjährigen Frau von ihrem Neffen ein Stück Brot gebracht wird, und sie dann nach der Wahhabiya im Namen Allahs ausgepeitscht wird, weil sie sich mit einem Mann getroffen hat, mit dem sie nicht verheiratet ist – dann ist das einfach nur eine Unmenschlichkeit, die mit dem wahren Islam nichts mehr zu tun hat.

Es mag vorkommen, dass der Islamist mal in einer schlechten TV-Serie gesehen hat, wie Börsenbroker Champagner aus dem Bauchnabel einer Prostituierten schlürfen und sich die Zigarre mit Dollarnoten anzünden, während zwei Ecken weiter schwarze Bettler um eine brennende Tonne stehen. Aber man sollte die amerikanische Kultur vielleicht nicht darauf reduzieren. Und umgekehrt gilt das Gleiche: Der neokonservative US-Republikaner sollte nicht den Islam auf Auspeitschungen reduzieren und in jedem Araber einen potenziellen Terroristen sehen. Auch ist es sicher nicht im Sinne westlicher Kultur, den *american way of life* für das Allheilmittel der Welt zu halten.

Und sich mit Dollarnoten Zigarren anzünden und Champagner aus dem Bauchnabel von Prostituierten trinken machen sowieso nur überdrehte Jungbanker im Koksrausch. Wobei es auch hier natürlich Extremisten gibt. Und schon sind wir beim nächsten Thema: der Finanzkrise.

Die Finanzkrise
Lebbe geht weider

Im Jahr 1576 muss der Botaniker Carolus Clusius Wien verlassen. Kaiser Rudolf hat im Zuge der Gegenreformation (→ Barock) alle Protestanten rausgeschmissen, und als Protestant macht sich Clusius nach vielen Umwegen 1593 auf ins niederländische Leiden, wo man ihm eine Professur anbietet.

Im Gepäck hat er ein paar Tulpenzwiebeln aus Kleinasien, damals in Holland völlig unbekannt. Da im 16. Jahrhundert (in der → Renaissance) aber alles angesagt war, was an die Antike oder den alten Orient erinnert, macht die Tulpe (deren Name vom türkischen «Turban» stammt) schnell Karriere – Tulpen werden zum begehrten Statussymbol. Die Zwiebeln werden in Kneipen getauscht, versteigert, verkauft. Das Zeitalter des Barock kündigt sich an, und im Barock übernimmt die Göttin Fortuna das Zepter – viele wollen ihr Glück machen:

Da Tulpen Saisonpflanzen sind, ist die Nachfrage im Herbst stets größer als das Angebot. Also gibt man eine Art Optionsschein aus: Man kauft Tulpenzwiebeln, die noch in der Erde sind. Als Zertifikat bekommt man eine Zeichnung, wie die Blume einmal aussehen wird. Die Preise steigen, alle wollen auf einmal Tulpenzwiebeln. 1634 explodiert der Markt. Es werden Derivate ausgegeben, weil die Zwiebeln so teuer geworden sind, dass viele nur noch die Anteile handeln, ohne die eigentliche Blume je zu Gesicht zu bekommen. Einmal werden für eine einzige Zwiebel 10 000 Gulden gezahlt, ein anderes Mal wechselt ein ganzes Haus in Amsterdam den Besitzer für nur drei Zwiebeln.

Es kommt zu Betrugsfällen, in denen ordinäre Gemüsezwiebeln teuer verschachtert werden; Scharlatane versprechen die Züchtung einer ominösen «schwarzen Tulpe», die alle bisherigen Prachtblüten in den Schatten stellen soll.

Am 5. Februar 1637 sind die besten Tulpenzwiebeln plötzlich so teuer geworden, dass niemand mehr den geforderten Preis bezahlt.

Panik bricht aus, jetzt wollen alle auf einmal verkaufen. Die Preise stürzen innerhalb von zwei Tagen um fünfundneunzig Prozent! Die billigeren Zwiebeln und damit ein Großteil des Marktes verlieren ihren Wert komplett, der Handel wird ausgesetzt. Viele Händler gehen pleite, da manche Derivate mehrmals täglich den Besitzer gewechselt hatten. Ein solches Papier wäre nur noch dann abzuwickeln, wenn jeder in der Reihe seinen Kaufpreis bezahlen würde – und das passiert natürlich nicht. Die Städte setzen Schlichtungskommissionen ein, diese entscheiden in der Regel, dass vier bis zehn Prozent des ursprünglichen Kaufpreises als Entschädigung zu zahlen seien.

1637 geht in die Geschichte ein als das «seltsame Jahr, in dem der eine und der andere Narr den Plan ausheckte, ohne Fähigkeit reich und ohne Verstand weise zu werden». So ist der Druck «Floras Narrenkappe» des niederländischen Malers Pieter Nolpe übertitelt. Einige Händler sollen sich in die Grachten gestürzt haben, wobei man in dem brusttiefen Brackwasser ja kaum ertrinken kann – und der Maler Hans Bollongier malt 1637 als Mahnung an die Vergänglichkeit der Dinge (→ Barock) einen prachtvollen Tulpenstrauß, der jedoch leicht zu welken beginnt, während schon die Schnecken nagen.

Wollen wir mal 370 Jahre vorspringen, ins Jahr 2007? Lieber nicht? Na, ich hab doch auch keine Lust, aber wir müssen ja. Und manchmal sind sich die Geschichten verteufelt ähnlich. Eigentlich fing alles schon im Jahr 2000 an: Die Dotcom-Blase war gerade geplatzt. Viele Start-up-Unternehmen, die teilweise für Phantastilliarden Dollar an Weltkonzerne verkauft worden waren, entpuppten sich als Garagenklitschen, in denen höchstens Seifenblasen zusammengelötet wurden. Der Börsencrash im Jahr 2000 brachte aber neben immensen Verlusten auch etwas anderes: niedrige Zinsen.

Die Finanzwelt stürzt sich ab sofort auf echte, substanzielle Werte: auf Rohstoffe und vor allem auf Immobilien. In den USA nehmen viele Menschen wegen der niedrigen Zinsen Kredite auf und kaufen sich ein Häuschen. Weil das so viele gleichzeitig machen, steigen schnell die Preise und damit auch der Wert der Häuser.

Das wäre ja noch alles okay, aber leider haben sich nebenher auch die «Subprime»-Produkte entwickelt. «Subprime» heißt so viel wie

«leicht unter Premium» – und wer zwischen den Zeilen lesen kann, der übersetzt richtig: «Subprime» heißt eigentlich «beschissen»: Immobilienkäufer, die mit nur mäßigem bis magerem Eigenkapital einen Kredit beantragen, bekommen trotz mangelnder Bonität einen

Subprime-Kredit, weil die Bank auf den steigenden Wert der Immobilie hofft. Dennoch ein riskantes Geschäft. Das ist (nicht gleich aufjaulen!) ein bisschen wie mit Hitlers Autobahnprojekt (→ Zweiter Weltkrieg): Auf Pump baute er Autobahnen, und wenn der Krieg gewonnen ist, will er's aus der Portokasse bezahlen. Wenn! Das Risiko der suboptimalen Bonität der Subprime-Kunden müssen die Banken irgendwie ausgleichen – und zwar mit variablen Zinsen. Im Moment der Kreditvergabe sind die Zinsen niedrig, aber wenn sie plötzlich steigen, werden natürlich auch die zu zahlenden Raten teurer. Durch den Bauboom steigen die Zinsen nun tatsächlich, und mit ihnen die Belastungen der Hauskäufer. Gleichzeitig steigt zwar auch der Wert der Immobilie, sodass die Banken den Hausbesitzern (damit sie ihre Raten bezahlen können) neue Kredite gewähren.

Man sieht, die Sache dreht sich wie eine Spirale.

Dieses neue Geld für die Kredite muss freilich irgendwo herkommen. Also bündeln einige Banken die schäbigen «Subprime»-Produkte und lassen sie «verbriefen», das heißt: Aus dem Kredit wird ein Wertpapier, das man weiterverkaufen kann: Dieser Wert muss nicht mehr voll durch Eigenkapital der Bank gedeckt sein, nur noch zu einem Bruchteil. Damit ist natürlich aus der ursprünglichen Idee, sich auf substanzielle Werte zu stürzen, wieder ein Spekulationsgeschäft geworden.

Im nächsten Schritt jazzen Bewertungsagenturen diese Wertpapiere hoch, indem sie mehrere schlechtbewertete Wertpapiere zu einem hübsch verpackten, also gutbewerteten Wertpapierpaket schnüren, bei dem keiner so genau weiß, was eigentlich drin ist. Ein bisschen so wie «echter russischer Kaviar!» – bei dem unter Zutaten steht: «aus 95 Prozent Seehasenrogen und dem Verschnitt mehrerer Sorten gesalzener Fischeier».

Anschließend werden diese Pakete an gierige ausländische Banken verkauft, die ja schließlich auch am boomenden US-Immobilienmarkt verdienen wollen. Es ist aber für keinen mehr zu erkennen: Was ist Kaviar? Und was ist Seehasenrogen? So wird aus dem ursprünglich US-amerikanischen Problem ein internationales. Jetzt kommt die Zeit der Hedgefonds: Einige Menschen werden unfassbar reich, indem sie «Leerverkäufe» tätigen, also Papiere verkaufen und sich verpflichten, sie zu einem späteren Zeitpunkt zurückzukaufen. Sie verkaufen also quasi schwarze Fischeier unbekannter Herkunft zum Preis für echten Kaviar. Und wenn dann alle gemerkt haben, dass es nur Seehasenrogen ist, dann kaufen sie das Papier zurück, natürlich zu Seehaseneierpreisen.

Nun, irgendjemand muss am Ende die Zeche zahlen: 2005 erlahmt die Wirtschaft, die Zinsen sind allerdings noch hoch – viele Hausbesitzer können die teuren Raten nicht mehr bezahlen und laufen mit dem Arsch auf Grund. Viele Häuser werden zwangsversteigert, meist unter Wert. Auch alle anderen, an sich guten Immobilien fallen im Wert – und den vergebenen Krediten bricht die Sicherheit weg (sie waren ja für hochbewertete Immobilien gewährt worden). Selbst in den echten Kaviar hat also jemand reingepinkelt.

Jene Banken und Fonds, die sich auf Hypotheken spezialisiert hatten, brechen als erste zusammen. Die Hypothekenbank Fannie Mae zum Beispiel macht 2008 58,7 Milliarden Dollar Verlust. Ab sofort will keiner mehr die undurchsichtigen Immobilien-Papiere kaufen, die durch die komplizierten Zwei- und Dreifachverpackungen so intransparent sind, dass sie kaum noch seriös bewertet werden können. Die Verluste durch die Subprime-Produkte gehen also unvermindert in die Bilanzen der Banken ein. Das wäre schon schlimm genug, aber jetzt kommt auch noch der Domino-Effekt:

Grundsätzlich ist das Verhältnis von Schulden und Eigenkapital der Banken nämlich gesetzlich geregelt. Die Subprimes sind jetzt leider auf die Schuldenseite gerutscht. Also muss die Bank zum Ausgleich entweder neues Kapital beschaffen oder altes Vermögen verkaufen. Da die Subprime-Papiere aber durch ihre «Verbriefung» nicht voll gedeckt waren, muss jetzt ein Vielfaches vom Briefwert versilbert werden, um den realen Verlusten wieder einen echten Wert gegenüberzusetzen. Das ist ungefähr so wie beim Mieten eines Hotelzimmers: Als Sicherheit hinterlegt man eine Kreditkarte oder fünfzig Euro – aber wenn man das Zimmer auseinandernimmt und den Fernseher aus dem Fenster schmeißt, ist es mit den fünfzig Euro ja nicht getan – man muss trotzdem den ganzen Schaden zahlen.

Da alle gleichzeitig ihr Vermögen versilbern wollen oder müssen, gehen hohe Werte auf einmal zu Schleuderpreisen über den Tisch. Das Finanzsystem implodiert wie die Türme des World Trade Centers (→ 11. September): Bis dahin war es üblich, dass sich Banken untereinander Geld leihen (der sogenannte «Interbankenmarkt»). Keine Bank aber weiß, wie viele faule Papiere bei der anderen Bank noch müffelnd herumliegen, also beschnüffeln sie sich gegenseitig misstrauisch und werden mit Krediten immer vorsichtiger. Wer leiht schon jemandem Geld, der dauernd Möbel schrottet, Fernseher aus dem Fenster schmeißt und überall Hausverbot hat?

Als die große US-Bank Lehman Brothers am 15. September 2008 aus diesen Gründen Insolvenz anmelden muss, merkt die Branche: Das Gesetz «zu groß, um pleitezugehen» («too big to fail») gilt nicht mehr. Bei einer insolventen Bank gibt es in der Regel nichts mehr zu holen – und wenn schon die riesige Lehman Brothers pleitegeht, wie schlecht mag es dann erst denn um andere Banken stehen? Am 15. September 2008 gibt es so gut wie keinen Interbankenmarkt mehr – mit Ausnahme der etwas dämlichen «Kreditanstalt für Wiederaufbau» (→ Die Stunde Null), die noch an diesem Tag den bereits insolventen Lehman Brothers 350 Millionen Euro überweist. Es ist ein Wunder, dass die KfW nach einigen Querelen das Geld mittlerweile wieder zurückbekommen hat.

24988 Lehman-Mitarbeiter werden gefeuert, nur 170 bleiben – um den Laden abzuwickeln. Während die Mitarbeiter die Kisten packen, dröhnt aus den Lautsprechern der Bank der R.E.M.-Song «It's the End of the World as we Know it». Jetzt kann man sagen, mir doch wurscht, ist doch das Problem der Banken! Aber die Bankenkrise hat Auswirkungen auf jeden von uns: Firmen bekommen keine Kredite mehr und können nicht investieren. Aus purer Nervosität krachen die Börsenkurse runter und minimieren so die Manövriermasse der Unternehmen. Diese melden Kurzarbeit an, weil sie Angst haben, ihre Produkte nicht mehr an den Mann zu bringen. In der Folge sinkt innerhalb eines Jahres die Industrieproduktion allein in der EU um zwanzig Prozent, mehr als je zuvor, mehr sogar als im Krieg, in der Weltwirtschaftskrise und nach dem → 11. September.

Man muss es deutlich sagen: Einen Sturz von diesen Dimensionen hat es noch nie gegeben. Es ist nicht nur einer von vielen Crashs, es ist viel mehr. Ganzen Staaten wie Griechenland oder Island geht es mittlerweile an den Kragen.

Die Staaten müssen mit Konjunktur- und Sparprogrammen reagieren. Der Staat leiht den Banken Geld, um den Kreditfluss wiederzubeleben. In ganz harten Fällen werden Banken sogar teilverstaatlicht. Wenn das Lenin noch erleben könnte (→ Russische Revolution)! Der Kapitalismus verstaatlicht seine Herzkammer, das Finanzsystem – unfassbar.

Um sich zu retten, kann jede Bank eine sogenannte Bad Bank einrichten. Die löst die Probleme natürlich nicht, sondern verlagert sie nur nach außen. So können die Stammhäuser ihre vergifteten Papiere abstoßen und erst einmal in Ruhe weiterwirtschaften. Für die zu erwartenden Bilanzverluste der Bad Bank bürgt, wer sonst, der Bürger. Also wir alle. Keiner weiß, ob unsere Bürgschaften je in Anspruch genommen werden. Trotzdem, die Sache fühlt sich ein bisschen so an, als ob man den Hund den Wurstvorrat bewachen lässt – das kann noch nicht die Lösung sein.

Im Tulpencrashjahr 1637 hat Hans Bollongier seinen prächtigen, aber verwelkenden Tulpenstrauß als Zeichen der Vergänglichkeit des ganzen Tulpenreichtums gemalt – ist es ein Zufall, dass auch im Finanzcrashjahr 2007 ein Kunstwerk des Künstlers Damien Hirst die gleiche Metaphorik bemüht? Den höheren Verlusten heute gemäß ist es entsprechend krasser und teurer, es besteht nämlich aus einem echten Totenschädel und echten Diamanten:

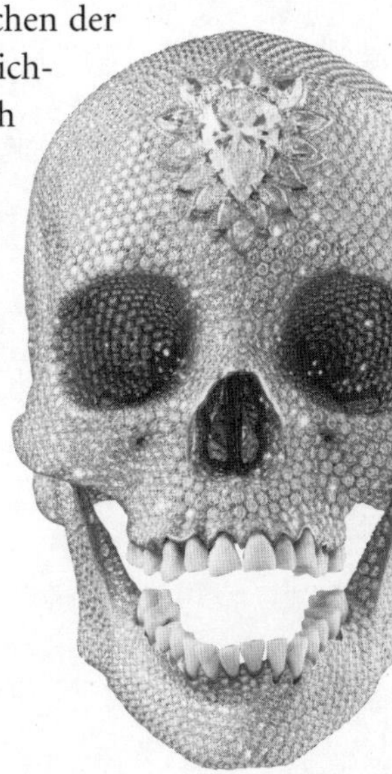

Natürlich wäre es ein bisschen zu negativ, wenn ich dieses Buch mit dem Bild eines Totenschädels enden lassen würde. Im August 2007 wurde er für gute fünfzig Millionen Dollar verkauft, erinnern wir uns also lieber an den Ursprung des Symbols für den Dollar (→ Karl V.): an die beiden «Säulen des Herkules» mit dem Spruchband «plus ultra» – «es geht immer weiter».

Wer das Kapitel noch nicht gelesen hat, darf statt Karl V. auch einfach den ehemaligen Trainer von Eintracht Frankfurt, Dragoslav Stepanovic, bemühen. Als er mit der Eintracht 1992 in letzter Minute die sicher geglaubte deutsche Meisterschaft verdödelt und seine Spieler heulend in der Kabine sitzen, zuckt er nur mit den Schultern: «Lebbe geht weider.»

Danksagung

Ein herzlicher Dank geht an folgende Personen, die mal weniger, mal mehr, aber in jedem Fall verdienstvoll dazu beigetragen haben, dass dieses Buch erscheinen konnte:

Andreas Hutzler, Christian Ankowitsch, Christine Drews, Dirk Sprengelmeyer, Frank Plasberg, Claus Vaske, Gunnar Schmidt, Heidi Bück, Hugo Egon Balder, Jacky Dreksler, Jana Liebig, Jens Bujar, Jörg Kowalski, Jürgen Fohrmann, Jürgen Schulte, Karl-Ernst und Brigitte Müller, Lars Hubrich, Lukas Imhof, Maik Novotny, Murmel Clausen, Ralf Schmitz, Sarah Otter, Sascha Lobo, Sebastian Steller, Sebastian Victor, Sigrid Schulte-Richtering, Sina-Maria Gerhardt, Stevan Paul, Susann Rehlein, Tex Rubinowitz, Thomas Gottschalk, Ulrike Schulte-Richtering, Ulrike Sterblich, Ute Biernat, Uwe Cornelissen, Volker C. Dörr, Wilhelm Trapp, Wolfgang Link

Bildnachweis

akg-images: 31, 35, 39, 61, 66, 66, 71, 72, 74, 78, 86, 87, 92, 100, 100, 118, 120, 130, 132, 136, 146, 153, 156, 157, 162, 170, 172, 182, 184, 188, 194, 194, 207, 214, 218, 219, 226, 234, 238, 242, 243, 248, 251, 253, 254, 260, 263, 263, 265, 277, 279, 295, 303, 308

Picture Alliance: 14, 21, 27, 43, 45, 48, 54, 68, 90, 107, 125, 135, 143, 151, 164, 176, 205, 211, 225, 234, 271, 280, 284, 286, 300, 305, 317

Ullstein Bilderdienst: 313

Privat: 237

Dank freundlicher Genehmigung: 58, 60, 189, 191, 291

MIX
Papier aus verantwortungsvollen Quellen
FSC® C083411

Das für dieses Buch verwendete FSC®-zertifizierte Papier
Lux Cream liefert Stora Enso, Finnland.